IMF・世界銀行と途上国の構造改革

経済自由化と貧困削減を中心に

坂元 浩一

大学教育出版

はじめに

　2007年6月、アメリカ合衆国の首都にある国際機関、国際通貨基金（International Monetary Fund: IMF）は、機関誌（Finance & Development）に「アジア危機後10年」という論説を掲載した。その中で、東南アジア諸国では、1997年のタイ・バーツ暴落に始まるアジア通貨・経済危機から見事に経済が回復して、それ以前を上回る経済水準に達したとしている。しかしながら、その指導下で構造改革、特に金融自由化を進めたアルゼンチン、ブラジル、トルコなど新興市場経済において、21世紀になっても国際金融危機が発生した。
　また、2007年夏から米国の信用力が低い個人向け住宅融資（サブプライムローン）の不良債権化が世界中の投資家に大きな影響を与えたように、将来の金融不安の可能性が喧伝されている。
　一方、経済協力開発機構（OECD）の開発援助委員会（Development Assistance Committee: DAC）が1996年に新開発戦略を発表したのを契機として、10億人を超える絶対貧困層の貧困削減が人類最大の課題と位置づけられた。そして、それは、2000年の国連ミレニアム・サミット開催と国連ミレニアム開発目標（Millennium Development Goals: MDGs）に結実した。しかし、アフリカ地域を中心に2015年までに目標に達しないのではないかと懸念されている。
　これらの課題で主導的な役割を演じているのが、IMFと、同じくワシントンD.C.所在の姉妹機関、世界銀行である。両機関が密接に関わる途上国の問題は、今日でもG7/G8などの国際会議の俎上にのっている。
　途上国における貿易や外国投資を含む広汎な経済自由化は、1980年からIMF・世界銀行主導で、各国ベースで強制的かつ急速に進められてきた。しかし、欧米生まれの新古典派経済理論に根ざした政策内容について当初から今日まで見解の対立があるし、実績として自由化政策の経済や貧困への悪影響が指摘されてきた。
　例えば、2001年に始まった世界貿易機関（WTO）ドーハ・ラウンドの貿易自

由化交渉が停滞を余儀なくされているが、その理由のひとつは、途上国と先進工業国の間で自由化を巡るスケジュールや先進工業国の農産物補助金削減などで厳しい対立が続いていることである。

同時に、IMF・世銀の支援枠組みの中で、近年英国や北欧諸国主導で急激な援助改革が行われてきている。援助予算の単一化（被援助国に対してひとつのファンドを設けて全ドナーが拠出）、財政への直接支援の強調、援助政策の共同作成など目白押しで、日本は「顔の見える援助」ができないとして孤立し、対応に苦慮してきた。

しかし、実際面では、IMF・世銀主導で経済自由化が開始された1980年から今日まで、日本も含むすべての主要援助国・機関がその枠組みで援助を中心とした国際協力政策を採っており、これまでの実績について公正な評価が行われる必要がある。

こうした背景の下で、本書の目的は、世界の多くの途上国で1980年からIMF・世銀の勧告で実施されてきた構造改革の実績を分析することである。両機関、特に後者は幅広い分野をカバーしているが、本書では、途上国において実施された構造改革として、経済自由化（構造調整）と貧困削減に焦点を当てる。

今日、本書を世に問う理由を上述の背景と関連させて説明すると、以下のようになる。第1に、1980年代初頭からの両機関主導の構造調整の歴史的経緯を踏まえた論調が少ないということである。例えば、2005年の英国グレンイーグルズ・サミットでは、アフリカ支援策としてIMF、世界銀行などの国際機関の債務帳消しが決定され、また今後の援助の大幅増加が提案された。しかし、1980年から行われたIMF・世銀主導の経済自由化を主眼とする構造調整計画（Structural Adjustment Program：SAP）の正しい総括が行われたとは言いがたい。また、SAP導入は第2次世界大戦後から70年代までの援助の失敗を背景として導入されたのであるが、今後に向けた政策について歴史の過ちを繰り返す可能性が高いと欧米の専門家はみている。

さらに、1997-98年のアジア通貨・経済危機の際に、インドネシアにおいてIMFの勧告に基づく補助金削減による生活必需品の価格上昇で暴動が起こり、日本の各紙が連日第一面で報道した。しかし、IMF・世銀主導の構造調整は80年代初めからラテン・アメリカやアフリカなど各国で実施され、同じ様な暴動が

10年以上前に多くの国で起こっていたことも意外と知られていない。

　第2に、80年代初頭から国連に代わって途上国の開発・援助枠組みを仕切ってきた両機関の活動や政策を包括的に扱ったものは少ない。それぞれの機関、特に世銀のみの活動を対象としたものは少しあるが、両機関が密接に協力し合って進めている政策内容を全体的に扱ったものはない。

　具体的には、上記のアジア通貨・経済危機と今世紀まで続く国際金融危機を背景として、IMFを中心とする国際金融に関わる著作物が発行されてきたが、多くの文献は国際金融の専門家によって書かれている。途上国に関してマクロ・金融面に偏っている。実務上、IMFがマクロ・金融を担当し、世銀がそれと整合性のあるように、セクター（部門）、サブ・セクター（産業）、ミクロ（プロジェクト／企業）の各水準の構造調整／改革を行っているというようなバランスのとれた全体的な枠組みを提示したものは少ない。

　また、アフリカを中心とする重債務貧困国で貧困削減のための多くの試みがなされているが、他方IMF・世銀の主導による経済自由化が世界で最も進んでいる国が多いということが知られていない。

　さらに、世界規模のグローバリゼーションが所得格差を大きくするとの批判が多いが、同じことが貧困国の国内に関しても議論されるべきである。1つの大胆な仮説は、貧困層への多大な援助が行われる一方で、自由化によって外国製品の輸入が国内の生産能力に大打撃を与え、国内資本が外国資本に独占され、被援助国側の全般的な能力や自助努力をそいでいるのではないか。少なくとも、IMF・世銀の政策に焦点を当てつつも、こうした広い視野で貧困国の開発や援助が議論されていない。

　第3の理由は、日本の専門家の偏りにより、類書がアジア中心で、一部ラテン・アメリカなど中所得国を扱っているにすぎないのに対して、本書はこれらに加えてアフリカを十分に分析する。今日、国際社会の最大の課題の1つが低所得国（とりわけ、重債務貧困国）に多い10億を超える絶対貧困層の生活向上であり、アフリカにも焦点を当てた本書の展開となる。

　追加的に、他の類書にない本書の特色は以下の通りである。第1に、理念・理論だけでなく、IMF・世銀の業務の実際を示して読者の理解の向上に資する。具体的には、IMFのマクロ・エコノミスト、世界銀行のカントリー・エコノミス

トやセクター・エコノミストの実際のアプローチを念頭に、解説を試みる。また付録を中心に、両機関のホームページの膨大な情報の入手方法、かれらが必ず注目する主要情報・統計へのインターネット上のアクセスの仕方(現状の把握)、基礎的統計を使った解析(経済分析)、彼らの開発・支援枠組みでの援助のあり方(援助分析)など、実務に役立つ方法論や分析方法を説明する。

第2の特色は、筆者の豊富な実務経験を盛り込んだことである。具体的には、構造調整下のアフリカ政府へのマクロ経済顧問(国連派遣専門家として現地駐在4年)、日本政府や国際機関委託調査研究のコンサルタント、日本政府招聘の途上国人官僚の研修講師など25年間の経験である。この間、アフリカ15か国、アジア7か国、そして欧米諸国7か国(援助研究)を、延べ50回以上訪問した。また、内閣府経済社会総合研究所(前経済企画庁経済研究所)や経済産業省(前通産省)が招聘した多国籍の研修員のコース、さらに東欧人、タジキスタン(アフガニスタンの北隣り)人、インドネシア中央銀行職員など地域別・国別特設研修コースの研修員へ講義し、意見交換を行なっている。

第3に、日本の経済協力に関して、援助のみならず民間協力を含む総合的な分析を行い、今後の協力のあり方を提案する。

ただし、筆者一人で世界の一流の専門家が集う両機関のすべての業務や政策を詳しく解説することはできない。本書の方法論として、それらの概略のサーベイが中心となる。また、筆者の専門分野がマクロ経済であるので、経済中心となる。もちろん、構造改革の過程に生ずる対立に関して、政治や社会などのその他の面の理解が不可欠であるが、構造調整は基本的に経済政策であるので、それを中心とする。

本書の構成としては、序章でIMF・世銀のこれまでの政策をハイライトとして示す。1章では両機関の業務の概要を説明して、2章で経済自由化を主眼とする構造調整計画の設計(デザイン)ないし内容を詳述する。

3章では同計画の実績について全体的な分析を行うが、2章と3章のおおよその対象期間は1980年の計画開始から90年代後半までである。そして、4章において90年代後半に開始されたIMFと世銀の業務改革、貧困重視、援助改革を分析し、21世紀の最新年までの進捗をカバーする。

そして、4章までの分析は多様な途上国のサーベイであり、構造調整の理解には詳細な国別分析が必要であるので、第5章以降で地域別・国別の事例研究とし

て、新興市場経済、フィリピン、アフリカの分析結果を示す。

　最後に、1980年から今日までの経済自由化の試みの総括を行い、90年代後半からの貧困削減戦略と援助改革の動向も把握して、今後の途上国に関わる開発と援助の方針の参考となる提案を行う。

　本文に挿入した「エピソード」は両機関に関わる活動の象徴的なものを具体的なアクター（実在人物）に焦点を当てて示し、「ネット・トーク」はホームページの有用なものの具体的な利用方法を示した。両機関の活動がより身近に理解できるようになるであろう。

　対象国・地域は両機関からの融資を受けて経済自由化や貧困削減を中心とした構造改革を実施した国である。しかし、そうした動きに対応してその他の国も同様な政策を採っている。そこで、中国やマレーシアなど未実施国についても、特に新興市場経済との関連で取り扱うこととなる。

　そして、用語の使い方であるが、本書のタイトルには「構造改革」があるが、それは1980年から90年代末までのIMF・世銀主導の「構造調整」計画を中心として、加えて90年代末から今日までの「貧困削減」、その他の開発政策とそれに対する援助政策を含むものとする。「構造調整」は、新聞などでよく使われる「経済自由化」や「市場経済化」と同義として扱う。

　また、世銀年次報告書では、構造調整計画に付随する構造調整融資と、部門の改革に対する部門調整融資を合わせて調整融資（貸付）という用語が使われている。本文では、特に部門を扱わない限り、「構造調整計画」「構造調整融資」という用語を使う。

　途上地域の分類はIMF・世銀の分類を使い、地理上のアフリカ地域の53か国から北アフリカの5か国を除くのがサハラ以南アフリカ（Sub-Saharan Africa）である。本書では経済大国南アフリカ共和国を除いた分析が中心となる。*以下では、特に断らない限り、アフリカと呼ぶ。

2008年3月

著　者

＊外務省の分類ではスーダンが除かれているが、本書はIMF・世銀の分類にしたがって同国をサハラ以南アフリカに含める。

IMF・世界銀行と途上国の構造改革
——経済自由化と貧困削減を中心に——

目　次

はじめに i

序章 1
  Ⅰ　国連主導の開発からワシントン・コンセンサスへ 1
  Ⅱ　国連児童基金（ユニセフ）の批判──『人間の顔をした構造調整』── 3
  Ⅲ　新興市場経済での「21世紀型の金融危機」 4
  Ⅳ　国際舞台での日本叩き──英国による「恐竜（日本）批判」── 5

1章　ブレトンウッズ機関の権威 8
  1-1　ブレトンウッズ機関の概要 8
  1-2　国際通貨基金（IMF）の業務と機構 10
    1-2-1　IMFの業務　10
    1-2-2　IMFの機構　13
    1-2-3　融資実績　14
  1-3　世界銀行の業務と機構 17
    1-3-1　世界銀行の業務　17
    1-3-2　世界銀行の機構　19
    1-3-3　融資実績　20

2章　構造調整計画（経済自由化）の設計（デザイン） 23
  2-1　構造調整計画導入の背景 23
  2-2　構造調整計画の枠組み 25
    2-2-1　1980年からの開発・援助の体制変革　25
    2-2-2　カントリー（国別）・アプローチ　28
    2-2-3　構造調整計画の国際的支援枠組み　30
  2-3　政策条件（コンディショナリティ） 32
    2-3-1　構造調整計画の政策内容　32
    2-3-2　財政と公共投資計画　42
    2-3-3　IMF・世銀の役割分担　45
  補節　構造調整計画のモデルと経済予測 46

3章　構造調整（経済自由化）の実績 …… 55

- 3−1　途上国全体の進捗 …… 55
- 3−2　評価・分析のサーベイ …… 57
  - 3−2−1　国際機関によるサーベイ　57
  - 3−2−2　日本人学者によるサーベイ　60
  - 3−2−3　サーベイ結果の比較　62
- 補節　世銀の評価方法 …… 62
- 3−3　構造調整支援の援助 …… 64
  - 3−3−1　全体的な融資実績　64
  - 3−3−2　IMFの構造調整支援の融資　65
  - 3−3−3　世界銀行の構造調整支援の融資　67
  - 3−3−4　他ドナーの援助　68
- 3−4　債務救済 …… 70
  - 3−4−1　債務救済措置　70
  - 3−4−2　債務救済の実績　74
- 3−5　主要政策の実績 …… 76
  - 3−5−1　実施状況　76
  - 3−5−2　効果と持続可能性　81
- 3−6　1990年代後半までの総括と課題 …… 86
  - 3−6−1　全体的な総括と課題　86
  - 3−6−2　設計の問題　88
  - 3−6−3　構造調整の社会的側面　92
- 補節　途上国官僚の批判 …… 94

4章　IMF・世界銀行の改革と貧困削減 …… 100

- 4−1　全体的な展開 …… 100
  - 4−1−1　途上国全体　100
  - 4−1−2　中所得国　104
  - 4−1−3　低所得国　106
  - 4−1−4　地域アプローチ　110

4-2 IMFの改革 ……………………………………………………… 112
　4-2-1 IMFによる政策レビュー　112
　4-2-2 政策の展開　116
4-3 世銀の新しい戦略 ……………………………………………… 118
　4-3-1 世銀による政策レビュー　118
　4-3-2 政策の展開　124
4-4 世界貿易機関（WTO）との関係 …………………………… 127
　4-4-1 WTOを含めた体制　128
　4-4-2 貿易自由化　129
4-5 貧困削減と援助協調 …………………………………………… 130
　4-5-1 急速な開発・援助枠組みの変革　130
　4-5-2 識者の反論　133
4-6 紛争国への関与 ………………………………………………… 134
4-7 問題点と課題 …………………………………………………… 136
　4-7-1 開発の枠組みと政策　136
　4-7-2 援助の枠組みと政策　139
4-8 日本の対応 ……………………………………………………… 141
　4-8-1 IMF・世銀に対する過去の協力方針　141
　4-8-2 協力の実績と成果　143
　4-8-3 現状と今後の方向　147

5章　地域別・国別サーベイ ………………………………………… 154
5-1 アジア諸国の実績 ……………………………………………… 154
　5-1-1 東アジア　154
　5-1-2 アジア通貨危機　155
　5-1-3 その他のアジア諸国　159
5-2 ラテン・アメリカ地域の実績 ………………………………… 160
5-3 アフリカを除く他の地域の実績 ……………………………… 162

目　次　xi

6章　新興市場経済 …………………………………………………… 165
6-1　対象国・地域 ………………………………………………… 165
6-2　構造改革の進捗と成果 ……………………………………… 168
6-2-1　構造改革の動向　*168*
6-2-2　直面する新たな局面　*171*
6-3　最近の動向 …………………………………………………… 174
6-4　課題 …………………………………………………………… 174

7章　事例分析：フィリピン（中所得国） ………………………… 176
7-1　はじめに ……………………………………………………… 176
7-2　フィリピンの概要 …………………………………………… 177
7-3　融資実績からみた全体的な進捗 …………………………… 178
7-4　先行文献のサーベイ ………………………………………… 180
7-5　構造調整計画の実績 ………………………………………… 184
7-5-1　経済協力の効果　*184*
7-5-2　マクロ経済分析　*189*
7-5-3　構造調整計画の期間別の実績　*193*
7-5-4　主な政策毎の実績　*196*
7-6　IMFプログラム卒業年（2000年）までの総括 …………… 199
7-7　貧困を含む最近までの動向 ………………………………… 202

8章　事例研究：低所得地域・国 …………………………………… 206
8-1　サハラ以南アフリカ ………………………………………… 206
8-1-1　融資実績から見た全体的な進捗　*208*
8-1-2　実施状況による国分類　*210*
8-1-3　IMF・世銀の文献による国別の実施状況　*211*
8-1-4　構造調整計画全体の評価　*214*
8-1-5　経済開放政策の実施状況と効果　*216*
8-1-6　国内市場規制緩和政策の実施状況と効果（農業）　*220*
8-1-7　公的部門改革政策の実績　*229*

8-1-8　債務免除決定（1999年）までの総括　*230*
　　　8-1-9　アフリカの最近までの動向　*230*
　8-2　タンザニア ……………………………………………………… *233*
　　　8-2-1　はじめに　*233*
　　　8-2-2　最近の動向　*233*
　　　8-2-3　課題　*236*

付　録 ………………………………………………………………………… *241*
　A．IMFのホームページ ………………………………………………… *241*
　　A.1　基本的利用法　*241*
　　A.2　資料解説　*242*
　B．世界銀行のホームページ …………………………………………… *246*
　　B.1　基本的利用法　*246*
　　B.2　資料解説　*246*
　　B.3　その他　*248*
　C．その他の資料・情報 ………………………………………………… *249*
　D．情報源 ………………………………………………………………… *249*

おわりに ……………………………………………………………………… *251*

略語表 ………………………………………………………………………… *257*
国際通貨基金（IMF）・世界銀行の基本情報と凡例 ……………………… *259*
IMF・世界銀行主導の構造改革の年表 …………………………………… *260*
参考文献 ……………………………………………………………………… *262*

―ネット・トーク（ネット上の小技）――――――――――――――――――
　1　ワシントンでの記者会見―世界経済を取り仕切る人々―　*11*
　2　大統領署名の政策文書の公開　*42*
　3　ワールド・スタンダードの情報の入手　*50*
　4　知的ネットワークの活用　*123*
　5　国別競争力ランキング　*173*
　6　プロジェクト・サイクルと事後評価文書　*239*

―エピソード――――――――――――――――――――――――――
　1　世銀融資による新幹線建設　*18*
　2　80年代初頭のIMF・世銀による国連からの主導権剥奪　*27*
　3　IMFミッションに右往左往　*51*
　4　「新植民地主義」対「新自由主義」の舌戦　*98*
　5　IMF局長によるノーベル経済学者への「果たし状」　*115*
　6　イギリス国際開発省課長との激論　*132*
　7　アジア通貨危機の処方箋―「拝啓　マレーシア首相殿」―　*158*
　8　アルゼンチンでのサムライ債焦げ付き　*170*

図表リスト

[図リスト]
- 図2-1　カントリー・アプローチ（重点部門や事業の絞込み）　28
- 図2-2　構造調整のフローチャート　31
- 図2-3　構造調整計画の政策体系　38
- 図3-1　債務救済措置の変遷　72
- 図4-1　拡大HIPCイニシアティブ（債務救済措の流れ）　111
- 図8-1　アフリカ全図　207

[表リスト]

1章　ブレトンウッズ機関の権威
- 表1-1　IMFの融資実績（1975-2006）　16
- 表1-2　世界銀行の融資実績（1980-2000）　22

2章　構造調整計画（経済自由化）の設計（デザイン）
- 表2-1　開発・援助体制の転換　27
- 表2-2　目標と政策　35
- 表2-3　ワシントン・コンセンサスの名付親による10の政策改革　36
- 表2-4　世銀による政策リスト　39
- 表2-5　構造調整計画の政策と効果　40

3章　構造調整（経済自由化）の実績
- 表3-1　最初の構造調整支援融資　65
- 表3-2　世銀の調整融資の部門別内訳（1995-2000）　69
- 表3-3　対外債務分類基準　75
- 表3-4　債務負担度による国分類（1999-2001）　75
- 表3-5　国際取引制度の国比較　78
- 表3-6　為替相場制度による国分類（2000年3月31日現在）　80
- 表3-7　主要国の関税率（2001年）　81
- 表3-8　途上国への資金の流れ（1970-2001）　82
- 表3-9　直接投資の地域別配分（1980-2005）　87
- 表3-10　構造調整計画への批判　90

4章　IMF・世界銀行の改革と貧困削減

表 4-1　IMF 手段別国一覧表（2005 年 1 月末日現在）　*102*
表 4-2　貧困削減戦略ペーパー（PRSP）の基本　*108*
表 4-3　国連開発目標（UNMDGs）　*108*
表 4-4　重債務貧困国（HIPC）と債務免除　*109*
表 4-5　長引いた IMF 融資国　*113*
表 4-6　IMF による批判への対応　*114*
表 4-7　低所得国の国別レーティング（2005）　*122*
表 4-8　部門投資計画（SIP）の特徴　*127*
表 4-9　世銀の開発政策融資（2002-2006）　*127*
表 4-10　紛争国の経済指標　*135*
表 4-11　重債務貧困国（HIPC）への日本の債務免除（2003-2005）　*146*
表 4-12　絶対貧困層の地域別予測（1990-2015）　*150*

5章　地域別・国別サーベイ

表 5-1　ラテン・アメリカ諸国の改革　*162*

6章　新興市場経済

表 6-1　新興市場経済の主要指標　*167*
表 6-2　ゴールドマン・サックス（GS）社の BRICs 予測との比較　*168*

7章　事例分析：フィリピン（中所得国）

表 7-1　IMF・世銀の融資　*179*
表 7-2　経済協力と援助　*182*
表 7-3　国際収支の動向　*186*
表 7-4　日本の経済協力　*189*
表 7-5　マクロ経済分析結果　*190*
　A　経済実績（政策の実施状況）　*190*
　B　経済実績（政策の効果）　*190*
　C　経済実績（持続可能性）　*191*
表 7-6　国内総生産（GDP）の部門別推移　*194*
表 7-7　構造調整政策の実施状況　*198*
表 7-8　中央政府歳出のセクター別内訳　*200*

8章　事例研究：低所得地域・国

表 8-1　世銀の構造調整融資（1980-2000）　*209*
表 8-2　構造調整計画の国分類（1999-2000 年時点）　*212*
表 8-3　構造調整計画実施状況による国分類（1988）　*214*

表8-4　主要国の債務　*216*
表8-5　債務構成（1980-2001）　*217*
表8-6　IMF8条国（1999）　*218*
表8-7　為替相場制度による国分類（2000年3月31日）　*219*
表8-8　東・南部アフリカ諸国の貿易体制（1988年）　*220*
表8-9　メイズ市場政策（1984-1994）　*222*
表8-10　農業部門の構造調整（1990-1996/97）　*223*
表8-11　農業部門の実績（1990-1996/97）　*225*
表8-12　GDPと輸出入　*226*
表8-13　農業生産高　*226*
表8-14　外貨獲得の源泉の国分類（2000）　*228*
表8-15　公企業民営化　*229*
表8-16　資金の流れ　*234*
表8-17　財政構造　*234*
表8-18　貿易の推移　*235*
表8-19　事例研究の研究課題（貧困削減と援助協調）　*238*

IMF・世界銀行と途上国の構造改革
―― 経済自由化と貧困削減を中心に ――

序　章

I　国連主導の開発からワシントン・コンセンサスへ

　アメリカ軍のイラク攻撃が2003年3月20日に開始されて、2003年5月にブッシュ大統領の戦闘終結宣言が出たが、新聞報道でみるようにその後も治安上の問題が解決されていない。2007年1月にはアメリカ軍の死者は3,000人を超え、同年9月では駐留軍全体で約4,000人が死亡した。

　この間、アメリカ軍のイラク制圧後の復興過程における主役は、アメリカの首都、ワシントンD.C.に本部がある国際通貨基金（IMF）と世界銀行である。第2次世界大戦後のヨーロッパや日本の復興が、アメリカ主導でIMFと世界銀行の融資を通じて行われたのと同様である。

　イラクに対して、IMFは2004年9月に紛争国復興融資（約4億3,630万USドル）供与を決定した。それを前提にして同11月に公的債務の削減を扱うパリ・クラブで同国債務の80%削減が合意された。

　IMFは、2005年12月にはその通常融資であるスタンドバイ信用（約6億8,500万USドル）供与を承認している。

　これらは国際収支困難への支援であるが、イラクの復興に必要な資金は2003年に試算されている。世界銀行は、国連と共同で、2004-07年に360億ドル程度必要と発表している。同行は、2003年10月に、5年間に34億ドルから40億ドルを供与することを表明した。

　日本政府は、2003年10月のマドリッド会合で、最大50億ドル支援することを表明している。2005年11月には、IMFプログラムへの合意を条件に、債務削減に合意した。日本は76億ドルと最大の債権国であった（独仏がそれぞれ55億

ドル程度)。

　この間、イラク制圧後の経済社会開発の過程で、ニューヨークに本部がある国連の影は薄い。もちろん、イラク戦が国連の機能を軽視してアメリカ主導で行われ、また国連職員に対するテロ (2003年8月) があったために、国連の関与が少ないという面はある。さらに、元々アメリカは先進国主導で運営できない国連を軽視したという過去がある。

　第二次世界大戦後から1970年代までの途上国の開発をリードしたのは、国連である。各年代に「国連開発の10年」を掲げ、開発戦略と援助戦略を打ち出した。しかし、政府主導型の発展戦略が多くの国で失敗に終わり、経済自由化政策に代わられることとなった。

　象徴的な例としてイラクを取り上げたが、多くの途上国の経済運営と開発の主導権は1980年代初頭に国連からIMF・世界銀行に移った。契機は、1979年の英国サッチャー政権、1981年のレーガン政権樹立である。両政権は、すでに1970年代にはケインズ主義に代わって勢力を増した新古典派の影響を受けて、経済自由化を核とする新保守主義の経済政策を自国のみならず、世界規模で開始した。日本を含む先進工業国に対してアメリカは2国間で圧力をかけたが、途上国に対してはIMFと世界銀行 (ブレトンウッズ機関と呼ばれる) を介して経済自由化を勧告した。

　折しも、1970年代の石油ショックに端を発する第一次産品価格の上昇が同年代末に終わりを告げ、また先進工業国が不況に陥る中で、多くの途上国が深刻な経済危機に見舞われた。打開のための融資の要請を受けた両国際機関は、1980年を皮切りに、融資の条件として急速な経済自由化を中心とした構造改革ないし構造調整を、世界中の途上国で強制的に推進したのである。

　IMF・世銀主導の構造調整計画 (SAP)、特にラテン・アメリカのそれを、1989年に「ワシントン・コンセンサス」と名付けたのは、米国国際経済研究所のウィリアムソンである。このコンセンサスは、アメリカ政府財務省、ウォールストリート関係者、そしてIMF・世銀の3者によるものである。アメリカの利益を代表してIMF・世銀が途上国に対して経済自由化を強いたという構造である。彼は、10の改革を挙げている (2-3-1項で詳述)。

　こうした途上国に対する政策介入は、東側ブロックの崩壊により、90年代に

おいて世界規模で進められて今日に至っているのである。

　さらに、2001年9月11日の同時多発テロ以降、テロの温床となる貧困削減の名の下に、紛争終結国など政治的、社会的に不安定な国（FRAGILE STATE）への経済協力が行われるようになった。同様に米英主導によるIMF・世銀の介入であり、「人間の安全保障」を援助の指針に掲げる日本も協力してきている（4−6節、4−8節参照）。

II　国連児童基金（ユニセフ）の批判──『人間の顔をした構造調整』──

　約10年前の1997年7月上旬のタイ通貨バーツの急激な下落に端を発するアジア通貨・経済危機は、他のアジア諸国へも波及し、数千万にのぼる人々を貧困に引き戻したと言われる。

　インドネシアにおいて、1998年5月5日のIMF勧告の補助金削減による生活必需品などの価格高騰が暴動に発展。商店の略奪、放火、中国人への暴行などの模様は、連日日本の各紙の第一面で報道された。『アジア動向年報』に以下の記述がある。

　　1998年5月13日の暴動は、14日に入り収拾のつかない状況にまで発展する。ジャカルタ北部の中華街コタで暴動が発生、華人商店や住宅に対する投石、略奪、放火、暴動といった行為が大規模に展開された。この暴動は瞬く間にジャカルタ市内全体に広がり、市内の各所で火の手が上がった。華人商店やスーパーでは、中下層の住民が店内の商品を略奪するという光景が随所で見られた。また、スハルト一族に関係の深い建物、例えばティモール社、スーパー・ゴロー、ビマンタラ・グループ、セントラル・アシア銀行支店、華人企業家スドノ・サリム邸などは暴徒による略奪や放火の格好の標的になった。こうしてジャカルタの首都機能は完全に麻痺してしまった。この暴動や火災に巻き込まれて死亡した人の数は1,000人以上にのぼる（6月2日の国家人権委員会の発表によれば、死者1,188人）。[1]

　タイ・バーツの急落はインドネシアに波及して、同国は、1997年10月にIMF

との間で構造改革政策に合意していた。そして、「1998年1月15日、(経済の悪化に)追いつめられたスハルト大統領は、来訪したカムドシュIMF専務理事が腕組みをして見下ろす傍らで、IMFによる経済改革を全面的に受け入れることを定めた第2次合意書に署名せざるをえなくなった。」[2]（この写真はIMFの傲慢さを示すものとして各紙に掲載された）同大統領は、暴動後の5月21日に退陣を発表し、32年間にわたるスハルト体制が崩壊した。

　実は、同様のことが、ラテン・アメリカとアフリカの各国と、その他ヨルダンなど、世界中の国々で起こったのである。アフリカにおいては、ベルリンの壁の崩壊後、政治民主化も急激だったために民族対立を起こしてしまい、政治・社会の不安定化が生じた。「パンドラの箱を開けた」との批判もある。[3]

　しかし、構造改革の貧困層に対する悪影響は既に80年代半ばには大きな争点となっており、国連児童基金（ユニセフ、UNICEF）が1987年に『人間の顔をした調整』（Adjustment with a Human Face）を刊行し、IMF・世銀の構造調整計画を厳しく批判した。基金は翌年ラテン・アメリカ5か国を含む10か国の事例も取り上げ、IMFなどが推奨する処方箋が、貧困者、特に子供の状況を悪化させていると非難した（3−2−1項参照）。

III　新興市場経済での「21世紀型の金融危機」

　今日BRICs（ブラジル、ロシア、インド、中国のこと。ゴールドマン・サックス証券が名づけた）など、経済自由化を進めていて外国からの金融資本の投資先と注目を浴びているのが、途上国の中の新興市場経済と呼ばれる国々である。

　ところが、前述の1997年7月のタイでのバーツ暴落を端緒として、その危機は近隣国に波及して、東南アジアを中心とするアジア各国が瞬く間に経済不況に陥った。そして他の地域の新興市場経済の国々（ロシアやブラジル）にも波及し、最後はアメリカの株式の売りに発展した。

　筆者は、アジア経済危機の最中の1998年初めに、外務省の委託でフィリピンの金融部門の構造調整の評価の仕事で、マニラを訪問した。1989年日本政府は、世界銀行と協調融資で3億ドルの資金協力を行なっていた。その政策条件が金融

部門の改革であった。

　中央銀行のスタッフなどとの会議の後に面会した銀行家が、アジア危機の原因は支払能力（solvency）ではなく、流動性（liquidity）であると述べていたのは印象的であった。つまり、輸出による外貨獲得能力がないという構造的な問題ではなく、一時的に外貨がなくなった一過性のものだというのである。このように、経済自由化の進展によって国際短期資本が瞬時に地球上を駆け巡る状況下で、1国の金融危機が瞬く間に他の国・地域に伝播するのである。当時IMFの専務理事であったカムドシュはこれを「21世紀型の金融危機」と呼んだ。

　結局、アジア危機においては、タイ、インドネシア、韓国がIMFの管理下におかれることになった。東南アジアの危機は、なんと韓国まで及んだのである。

　こうした新興市場国における金融危機は21世紀になっても続くことになる。2001年9月11日の米国同時多発テロの余波でアルゼンチンは、同年末に経済危機に陥った。その影響で隣国のブラジル、そして中東のトルコが経済苦境に陥り、IMFの管理下に置かれることとなった。一人当たり所得7千USドル（2001年に6,960ドル）のアルゼンチンでは、同年末から翌年にかけてスーパーからの略奪など暴動が発生した。

　2006年2月1日のラテン・アメリカに関する講演の中で、IMFの筆頭専務副理事のクルーガーは、金融不安が続く国としてアルゼンチンとブラジルを挙げている（6章参照）。

Ⅳ　国際舞台での日本叩き――英国による「恐竜（日本）批判」――

　1999年末、国際協力事業団（JICA、現在の国際協力機構）主催の南部アフリカ地域への援助に関する会議に出席していたときのこと。あるコピーが全員に配られた。それは、日本の援助関係者にとって衝撃的なスピーチの内容であった。

　スピーチは、英国政府国際開発省の大臣、ショート女史によって、1999年12月2日にロンドンで行われた。演題は、「援助調達における保護主義：恐竜を処分して」（Protectionism in aid procurement: disposing of a dinosaur）であった。恐竜は「ひも付き援助」（タイド、tying aid）であり、それを「殺す」べき

であるという強いメッセージであった。すなわち、援助を援助国の物資や人員に限るという保護主義をとっている国を批判しており、名指しにはされていないが日本をターゲットとしているものであった。主にアフリカを中心とする最貧国に関して、援助資源を効率的に使うために援助は公募で行われるべきであるという立場を強く打ち出したのである。同女史は最後に「恐竜を絶滅させるべきである」と締めくくっている。

その当時世界最大の援助大国であった日本が「恐竜」として批判されたともとれる内容で、公の場でこのように批判されたことは日本側にとっては大きなショックであっただろう。

日本外務省はすばやく反論した。すなわち、当時の外務省経済協力局長飯村豊氏がファイナンシャル・タイムズにおいてこのスピーチに関して日本を批判している投稿に対して、2000年2月22日に「Japan is dedicated to fair aid programme」というタイトルで同誌上にて反論した。

さらに、同年6月にも同様な投稿へ飯村氏が反論した。日本の有償資金協力（円借款）の100%がアンタイド・ローン（untying loan）であり、EUなど他のドナーのひも付き援助の実情を挙げながら、日本の援助の保護の程度が主要ドナーの中でもっとも低いと反論した。

当時、21世紀に向けて、キリスト教団体が貧困国の債務帳消しを主要ドナーに働きかけていた。「モーゼの教え」によると、キリスト教徒は50年に1回貧者に施しをしなければならず、2000年はその中でも最も重要な「大聖年」に当たり、強力なキャンペーンを繰り広げていた。そして、それはキリスト教徒以外の関係団体へも波及し、アフリカに対する大きな債権を持つフランスやドイツなどもその流れに抗することができない状況になっていた。[4]

それに反対の立場をとる日本への風当たりが強く、当時在英日本大使館に毎週のようにNGO団体が押しかけて債務帳消し実現を叫んでいた。また、東京、霞ヶ関の大蔵省（今日の財務省）がNGO関係者によって「人の鎖」で取り囲まれて、債務帳消しを要求されていた。

結局、本文でみるように、1999年のケルン・サミットで2国間債務の100%帳消しとIMF・世銀の債務一部免除が決定されていた。そうした中で、援助のあり方に対する強い改革が英国から打ち出されたのである。

21世紀になって、IMF・世銀主導の構造改革を進める重債務貧困国において、英国や北欧諸国主導で急激な援助・開発枠組みの変化が起こっており、日本政府は対応に苦慮してきた（4－8節参照）。

注
1) アジア経済研究所『アジア動向年報　1999年版』、pp.389-390。
2) 『アジア動向年報　1999年版』、p.407。
3) 援助会議の場で、経済自由化のみならず政治民主化をアメリカが要求。アフリカにおける民族対立を恐れる英仏両国を押し切って、アフリカ各国で政策条件となった。
4) 坂元（筆者）「欧米主導でない日本独自の援助戦略を」『世界週報』時事通信社、2000年4月18日号

1章
ブレトンウッズ機関の権威

　本章では、国際通貨基金（IMF）と世界銀行による途上国支援の体制を説明する。まず全体の体制を示し、その後機関毎に業務内容、機構、融資実績を示す。歴史の基本的な展開と現況を中心に説明する。

　本章で両機関の概要を説明した後で、2章と3章で、構造改革ないし構造調整（経済自由化）に焦点を当てて、1980年から90年代後半から同年代末までの実績を詳述する。今日につながる90年代後半以降については、4章以降で詳述するが、基本事項は本章でも説明する。

1-1　ブレトンウッズ機関の概要

　国際通貨基金（International Monetary Fund: IMF）と世界銀行（World Bank、以下世銀と呼ぶ）は、第2次世界大戦後の世界経済の金融・為替・資本面の秩序及び原則を規定したブレトンウッズ協定（Bretton Woods Agreement）によって誕生した。1944年に同協定が調印され、翌年、1945年に28か国によって署名・発効されて、両機関が正式に設立された。

　世界銀行は現在では5つの機関のグループを指すが（1-3-2項参照）、当初設立されたのは国際復興開発銀行（International Bank for Reconstruction and Development: IBRD）である。IMFは1947年、IBRDは1946年に業務を開始した。2005年に創立60周年を迎えたことになる。

　両機関はブレトンウッズ協定によって設立されたので、ブレトンウッズ機関（Bretton Woods Institutions: BWIs）とも呼ばれる。[1]

　設立当初は戦後復興のヨーロッパを中心とする先進工業国が主な融資対象国

であったが、これらの国々の経済の回復に伴って、その後途上国への融資が中心となった。90年代以降においては、融資対象国のほとんどは途上国である。

序章で述べたように、アメリカなど主要先進工業国が支援するIMF・世銀は、世界経済を取り仕切る存在である。IMFと世界銀行が合同で開催するのは、春季総会（spring meeting）と年次総会（annual meeting）である。毎年春と秋に1回ずつ開催される。多くの場合、主要7か国財務大臣・中央銀行総裁会議（G7）[2]とセットで開かれる。

また、IMFと世銀の最高意思決定機関である総務会（後述）が共同で開催されると、合同開発委員会となり、途上国の開発問題に関して両機関の総務にアドバイスを行う。以下のIMFの箇所で出てくる国際通貨金融委員会（IMFC）が、世界と各加盟国のマクロ経済や金融に関してアドバイスを行っており、2つの委員会が政策立案・実施上重要である。開発委員会とは異なり、IMFCはIMFだけに関わる組織である。

重要なことは、IMF・世銀の活動が、G7などの方針へのインプットとして、あるいはG7会議をインプットとしての具体化として位置付けられることである（ネット・トーク1参照）。例えば、まずIMFが「世界経済見通し」を発表して、それをベースに世界経済や途上国経済の問題が論じられるのである。

そして、通常G7の方針は、主要国首脳会議（サミット）でより公式に決定され、世界に向けて発表される。このように、IMFと世界銀行の業務は主要先進工業国の政策を大きく反映したものと言える。2008年には8か国の首脳会議（サミット）が日本で開催される。

国際機関における位置付けとしては、国際機関は大きく分類すると、国際連合、国連経済社会理事会の専門機関、そして専門機関となる。IMFと世界銀行は専門機関に所属する。国際機関全体での役割分担となると、IMFは国際金融、マクロ経済を担当し、世銀は教育や経済インフラなどの開発を扱う。4-4節で詳述するが、国際貿易について世界貿易機関（WTO）が世界規模での貿易自由化を推進する役割を努める。2国間の貿易自由化はIMFが推進する。

世界の各地域にはアジア開発銀行などの国際開発金融機関があるが、世銀は世界全体を相手にした国際機関である。これらの開発金融機関も、IMF・世銀の開発・援助枠組みにしたがって途上国への融資を行うのが基本である。

職員数は、IMFは3,000人弱で、世界銀行は1万3,000人のスーパー国際機関である。IMFがマクロ・エコノミスト中心であるのに対して、世銀はマクロ・エコノミストに加えて、灌漑や道路などのいろいろな分野の専門家やエコノミストを抱えている。IMF本部は、ワシントンD.C.のH. STREETにあり、世界銀行本部のビルの真向かいにある。両方は姉妹機関と呼ばれている。両機関、特に世銀は途上国に事務所を有するが、業務の多くは本部から派遣するミッションが行う。

1-2　国際通貨基金（IMF）の業務と機構

1-2-1　IMFの業務

1947年に業務を開始したIMFの任務は加盟国の通貨の安定と国際収支を中心とするマクロ経済の安定を図ることである。IMFは「通貨の番人」と言われ、世界と加盟各国の経済安定のためのサーベイランス（政策監視）と国際収支支援のための融資供与を行う。

IMFには世界中のほとんどの国が加盟し、その中心業務は加盟国の出資金を融通しあって各加盟国の国際収支赤字などマクロ経済不安定を回避することである。出資金はクォータ（割当額）と言われ、それに基づいて国際収支や通貨の安定のために引き出せる外貨の額が決められる。

IMFにおける投票権はクォータにより決まっており、2006年4月現在では以下のようであった。米国で17.1%、日本6.1%、ドイツ6.0%、フランスと英国がそれぞれ5.0%であり、G5で39.1%。G10のうちG5を除く国ぐにに、スイスが加わって合計で24.2%。G24のうち途上国24.6%、その他が合計で12.1%（中国2.9%、ロシア2.7%。日中を除くアジアは9%）。

アジア経済の比重の増大を背景に、また欧米主導の政策運営への対抗上、アジアの比重の増大が求められて、中国など4か国の比率上昇が2006年9月に合意された（4-2-2項参照）。

今日、世界銀行と異なる点は、IMFは先進工業国に融資することはほとんどないが、政策アドバイスをする任務があり、数年おきに先進工業国にもミッショ

ンを派遣して討議を行う。IMF 4条（ARTICLE IV）に関する義務である。日本もIMFミッションを受け入れて政策協議を行う。

また、常時先進国に対しても政策提言を発表する。たとえば、IMFが日本経済について分析結果の公表や声明を行う。日本経済のデフレに関して、IMFがしばしば政策提言を行い、日本側関係機関が反論するといったことがあった。以上のように、IMFは国際機関の中でもプレステージの高い機関であると言える。

●ネット・トーク1　ワシントンでの記者会見—世界経済を取り仕切る人々—●
　国際通貨基金（IMF）は世界および途上国のマクロ経済や金融問題を扱う最も権威ある機関である。世界銀行は途上国の開発問題を取り仕切るスーパー国際金融機関である。そして、両機関の活動は、世界の重要な国際会議と連携して行われている。以下にホームページに入りながら、一例を挙げる。

（2007年10月31日現在のホームページ）
IMFのホームページ：http://www.imf.org
ステップ：
1）　画面右上のsite index（目次）をクリック
2）　Annual meetings（年次総会）をクリック
3）　そうすると、過去および今後の年次総会（秋開催）と春季総会（spring meeting）の両方のスケジュールが出る。2007年10月にワシントンD.C.で開催されたAnnual meetingをクリック。
4）　2007年10月の年次総会の画面において、左上のSchedule of Eventsをクリックすると、詳しい日程が出てくる。

　年次総会本体のスケジュールは10月20日から22日にかけてであるが、10月19日に先進7カ国財務大臣・中央銀行総裁会議（G7）が同じくワシントンD.C.で開催されている。G7の方針の具体化が両機関の年次総会で議論されるのである。アメリカなど主要先進工業国が支援するIMF・世銀は、世界経済を取り仕切る存在である。
　IMFと世界銀行の合同の春季総会と年次総会は、毎年春と秋に1回ずつ開催される。多くの場合、G7を中心とした一連の国際経済・金融・開発の会議とセットで開かれるのが慣例である。
　具体的に両機関の年次総会のスケジュールを説明すると、年次総会開始の10月20日より前、その前座は10月15日から始まっている。この間に、重要な文書の公開と記者会見が行われ、両機関の関係者の討論が行われてトップを含む記者会見が開催される。世界の主要国の経済、金融、開発面のリーダー達が結集しているということがわかる。各国から財務大臣と中央

銀行総裁、そしてこれら機関の高官が来ており、その他NGOなど民間団体や学識経験者が参集する。

一連の会議の前にIMFと世界銀行の主要刊行物が発表される。これら文書の分析やデータを下に、関係者が議論するわけである。具体的には、実質的な初日（10月17日）の9時に、IMFが世界経済見通し（World Economic Outlook：WEO）を発表し、記者会見が行われる。WEOは毎年春と秋に刊行されるが、世界経済の現状分析と翌年の予測を行う最も権威ある報告書である。G7出席者はWEOを基に、世界経済を論じるのである。

他に、世銀が発行する世界開発金融（Global Development Finance：GDF）や世界開発報告（World Development Report：WDR）も同時に発表されたこともある。GDFは途上国と、東欧など体制移行国の対外債務状況に関わる報告書（Vol.1）と国別統計（Vol.2）からなる（付録の説明参照）。WDRは開発問題を分析した権威ある年次報告書であり、世界の多くの開発関連大学・大学院で利用されている。

また、世界中の専門家も集結し、Program of Seminarsで専門的な発表と検討が行われる。世銀が別に主催する開発経済年次会合（Annual Bank Conference on Development Economics：ABCDE）との連携で開催される。2006年には、東京で開催された。

WEOの記者会見の模様はネット上で視聴できる。発表者はIMF調査局長であり、前MIT大学教授のジョンソンである。2006年秋の年次総会までは現シカゴ大教授のラジャン（インド人で、途上国人としては初）が、その前はハーバード大学のロゴフ（Rogoff）が任に当たった（本書「エピソード5　IMF局長（Rogoff）によるノーベル経済学者への「果たし状」」参照）。

調査局長のブリーフィングの後に質疑応答があり、なかなか面白い。すべての発言内容も公開されており、筆者は留学生相手の授業で良く使う。話される英語もすべて筆記録（transcript）で読める。WEOの記者会見では、NHK記者の質問もあった。

年次総会の重要な会合は、20日のIMF主催の国際通貨金融委員会と21日両機関合同開催の開発委員会である。

下記が、2007年4月13-14日に開かれたG7直後のIMF・世銀合同開発委員会（Development Committee）の記者会見の模様（WEBCAST）である。

http://www.imf.org/external/mmedia/view.asp?eventID=724

慶応大学法学部政治学科で国際経済論を講義していたが、講義で体躯の大きいメキシコ財務大臣（議長）をスクリーンに示すと、学生たちが面白がってかれの訛りのある英語を聞いてくれた。

ついでながら、G7の事務局は財務担当省であるので、アメリカ財務省（Treasuryあるいは Department of Finance）のホームページでG7コミュニケ（共同声明）の原文が、そしてその日本語版は日本政府財務省のHPにすぐ掲載された。上記の開発委員会のコミュニケは世界銀行東京事務所のホームページに日英両方を見つけた。2007年の4月のIMF・世銀春季総会時にセットで開催されたG7の共同声明は、サミット担当国のドイツ財務省のホームページで見ることができた。

1-2-2 IMFの機構

　IMFの最高意思決定機関は総務会（Board of Governors）であり、各加盟国につき1名の総務（Governor）と同1名の代理（Alternate Governor）で構成されている。総務と代理は加盟国の財務大臣または中央銀行総裁となっている。総務会は、年2回の総会の際に開催される。

　総務会に重要な政策事項について勧告を行うのが、1974年設置のIMFの暫定委員会（Interim Committee）であったが、1999年以降は格上げされた国際通貨金融委員会（International Monetary and Financial Committee: IMFC）となった。この委員会の会議は毎年春と秋（年次総会時）に開かれるが、多くの場合G7の会議の後に開催される。G7の会議の方針とリンクされている。

　年次総会を除く期間については、ワシントン本部のIMF理事会（Executive Board）が毎週会合を開く。理事会の意思決定は、採決でなく、コンセンサス方式をとっている。日本は理事に選出されている。

　IMFの業務上の実質的なトップは専務理事（Managing Director）であり、理事会によって任命され、理事会の議長をつとめる。専務理事は、歴代ヨーロッパから選ばれる。世銀総裁はアメリカ人というセットである。比較的フランス人が多かったが、2000年から2004年までの専務理事はドイツ人のケラー氏であった。EUの推薦者の第1候補もドイツ人であったが、アメリカ側の拒否にあった。ケラー氏にもアメリカは不満だったと言われる。

　ケラー氏がドイツの大統領になったのを受けて、2004年7月からスペイン人、ロドリゴ・デ・ラト（Rodrigo de Rato）が専務理事となっている。かれは着任前、スペインの経済担当副首相兼財務大臣であった。しかし、かれは私的理由で5年の任期半ばで退任することになり、またしてもフランス人である元財務大臣ストロスカーンが2007年11月1日に着任した。

　副専務理事は3人いる。筆頭副専務理事はアメリカ人、2人の副専務理事は日本人と他の地域の人間である。2001年まで高名なフィッシャー教授が筆頭副専務理事であったが、同じく有名なアンヌ・クルーガー教授が代わった。その後、JPモルガン投資銀行の副チェアマンであったLipskyが任に当たっている。日本は出資金がアメリカに次いで多く、日本人副専務理事がいるのは日本の貢献を反映するものであろう。

もう一人の副専務理事は、2006年12月より、ブラジル政府財務省次官（Deputy Minister）であった Murio Portugal である。その前は、メキシコ人やチリ人の学者であった。以前は、西アフリカのコートジボワール（象牙海岸）の元財務大臣ワッタラ氏であった。コートジボワールは旧フランス領で、ワッタラ氏の夫人はフランス人。当時の専務理事は元フランス財務省高官のカムドゥシュ（Camdesus）氏であった。同氏は、1987年から2000年までの長期の在任であった。

1-2-3 融資実績
（1） 融資手段

IMFの融資はファシリティ（Facility）と呼ばれ、特別引出権（Special Drawing Rights: SDR）は融資額の単位である。特別引出権（SDR）は IMF の通貨単位とみなすことができる。SDR は、主要先進工業国の通貨の加重平均で変動する。交換比率は、「1SDR＝1.52ドル」である（2007年8月16日現在）。

IMF の融資は、借入国に対する、他の IMF 加盟国から得た準備資産（reserve assets）（外貨や SDR）を財源としている。借入国は、自国通貨を使って準備資産を「購入」（purchase）する。この準備資産は、加盟各国のクォータ（quota）からなっている。借入国の返済は、外貨準備資産（外貨や SDR）で IMF から自国通貨を「再購入」（repurchase）することによって行われる。

ただし、低所得国向けの融資（貧困削減・成長ファシリティ（PRGF）など）は、加盟国の一部の拠出による信託基金（トラスト・ファンド）から融通される。

融資は、借入国の経済・金融政策の遵守をみながら、何回かに分けて行われる。トランシェ（tranché）と呼ばれる。これらの政策は加盟国と IMF の合意の賜であるが、現実には IMF の押付けとの批判が多い。融資の条件となる政策を、政策条件（コンディショナリティ、conditionality）と呼ぶ。

融資は大きく分けて、非譲許融資と譲許融資である。前者が中心である。IMF は1～2年の短期を対象とするスタンドバイ信用を1952年から供与していたが、1974年より長期の融資手段たる拡大信用供与ファシリティ（Extended Fund Facility: EFF）が導入された。これらは通常ファシリティ（regular facility）と呼ばれる。市場金利が適用され、返済期間はスタンドバイが2～5年、EFF

が 4 〜 10 年である。所得水準が高い国が主な被融資国である。

また、特別融資制度として、補完的準備制度（Supplemental Reserve Facility: SRF）と補償的融資制度（Compensatory Financing Facility: CFF）がある。前者は 1997 年に導入されたもので、「突然かつ破壊的な市場の信任喪失に関連して国際収支困難に直面した加盟国に短期的な支援を供与」[3]する。CFF は 1963 年に導入され、一時的な輸出所得低下などに対応する。

さらに、緊急支援のために、1995 年に紛争国復興融資（Post-Conflict Emergency Assistance）が導入された。序章 I でみたように、イラクにも 2004 年に供与された。

低所得国の構造調整に関して、当初スタンドバイ信用や EFF が供与されていたが、当該国の構造調整には長期を要し、金利負担に耐えられないとの判断から、構造調整ファシリティ（Structural Adjustment Facility: SAF）が 1986 年に、拡大構造調整ファシリティ（Enhanced Structural Adjustment Facility: ESAF）が 1987 年に創設された。これらは、先進工業国を中心とした機関からの拠出による低所得国向けの特別のファンドである。譲許融資である。

その後、ESAF は、1999 年に貧困削減・成長ファシリティ（Poverty Reduction and Growth Facility: PRGF）に代替された。（4 章参照）。

他の低所得国向け融資として、外生ショック・ファシリティ（Exogenous Shock Facility: ESF）がある。外生ショックに直面した国が対象で、PRGF 適格ではあるが、PRGF 支援プログラムを実施していない諸国が利用可能である。対象期間は、1 〜 2 年である。

過去の融資手段として、体制移行融資（Systematic Transition Facility: STF）があったが、東欧と旧ソ連諸国が対象であった。

また、予防的クレジットライン（Contingent Credit Lines: CCL）はアジア通貨危機後の新しい融資手段であり、IMF と安定化計画を結ぶことなくして供与するものである。資本が世界中を自由に往来し、世界経済が相互依存性を深めている中で、ある国の通貨・経済問題に迅速に対処し、他国への波及を未然に防ごうというものである。しかし、アジア危機に見舞われた国々のその後の順調な経済回復もあって、拠出されることなく、2003 年に廃止された。

表1-1 IMFの融資実績

(1975-2006)（単位：百万SDR）

年	スタンドバイ（取極数）	EFF	SAF	PRGF	合計	スタンドバイ（供与額）	EFF	SAF	PRGF	合計
1975	14	−	−	−	14	390	−	−	−	390
1976	18	2	−	−	20	1,188	284	−	−	1,472
1977	19	1	−	−	20	4,680	518	−	−	5,198
1978	18	−	−	−	18	1,285	−	−	−	1,285
1979	14	4	−	−	18	508	1,093	−	−	1,600
1980	24	4	−	−	28	2,479	797	−	−	3,277
1981	21	11	−	−	32	5,198	5,221	−	−	10,419
1982	19	5	−	−	24	3,106	7,908	−	−	11,014
1983	27	4	−	−	31	5,450	8,671	−	−	14,121
1984	25	2	−	−	27	4,287	95	−	−	4,382
1985	24	−	−	−	24	3,218	−	−	−	3,218
1986	18	1	−	−	19	2,123	825	−	−	2,948
1987	22	−	10	−	32	4,118	−	358	−	4,476
1988	14	1	15	−	30	1,702	245	670	−	2,617
1989	12	1	4	7	24	2,956	207	427	955	4,545
1990	16	3	3	4	26	3,249	7,627	37	415	11,328
1991	13	2	2	3	20	2,786	2,338	15	454	5,593
1992	21	2	1	5	29	5,587	2,493	2	743	8,826
1993	11	3	1	8	23	1,971	1,242	49	527	3,789
1994	18	2	1	7	28	1,381	779	27	1,170	3,357
1995	17	3	−	11	31	13,055	2,335	−	1,197	16,587
1996	19	4	1	8	32	9,645	8,381	182	1,476	19,684
1997	11	5	−	12	28	3,183	1,193	−	911	5,287
1998	9	4	−	8	21	27,336	3,078	−	1,738	32,152
1999	5	4	−	10	19	14,325	14,090	−	998	29,413
2000	11	4	−	10	25	15,706	6,582	−	641	22,929
2001	11	1	−	14	26	13,093	−9	−	1,249	14,333
2002	9	−	−	9	18	39,439	−	−	1,848	41,287
2003	10	2	−	10	22	28,597	794	−	1,180	30,571
2004	5	−	−	10	15	14,519	−	−	967	15,486
2005	6	−	−	8	14	1,188	−	−	525	1,713
2006	5	1	−	7	13	8,336	9	−	129	8,474

注：EFFは拡大信用供与ファシリティ、SAFは構造調整ファシリティ、PRGFは貧困削減・成長ファシリティ、拡大構造調整ファシリティ（ESAF）を含む。

出所：IMF, *Annual Report* 2006.

（2） 融資実績

IMFの主な融資は、融資の条件となる政策条件（コンディショナリティ）を課すので、多くが構造調整支援融資と言える。途上国への同融資に関わる詳細は3-3-2項で説明する。

表1-1で長期間の融資実績を概略説明すると、まず所得水準が高い国が被融資国であるスタンドバイ信用の取極件数が多い。1999年に導入された貧困削減・成長ファシリティ（PRGF）の前身のSAFの件数は1987年と1988年に多く、1987年導入のESAFと1999年に代替したPRGFは10件程度である。

金額的には、より多額の融資を供与するスタンドバイ信用が中心である。特に、アジア通貨危機のあった1998年と、その後のブラジル、アルゼンチン、トルコにおいて金融不安があった2002-2003年に、多額の融資が行われている。

ところが、2004年以降になると、融資の件数、金額ともにかなりの減少が生じている。これは、IMFなどの支援の成果として金融不安が減少したことであって喜ばしいことである。しかし、旧ソ連圏・東欧諸国の市場経済化などでの職員増加もあって、肥大化したIMFの存在価値が問われることになったのである（4-2節参照）。

1-3　世界銀行の業務と機構

1-3-1　世界銀行の業務

世界銀行は5つの機関のグループからなる（詳細については、1-3-2項参照）。中心は、国際復興開発銀行（International Bank for Reconstruction and Development: IBRD）であり、開発事業に対し比較的高い利率の長期融資を行なう。1946年に正式開業した。

これに対して、低所得国向けに無利子の融資を供与するのが国際開発協会（International Development Association: IDA）である（第2世銀と呼ばれる）。1960年に業務を開始した。IDAは別の機関があるわけではなく、相手国によって融資担当者がIBRD融資にするかIDA融資にするか決める。IMF融資と同様に政策条件（コンディショナリティ）がつく。

また、分析・助言サービスなどの非融資業務を提供し、2章以下で扱う構造調整計画に関わる多くの政策アドバイスを行ってきた。

世銀の融資の対象は、途上国などで実施される開発のための事業（プロジェクト）やプログラムである。その他に、人災や天災からの復興のための融資も行われる。IMFがマクロ経済安定のために国際収支支援を行うのに対して、世銀の融資先はセクター、サブセクター（小部門や産業）、そしてプロジェクト（個別事業）である。ただし、本書の対象である構造調整融資などマクロ支援の融資もある。今日では、被融資国のほとんどが途上国である。

世銀における投票権もIMFと同様に、出資金により決まっている。2006年4月現在では以下のようであった。米国16.84％、日本8.07％、ドイツ4.60％、フランスと英国がそれぞれ4.41％である。

●エピソード1　世銀融資による新幹線建設●
　世界銀行が設立された1945年には国際復興開発銀行だけ存在し、当面の役割は第2次世界大戦後の復興であった。したがって、主な被融資国は先進工業国であった。
　戦災からの復興を目指した日本は1952年にIMF・世界銀行への加盟を認められた。そして、日本への世銀融資第1号は、1953年10月15日に貸付が調印された、関西電力に対する多奈川火力二基に対するものであった。その後融資が増え、日本の大戦後の経済復興に大きな役割を果たした。
　主な融資案件は、東京・大阪間の新幹線、東名高速道路、黒部第四ダム等のインフラからトヨタの工作機械購入など多くの産業まで、幅広い分野に世銀の融資が供与された。1953年から1966年の間に世界銀行が日本に対して行った貸付は31件、合計8億6200万ドルであった。[4] そして、1990年7月に借款を完済した。それまでは「日本は発展途上国であった」。
　今日、日本は、アメリカに次ぐ世銀への拠出国である。資金面で多大な協力をしてきたが、世銀融資を受けながらの戦後復興の経験が、今日の途上国への教訓になると期待されている。
　新幹線への融資については、1961年5月1日、世界銀行は東海道新幹線の建設プロジェクト（総工費3,800億円）に対し、8千万ドルの融資（ローン0281、約288億円）を承認した。そして、同融資は、日本国有鉄道に対して1961年11月29日に調印された。建設は1959年に開始されており、東京オリンピックが行われた1964年に開通した。
　1994年、世界銀行南アジア地域担当副総裁の西水美恵子は、世銀の行内誌『バンク・ワールド』のなかで、この貸付の重要性を次のように語っている。
　「世界銀行の技師に教えを請わなくても、日本にはすでに高い技術力がありました。日本が世界銀行から取り入れたものは、むしろ〈プロジェクトを見る目〉でした。日本の技師たちは世界銀行から合理的なプロジェクト分析、費用便益分析、乗車券の価格設定を学び、そしてなによ

り、新幹線の建設を鉄道システムという狭い枠組みではなく、一国の輸送システムという広い視野から捉えることを学んだのです。」[5]

翻って、2006年5月に、東京で財務省と共催の世銀開発経済年次会合（ABCDE）[6]が初めて東アジアで開催された。テーマは、「開発のための新たなインフラを考える」。

オープニング・スピーチにおいて、谷垣財務大臣は、日本も戦後復興の過程で、世銀の融資により建設した東海道新幹線、黒四ダム、愛知用水などのインフラが経済復興に大きく寄与したことを挙げて、インフラの重要性を指摘した。

そして、同相は、90年代には途上国におけるインフラ整備は民間資金に委ねるべきとの考え方が強かったが、公的部門の関与の必要性が再び認識されつつある点を強調した。

続くウォルフォウィッツ世銀総裁も、谷垣大臣と同様に「インフラ整備において民間部門に支配的役割を果たしてもらおうという考え方は過去のもので、公共部門のより踏み込んだ関与が重要だ」と述べた。

総裁が、このような反省を述べたことは興味深い。同博士は2001-05年ブッシュ政権に国防副長官として勤め、ネオコン（新保守主義）の代表的な論客であったからだ。米国の支援の下に、IMFと世界銀行が1980年から開始した途上国における経済自由化を中心とする構造改革には、インフラ関連の公企業の民営化が含まれていたのである。会合においては、民営化を進めたにもかかわらず、インフラ需要をはるかに下回る民間資金しか供給されなかったことも報告された。

1-3-2　世界銀行の機構

世界銀行グループは、国際復興開発銀行（IBRD）と国際開発協会（IDA）の他に、国際金融公社（International Finance Corporation: IFC）、多数国間投資保証機関（Multilateral Investment Guarantee Agency: MIGA）、投資紛争解決国際センター（International Center for Settlement of Investment Disputes: ICSID）を指す。IBRDとIDAが加盟国の公的機関に融資するのに対して、IFCは民間部門への融資を行う。

以下では、途上国の構造調整により関与する国際復興開発銀行と国際開発協会について、説明していく。特に、指定しない限り、「世銀」は両機関を指す。

財政や金融を含むマクロ面でのエコノミストだけが所属するIMFと違って、世界銀行はセクターやプロジェクトを推進する多くの専門職員と専門家を抱えている。技術に精通した専門家に加えて、セクター水準以下のエコノミストもいるが、IMFエコノミストに匹敵するカントリー・エコノミストが全体的な業務の推進や調整を行う。

1980年に構造調整融資を導入するに際して、それまでのプロジェクト主体の融資が失敗に終わったとの反省から、国全体をまず捉えるカントリー・アプローチを採用することにした（2-2節）。そして、1987年にそうしたアプローチの変化に対応して、機構改革を行った。それまでは、セクター主体の機構であったが、これが国主体の機構になった。具体的には、従来農業局の中に国別の部署があったのに対して、新しい機構ではまずアフリカなど地域局があり、その中に国グループ別の部署がある。そして、地域局の中に平行してセクターの部署があるというわけである。

既に述べたように、世銀の総裁はアメリカ人と決まっている。前総裁であるウォルフォウィッツは、2005年6月1日就任である。その前はブッシュ政権の国防副長官であり、イラク開戦に導いたネオコンの代表的な論客として知られていた。2007年にスキャンダルで引責辞任した。

そして、米国人のロバート・B・ゼーリック氏が2007年7月1日付で第11代世銀総裁に就任し、5年間の任期を務めることになった。ゼーリックの前職はゴールドマン・サックス（インターナショナル）証券の副会長であり、2005-2006年には米国務省副長官を務めた。

世銀の最高意思決定機関は総務会（Board of Governors）である。理事会（Boards of Directors）は加盟国を代表する24名の理事で構成されている。このうち5名は、日本を含む5大融資国からの任命理事、19名は選任理事である。[7] 日本は、1952年にIBRDに加盟した。

1-3-3　融資実績
(1)　融資手段

世銀の『年次報告』によれば、1945年に設立されたIBRDは、中所得国および返済能力のある低所得国に融資、保証、および分析・助言サービスなどの非融資業務を提供し、持続可能な開発を推進することで、これらの国の貧困を削減することを目指している。

その融資の原資は、資本市場からの借入、加盟国からの出資金、留保利益、IBRD貸付金の回収で賄われ、そのうち資本市場での借入が最大の資金源となっている。資本市場において低利で資金を調達し、借入国に緩やかな条件で融資を

提供する。その平均償還期間は 15 〜 20 年（うち据置期間 5 年）で、金利は IBRD 自身の借入れコストに応じて半年ごとに変動している。[8]

世銀は債券を発行することにより、日本でも証券会社を介して資金調達している。レーティングは常に最上位のトリプル A である。

IDA は、途上国のなかでも特に貧しい国々を支援するため、1960 年に設立された。IDA 融資は、IBRD と同様に、政府、政府またはその他の適切な保証を得られる公的・民間機関を対象とするが、こうした目的から無利子で、償還期間も 35 〜 40 年（うち据置期間 10 年）という極めて緩やかな条件で行われている。

世銀は IDA 加盟国の拠出金を原資として、81 の最貧国（総人口 25 億人）に年間約 60 〜 90 億ドルの譲許的融資を行っている。これらの国々は市場の条件で借入を行うことはほとんど、もしくはまったくできないため、無利子で提供される IDA の融資がきわめて大きな役割を果たしている。[9]

具体的な融資手段としては、投融資（investment loan）と、構造調整支援の調整融資（adjustment loan: AL）に大別できた。前者が 5-10 年、後者が 1-3 年を対象としていた。AL は 2004 年に開発政策融資（Development Policy Lending: DPL）に代替された（4 − 3 節参照）。

世銀の年次報告書は和訳版も毎年発行されるが、IBRD の貸付に「融資（loan）」を使い、IDA の貸付に「貸付（credit）」を使う。

（2） 融資実績

構造調整支援融資の詳細は 3 − 3 − 3 項で説明するとして、以下では全般的な融資実績について示す。

表 1-2 によれば、1980-2000 年の期間において、件数では投融資が 2 千件以上であるのに対して、調整融資は平均で 300 件以下である。しかし、80 年代に比べて、90 年代において調整融資の数が増えている。

金額でみると、絶対額では投融資が多いが、90 年代においては調整融資の比重が高まっている。

その後については、2004-2006 年に関して、IBRD 融資総額（コミットメント・ベース）が 110 億ドルから 140 億ドルに増加しているが、そのうち調整融資（AL）の後継として 2004 年に導入された開発政策融資（DPL）（4 − 3 − 2 項で説明）は 45 億ドルから 50 億ドルに増加している。[10]

表1-2 世界銀行の融資実績

(1980-2000)

融資	案件数				金額（千USドル）			
	80-89	90-00	合計	%	80-89	90-00	合計	%
調整融資								
IBRD	101	169	270	50.3	21,801	54,983	76,784	77.7
IDA	84	166	250	46.6	4,584	14,627	19,211	19.4
混合	6	11	17	3.2	703	2,090	2,793	2.8
合計	191	346	537	100.0	27,088	71,700	98,788	100.0
投融資								
IBRD	1,149	1,120	2,269	50.6	92,907	115,265	208,172	68.9
IDA	949	1,115	2,064	46.0	26,574	46,905	73,479	24.3
混合	68	86	154	3.4	8,918	11,410	20,328	6.7
合計	2,166	2,321	4,487	100.0	128,399	173,580	301,979	100.0
全融資								
IBRD	1,250	1,289	2,539	50.5	114,708	170,248	284,956	71.1
IDA	1,033	1,281	2,314	46.1	31,158	61,532	92,690	23.1
混合	74	97	171	3.4	9,621	13,500	23,121	5.8
総計	2,357	2,667	5,024	100.0	155,487	245,280	400,767	100.0

出所：World Bank (2001), *Adjustment Lending Restropective*.

注
1) IFIs (International Financial Institutions) という用語も使われる。IFIs は広義にはアジア開発銀行などを含むが、欧米の識者の文献では最も影響力のある両機関だけを指すことが多い。
2) G7 は IMF・世銀年次総会などとのセット以外を含めて、年間で他に1～2回程度開催される。会議場所は、多くの場合ワシントン D.C. であり、2008年は春秋ともそこで開催される。
3) IMF in Focus, September 2006.
4) 世銀東京事務所のホームページ (www.worldbank.or.jp) で「日本と世界銀行」を選ぶ（クリックする）と過去の融資リストが得られる（付録参照）。
5) 「日本と世界銀行-東海道新幹線」世界銀行東京事務所ホームページ。
6) Annual Bank Conference on Development Economics で、1988年から開催されている。会合の模様はホームページで閲覧可能。筆者（坂元）は、本書「ネット・トーク4 知的ネットワークの活用」で、2006年の東京会合を説明する。
7) 世銀東京事務所ホームページ (2007年2月16日)
8) 世銀東京事務所ホームページ (2007年11月16日)
9) 世銀東京事務所ホームページ (2007年11月16日)
10) 世銀『年次報告』2006年版。

2章
構造調整計画（経済自由化）の設計（デザイン）

　前章でのIMFと世界銀行の業務など全体像の理解をへて、本章では構造調整計画の設計ないしデザインを分析する。主な対象期間は、同計画開始の1980年から90年代後半までである。同期間の計画の実績は3章で扱い、それ以降は4章で扱う。本書の巻末に構造調整関連の事件を年表で示した。

2-1　構造調整計画導入の背景

　世界銀行が構造調整支援の融資を最初に供与したのは1980年である。被融資国は世界の各地域にまたがっており、ケニア、トルコ、ボリビア、フィリピンなどである（後掲の表3-1参照）。同様に、国際通貨基金（IMF）の融資も供与されることとなった。

　これを契機に、支援の条件となる構造調整計画（Structural Adjustment Program: SAP）が、IMFと世銀主導で進められることとなった。その後、東側ブロックの崩壊により東欧・旧ソ連邦の国ぐにが市場経済へ移行して、SAPを実施してきた。90年代末にかけて世界中の多くの途上国で実施された。

　最初に経済自由化を中心とするSAPが大々的に行われたのは、ラテン・アメリカとサハラ以南アフリカの両地域である。SAP導入の背景として、これらの国ぐにの経済危機が挙げられる。1973年の第1次石油危機後の資源ブームの間多くの国ぐには海外からの借り入れによるインフラ投資などを大規模に行なった。折しも、先進工業国が石油ショックのお陰で不況に陥っており、行き場を失った国際資本が大量に供給された。[1]

　ところが、1979年の第2次石油危機後に世界経済が不況に陥り、途上国の輸

出が停滞することとなった。そして、国際市場の高金利[2]と、1980年代前半の対途上国ODAの停滞と民間資本の流出が加わって、多くの国ぐにが対外債務返済不能と深刻な経済不況に直面することとなった。両地域にとって、1980年代は「失われた10年」と言われた。

ラテン・アメリカにおいては、1982年のメキシコの大規模な債務危機が同地域におけるSAPの開始となる。その後、同様な債務危機に陥った同地域の多くの国ぐにが一斉にSAPを開始することとなった。同国は、1994-95年にも再度債務危機に陥る。

ラテン・アメリカ地域は比較的所得レベルが高く、アメリカを中心とする欧米資本の投融資が多く、NAFTAの同盟国であるメキシコを筆頭に、アメリカ主導で両機関を通じて債務救済と融資による支援が行われた。

低所得地域としてのアフリカについては、具体的な指標でみると、80年代の前半における債務返済額の輸出額（財とサービス）に対する比率が急増した。また、アフリカ経済の多くは植民地時代と同じく茶やカカオなど一次産品の輸出に依然として依存していたが、商品輸出も70年代に比べて大幅に減少していた。このような債務増大と輸出の減少は、債務返済の遅延と、開発に必要な資機材輸入のための外貨の不足をもたらした。[3]

こうした状況を打開すべく、融資の条件としての構造調整計画が導入されたわけであるが、世銀が同計画を明確に打ち出したのは、1981年発行の報告書（通称、バーグ報告書）においてである。この報告書はアフリカを対象としている。

その中で、世銀は各国の経済停滞の原因として、植民地時代の後遺症（例えば、経済の二重構造と低レベルのインフラ）という初期条件と、主要輸出作物の国際価格の低迷に代表される国際経済環境の悪化の2つを挙げながらも、各国が採用してきた社会主義志向の内向きの輸入代替工業化を中心とする開発政策が経済状況をさらに悪化させていると述べて、経済自由化を主な内容とする構造調整計画の導入を主張した。

具体的には、80年代の累積債務の増大は、海外からの借り入れに依存した70年代後半の大規模投資に代表される投資の非効率な利用と、80年代における各国の輸出供給力の低下によると世銀は分析したのである。

こうした危機的状況に対処すべく、両機関は対外債務返済困難に陥った途上国

に対して、救済のための融資の条件、すなわち政策条件（コンディショナリティ）として、経済自由化を主眼とするSAPを実施させてきた。そして、この体制はアメリカを中心とするドナー側の支持を得て進められることになる。世銀は他の援助国・機関の援助の調整及び動員を主導し、これまで日本を含むその他の主要援助国・機関もこの枠組みで援助してきた。

被融資側は、自国の政策への介入に反発を感じながらも、対外債務支払困難と深刻な外貨不足に直面して、融資や援助の条件となっている構造調整計画を甘受してきた。

一方、構造調整計画の理論的背景として、新古典派経済学理論の再興があった。1930年代の大恐慌後1960年代までケインズ経済学理論に基づく財政・金融政策がとられていたが、1970年代に先進国においてそれまでの政府の介入を重視するケインズ主義に基づく経済政策に限界が見られていた。すなわち、経済不況とインフレの共存（スタグレーション）、財政赤字の増大が生じて、市場に対する政府の介入を正当化するケインズ政策の有効性が大きく揺らいだのである。

これに対して、市場の機能を重視する新古典派経済理論が再興し、特にフリードマンを中心とするマネタリズムの政策が重用されるようになった。この理論に基づく「新保守主義」の政策は、80年前後に誕生したイギリスのサッチャー政権とアメリカのレーガン政権とによって採用されることとなった。両政権は自国で自由化を進めると同時に、債務困難でIMFや世銀に救済を求めてきた途上国に対して、同様な自由化政策を課したのである。

2-2 構造調整計画の枠組み

2-2-1 1980年からの開発・援助の体制変革

構造調整計画を巡っては、本書の後で触れるようにその自由化政策の内容や進め方について厳しい対立がある。しかし、まず留意すべきは、構造調整計画の導入は自由化という政策内容のみならず大きな政策枠組みの転換をもたらした、ということである。

まず表2-1で構造調整導入以前の開発・援助政策とその後の政策を比較する

と、①「プロジェクト（ミクロ）接近→カントリー（マクロ）接近（アプローチ）」、②「ばらまき援助（ないし援助の無調整）→援助調整」、③「政府主導（輸入代替工業化）→民間主導」という政策改革が明らかになり、構造調整計画の意義がわかる。これらは、70年代までの政府主導のプロジェクト重視の開発と援助が十分な成果を上げなかったという世銀の反省から出てきたものである。

①は、経済全体の改善なくして、特定部門やプロジェクトの成功もありえないというものである。例えば、換金作物の生産性向上のために肥料を継続的に輸入するには、国際収支の全般的改善による外貨準備増加が必要である。マクロ、セクター、プロジェクト（ミクロ）が整合的であるように、政策が立案され、実施される。カントリー・アプローチについては、次項でさらに説明。

②は、世銀主催の援助協議グループ（Consultative Group: CG）が毎年パリで会議を開き、当該国に対する援助の調整や動員を行うことを指す（2-2-3項参照）。それまでの援助プロジェクトが、真に途上国に役立つものでなく（例えば、自助努力の阻害）、経済性にも劣り、重複もあって債務の累積を引き起こした原因となったという反省に立ったものである。

そして、③で初めて市場志向の政策が出てくる。途上国における急速な市場自由化に関してかならずしもコンセンサスが得られていないが、①と②の枠組みは評価されてよいであろう。また、弱者への悪影響などの批判もあるが、IMFによるマクロ経済安定は①に含まれるものであり、国際収支や財政の赤字に対する緊縮政策は先進国でも採用される政策である。

③については、前項でも述べたが、ケインズ政策の非有効性という理論的背景をベースにアメリカを中心とする先進国で経済自由化が進められ、アメリカなどの影響力が大きいブレトンウッズ機関（IMFと世銀）がその実行機関として途上国でこの政策を進めることになった。

また、89年のベルリンの壁崩壊以降は、経済体制上のイデオロギーの対立が無くなり、経済自由化が急速に旧社会主義諸国と途上国で進められることとなった。この体制変化は、1991年12月のソ連崩壊後、独立国家共同体（Commonwealth of Independent States: CIS）諸国を巻き込んで、弾みがつくことになる。

表 2-1 開発・援助体制の転換

	1970 年代まで	1980 世銀 SAL	1996 DAC 新開発戦略	2000 UNMDGs	2000 年以降
開発への接近	プロジェクト・アプローチ		カントリー・アプローチ		カントリー・アプローチ
援助への接近	ばらまき援助		援助協調（CG 導入）		援助協調（共通予算・財政支援）
開発政策	政府主導		民間主導		民間主導 貧困削減

出所：筆者作成。

●エピソード 2　80 年代初頭の IMF・世銀による国連からの主導権剥奪●

　筆者が、アフリカの最貧国のひとつ、マラウイ共和国に国連の専門家として赴任したのは 1983 年 2 月である。[4] 本文で説明するが、世界銀行が構造調整融資（SAL）を世界で初めて供与した 1980 年の翌年 6 月 25 日に、マラウイに対する同融資が承認されている。

　同国は 1970 年代末から 80 年代初めに深刻な経済不況に陥り、1981 年から IMF の融資も行われて、その条件として経済自由化を主眼とする構造調整計画（SAP）の尊守を義務付けられていたのである。

　首都のリロングエに到着した翌日に、筆者は、勤務先の大統領府経済企画部（EPU）に出勤し、トップの部長（長官）に挨拶に行った。かれの部屋に入ると、白人が 2 人いて、なにやら大事な話をしている様子。かれらがマラウイの経済改革支援でワシントン D.C. からやってきた IMF の専門家であった。ちょうど IMF のミッションが来ており、着任早々 EPU、中央銀行、財務省専門家も出席した多くの会議に出席を求められた。

　当時の SAP の全体像を丹念に分析した文献として、Aid and Power（1991）がある。[5] Harrigan は筆者が 1983 年から 87 年までマラウイに滞在した期間に英国の若手官僚としてマラウイ政府に勤務していたが、同書に彼女が世銀の内部資料も使ったマラウイの論文を書いている。

　その論文の中に、当時の構造調整計画の内容を示した表がある。そこに、世界銀行の勧告として、他の多くの政策と並んで、EPU や財務省の官僚の計画・行政能力の強化が挙げられていた。世界銀行は同行主導で技術協力専門家を送り込もうとしたが、マラウイ政府は国内政策への介入を通じたその影響力の拡大を防ぐために国連開発計画（UNDP）に専門家派遣を要請したのである。筆者ら 9 人は国連本部事務局開発技術協力部の専門家として雇用されて、UNDP がマラウイで実施する「開発計画への支援」プロジェクトに派遣されたのである。リーダー（CTA）

はイスラエルの元経済企画庁高官で、国籍は他にアメリカ、オランダ、フィンランド、インド、パキスタンであった。CTAは、その後、年に2～3回別々に送られてくるIMFと世銀の本部からのミッションに敵愾心を燃やしていた。

マラウイではそれまでUNDP主催のラウンドテーブルで援助に関する意見交換が行われていたが、構造調整計画の導入によりIMF・世銀主導で援助調整会議（CG）が開催されることとなった。同国に対する経済・開発支援の枠組みは国連からIMF・世銀に移ったのである。今日世銀事務所のない小国のみでUNDPのラウンドテーブルが開催されるのみである。

水準	対象	水準内でのアプローチ
マクロ ↓	マクロ経済指標 全部門	マクロ経済目標間の優先順位付け 部門間で優先順位付け
セクター ↓	各部門（農業、工業、運輸業など）	各部門内の目標間の優先順位付け 各部門内の小部門・産業間優先順位付け
サブ・セクター ↓	各小部門（小農、道路など） 各産業（電力、ガスなど）	サブ・セクター内の目標間の優先順位付け 各小部門・産業内の企業を含む事業間優先順位付け
プロジェクト/ミクロ	個別開発事業、 企業（公企業など）	1開発事業が複数の事業を含むプログラムの場合 事業間の優先順位付け

図2-1　カントリー・アプローチ（重点部門や事業の絞込み）
出所：筆者作成

2-2-2　カントリー（国別）・アプローチ

2-2-1項で説明したカントリー・アプローチとは、IMF・世界銀行主導の構造調整計画の骨子となるものであり、一国レベルでマクロ、セクター、サブ・セクター（小部門、産業）、ミクロ（プロジェクト・企業）のすべての水準が整合性ある計画策定を行うことである。

簡単にその関係を示すと図2-1のようになる。まず全体的に説明すると、マクロ水準をみて経済全体の課題を押さえて、次にセクター（部門）の課題を抽出する。具体的には、部門間の優先順位をつける。そして、各セクター内の小部門（サブ・セクター）の課題を求めて、最後にミクロ水準で、個別開発事業（プロジェクト）の選定基準も明確化されるのである。つまり、各プロジェクトが上位のマクロ、セクター、サブ・セクターの水準から絞り込まれるのである。前項で述べたように、従来はプロジェクトが上位の水準と十分に整合性があるように立

案されなかったのである。

　もう少し各水準の内容を中心に解説すると、マクロ水準はGDP、国際収支、インフレなど集計化されたマクロ経済指標を扱って、経済全体の問題点や課題を明らかにする。同時に、この水準では、経済全体のセクターを鳥瞰して、セクター間の優先順位を明らかにする。いわゆる、インター・セクトラルな見地からセクターを見るのである。

　次に、セクター水準は、部門に対応する。大分類では第1次、第2次、第3次の産業で、農業、工業、サービス業に対応する。この水準では、各セクター内の問題点や課題を明らかにすると同時に、各セクター内のサブ・セクターを鳥瞰して、サブ・セクター間の優先順位を明らかにする。いわゆる、インター・サブ・セクトラルな見地からサブ・セクターを見るのである。

　例としては、農業セクターであれば、食糧作物と若干の換金作物を作る小農部門と、企業形態で輸出・換金作物に特化したプランテーション部門の2つに分けられる。工業には製造業、電力・ガス・水道の公益事業部門、建設業が含まれる。サービス業には流通、金融に加えて、運輸、政府の公共サービスが対応する。

　製造業は多くのサブ・セクターに分かれるが、SAP下では政府主導の関与は撤廃の方向で進められた。

　サービス業の例として運輸業を挙げると、道路、鉄道、海運・港湾、航空・空港といったサブ（小）部門のどれを重視するかということが重要となる。

　そして、サブ・セクター水準は、各セクター内の小部門に対応する。この水準では、各サブ・セクター内の問題点や課題を明らかにすると同時に、各セクター内の開発事業（プロジェクト）を鳥瞰して、事業間の優先順位を明らかにする。この水準は、上のマクロ、セクターに対応して、またミクロ水準との関係をみながら、個別プロジェクトのみならず公企業の業務内容を決めることになる。

　別のアプローチをとると、経済全体は上記の部門の縦割りで見るだけでなく、さまざまな市場で構成されている点に着目する。経済自由化を主眼とするSAPにおいては、図2-1のアプローチを使って、市場間の優先順位をみるということになる。

　具体的には、貿易財、国内財、サービスの順に最終生産物の市場自由化が行われ、つづいて金融市場と生産要素市場も対象としている。すべての市場を速やかに自由化することがSAPの基本設計である（後出の表2-5参照）。

実際の実施においては、途上国政府の公共投資計画策定とプロジェクトの絞り込みに、世銀の承認を要することとなった。

80年代からのSAP下で有効なプロジェクトが実施されなかったとの批判があるが、それが実効的に行われなかったのは、債務負担大というマクロ経済環境悪化の継続と、2国間援助のドナーの援助調整の不履行によるものであった。

なお、1987年、世銀はカントリー・アプローチに対応させた大規模な機構改革を行った。新しい機構では、「新設された国別の部局が従来『プログラム』と『プロジェクト』に分割されていた機能を兼務」[6]することとなった。例えば、アフリカ地域局の中に、国グループ別の課と、セクター別の課が配置されるようになったのである（1-3-2項で既述）。

2-2-3　構造調整計画の国際的支援枠組み

構造調整計画への国際的支援政策は債務救済と援助からなる。債務の救済、具体的には支払いの軽減などで一時的に猶予を与えておいて、当該国がSAP政策を実施することに対して、それらを支援する援助が行われる。援助は、IMFや世銀などの融資と、その他開発金融機関や2国間ドナーの融資や技術協力などを含む。途上国側は援助が欲しいから、SAPを受入れる。実際上、援助は死活的に重要である。

IMFの融資を含めて、構造調整計画の流れが示されているのが図2-2である。すなわち、ある途上国が対外債務危機に陥ると、まずその国とIMFとの間で経済安定化計画の合意が行われ、それに基づいて債務削減交渉を行なうパリ・クラブあるいはロンドン・クラブの会議が開かれる（3-4節参照）。

次に、世銀との間で構造調整（狭義）計画について合意がなされ、経済安定化計画と構造調整（狭義）計画が同時に実施される。そして、それと並行して、IMFと世銀が構造調整支援の融資を行うが、他の援助国・機関の援助についても、世銀が中心となって調整及び動員を行う。この通称、援助協議グループ（CG）の公式の会議は世銀議長の下に通常パリで開催され、被援助国側と援助国・機関側で今後の援助についての協議が行われる。CGのセクター別の会合は当該国内で実施される。国によっては、20ものセクターCG会合がある。

このように、構造調整計画に対する国際的支援政策は、対外債務返済の負担の

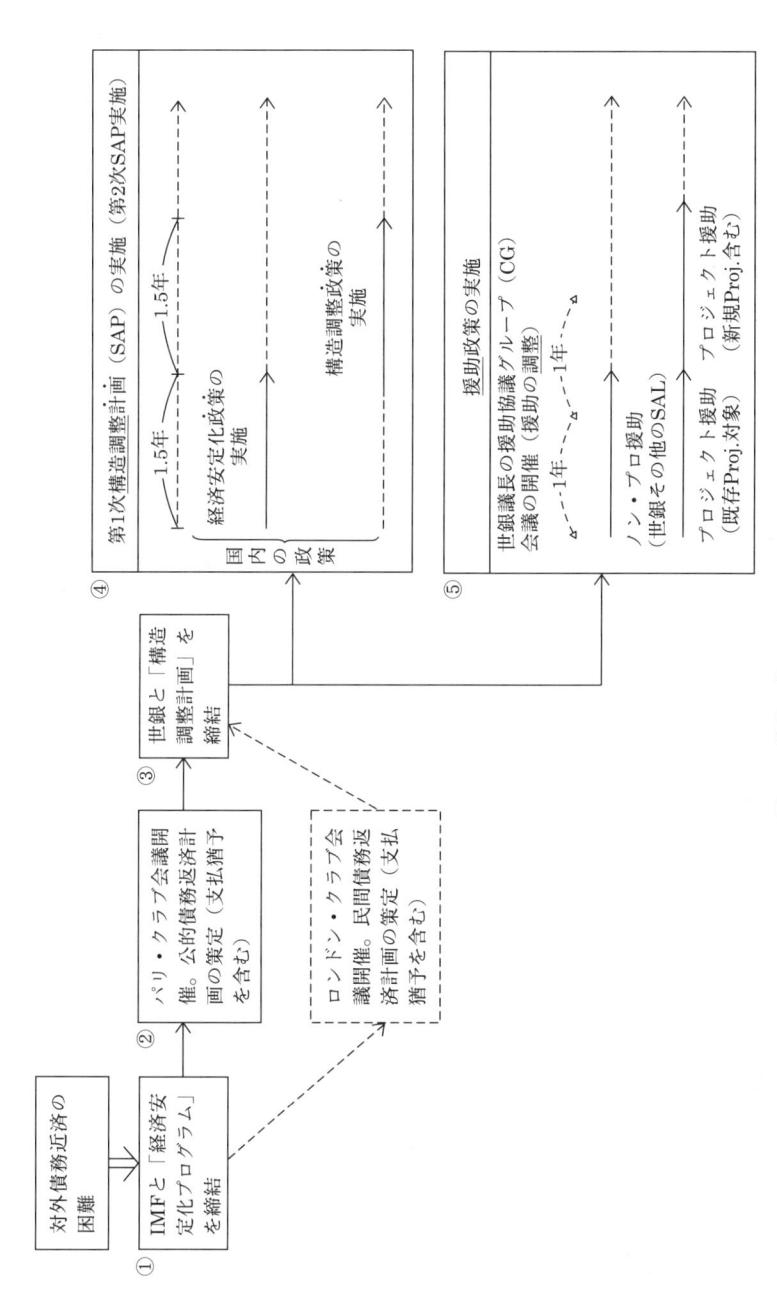

2章 構造調整計画（経済自由化）の設計（デザイン） 31

図2-2 構造調整のフローチャート

出所：坂元浩一『国際協力マニュアル』勁草書房、1996年

軽減と融資や援助のセットである。重要なことは、構造調整は債務返済のシステムであり、IMF の要求する厳しい政策条件を実施しないと、世銀、日本を含む援助国・機関から支援を得られないということである。しかし、実際のところ、政策条件は国内政策への介入となるので、多くの国が IMF の条件を巡る交渉で決裂したことがある。

最後に、1-1節で述べたように、途上国全体の債務問題の解決といった、もっとグローバルな枠組みで政策の具体化プロセスをみると、「サミット（主要国首脳会議）→ G7（主要7か国財務大臣・中央銀行総裁会議）→ IMF 暫定委員会（1999年以降は国際通貨金融委員会）と世界銀行との合同開発委員会」となる。実際は、サミットに向けて開催される G7・G8 で懸案事項について合意が図られて、サミットで公式発表される。IMF・世銀 は G7 などと連携して、具体策を決めて実施するのである。

2-3 政策条件（コンディショナリティ）

本節では、構造調整計画の政策内容を説明する。主に、IMF・世銀文書のサーベイを利用したが、それに対する識者や専門家の意見も対象とする。また、IMFなどのホームページで、多くの国の政策ドキュメントが見られるので、それらも参考にした（付録参照）。

2-3-1 構造調整計画の政策内容
（1） 計画の全体像

構造調整計画全体は、経済安定化、構造調整（狭義）、社会的影響軽減、国際的支援の4つの政策グループからなると考えられる。始めの3つが被融資国政府実施の政策であり、国際的支援は IMF や世銀などドナーが実施する政策である。国際的支援については、上述のように、債務救済と援助・融資に分かれる。

社会的影響軽減は、80年代に自由化やその他改革による貧困層などへの悪影響に対する批判が高まり、それを軽減すべく導入されたものである。

以下では、IMF 主導の経済安定化と世銀主導の狭義の構造調整について、政

策内容をみていく。特に断らない場合、構造調整計画は、経済安定化と狭義の構造調整を指すものとする。社会的影響軽減政策は、3－6－3項で扱う。

　世銀などの評価報告書によれば、経済安定化と構造調整（狭義）の政策内容の評価ないし分析を行う際に、まず構造調整計画の設計（デザイン）を明らかにする。設計は、政策目標、政策手段、実施スケジュールの3つに分けられよう。以下、順番に説明していく。

（2）政策目標

　IMFのマクロ経済安定を目標とする文書には、その目標が明示されている。世銀の経済全体を対象とするSALの関連文書では構造調整の目的は挙げられているが、複数挙げられているだけで、本当の中心目標が何なのかわからないことがある。両機関合わせて何が政策目標なのか十分に明らかでない。世銀がセクター以下の融資しか出していない場合、より一層不明瞭になる。

　そこで、一般の政策論に依拠して分析すると、多くの経済学者が同意する共通の政策目標として、短期はインフレの抑制、失業削減、国際収支改善であり、長期は資源配分の効率化、持続的成長、所得分配の公正化が挙げられる。

　途上国の場合、国際収支については、赤字削減ないし均衡が具体的な目標であり、昨今の貧困削減は所得分配の公正化に入れられる。もちろん、短期の目標に挙がっているものも構造的な問題により生じていることがあり、長期の目標に入るものもある。しかし、その場合短期の目標は長期の目標の小（サブ）目標として長期の目標に含まれているとみなすことができる。例えば、景気循環による失業の問題は短期の課題であるが、増大する若年層の雇用ということになると、長期の目標である持続的成長や所得分配と関わってくる。[7]

　以下に政策目標毎に分析すると、まず短期の目標をまとめると、マクロ経済の安定に対応しており、IMFの所管事項である。そして、政策目標の間にトレードオフ（二律背反）の関係がある。すなわち、インフレ抑制と国際収支赤字抑制のためには、一時的な総需要抑制政策ないし不況政策が採用されるが、それは失業問題を深刻にさせる。

　短期的な経済成長率の確保の代替目標として挙げた失業削減を満たすには、景気刺激策ないし好況政策を採用すればよいが、国際収支赤字を惹起し、インフレを増長する可能性がある。

次に、長期の目標のうち、資源配分の効率化と持続的成長の違いは、以下の式で説明できる。

$$\Delta Y/Y = (\Delta Y/I)/(I/Y)$$

YはGDP、Iは投資とすると、左辺の$\Delta Y/Y$は経済成長率を示すが、それは投資効率（$\Delta Y/I$）と投資率（I/Y）に分解される。投資効率は1単位の投資がもたらす生産の増加を表す。経済成長率を高めるためには、投資効率か投資率、あるいは両方を上昇させることが必要である。

$\Delta Y/I$のΔYとIはそれぞれ農業、工業、サービス業の値の合計値である。構造調整の意味するところは、規制緩和（ないし撤廃）によって部門（市場）間の垣根を低く（新規参入を促進）すれば、自由化（あるいは適正化）された価格をシグナルとして投資（資源）が最も生産的な部門（市場）に分配されて、全体的な$\Delta Y/I$を高めるということである。

ところが、構造調整は移行計画であるから、構造調整後の主要な政策目標は持続的成長であると考えられる。持続的成長の実現のためには持続的な投資が必要であり、上式でいうと投資率の上昇が経済成長率に貢献することが期待される。さらに、投資が持続的に増加するためにはその原資となる貯蓄が増える必要があり、貯蓄のGDPないし投資に占める比率の上昇が望まれる。しかし、多くの場合、海外からの借入金にも依存することになり、高い水準の投資率を維持するのは困難である。また、債務累増につながる可能性がある。

資源配分の効率化という政策目標は、上式において前者に、持続的成長は後者に対応する。投資効率については、1970年代までは政府による資源配分が望ましいとして政府主導の輸入代替工業化戦略が採られたが、多くの国ぐにで失敗に終わり、経済自由化が求められることとなった。1980年以降は、新古典派経済学の影響で、政府でなく市場に委ねることが投資効率を高めるとの考え方が支配的になっているのである。

上記分析と関連文献のサーベイの結果、表2-2に示すように、短期（1～2年）の経済安定化の主な目標は国際収支赤字是正とインフレ抑制であり、中期（3年）の構造調整の目標は資源配分の効率化であると考えられる。前者をIMFが、後者を世銀が担当する。

SAP 下の国において、上式の意味するところは、対外債務返済困難で投資率を上昇させるのが困難な状況では、経済成長率を高めるためには投資効率を上げるしかないことを示している。

よって、広義の構造調整が、経済安定化と狭義の構造調整によって構成されていると考えられる。

他方、既に述べたように、構造調整計画の実施が長期にわたっている国が多く、構造調整が橋渡しすべき目標である持続的成長も重要である。特に、IMF・世銀や他ドナーの融資に続いて、民間の投融資による「持続的」成長が期待される。

また、ユニセフ（国連児童基金）などが批判する構造調整の短期的な社会的影響と、長期にわたる構造調整計画の社会サービスへの影響は、その後重要なテーマとなり、その対策が SAP に副次的に加わることになる。貧困削減が注目されることになるが、それは構造調整計画の主要目的ではないと考えられる。

最後に強調したいことは、構造調整計画は対外債務返済能力を回復ないし構築することが基本的な目標であるということである。すなわち、債務不履行の危機にいたったので、IMF・世銀の政策を受け入れざるを得ないのである。

表 2-2　目標と政策

一般の政策目標	構造調整実施国	政　策
（短期の目標） 国際収支赤字の是正	○	財政政策（支出削減） 金融政策（金利引き上げ、貨幣供給量削減）
インフレ抑制	○	財政政策（支出削減） 金融政策（金利引き上げ、貨幣供給量削減）
失業削減		
（長期の目標） 資源配分の効率化 持続的成長 所得分配の公正化	○	構造調整政策（自由化）

出所：筆者作成。

(3) 政策手段

(a) 文献サーベイ

IMFや世銀の文書には多くの政策手段[8]が説明されているが、上記政策目標と対応させた形でのひとつの政策体系として明示的に示された文書はほとんどない。文書によっては、構造調整政策が羅列的に呈示されている。一つの政策目標に複数の政策手段が関わり、また政策間で補完・対立の関係があることも説明はされていない。そこで、いくつかの文献を以下にサーベイする。

まず、序章で述べたが、1989年に米国国際経済研究所（Institute for International Economics）が、10か国のラテン・アメリカの国々の識者を集めて、同地域におけるIMFと世界銀行主導の政策改革に関する会議を開催した。同研究所所属のウィリアムソン（John Williamson）がバックグラウンド・ペーパーを作成し、その中で10の政策改革を挙げて、ワシントン・コンセンサスと名づけた。

ウィリアムソンの10の政策改革は、表2-3の通りである。[9]

表2-3 ワシントン・コンセンサスの名付親による10の政策改革

財政規律　Fiscal discipline
公共支出の優先順位　Reordering public expenditure priorities
税制改革　Tax reform
金利自由化　Liberalization of interest rates
競争的為替レート　A competitive exchange rate
貿易自由化　Trade liberalization
外国直接投資の自由化　Liberalization of inward foreign direct investment
民営化　Privatization
規制緩和　Deregulation
所有権　Property rights

出所：Williamson, J. (2003)。

羅列的であるが、始めの3つが財政政策、次の2つが金融政策に対応する。ここまでマクロ経済政策である。そして、貿易、投資といった対外政策が続き、最後に公的部門改革が来る。

図2-3はトイ、Toye（1994）の構造調整政策の分類表である。イギリス、サセックス大学開発研究所（Institute of Development Studies: IDS）の所

2章　構造調整計画（経済自由化）の設計（デザイン）　37

長を務めた後、オックスフォード大学教授となっている。[10]

　図によると、構造調整政策はIMF主導の経済安定化政策と世銀主導の狭義の構造調整政策に分かれる。概ね、一般的な分類となっている。3行目をみると自由化はすべての市場を対象としていることがわかる。すなわち、最終生産物（財、サービス）から生産要素まで含まれる。

　興味深いのは、最終行の公企業民営化の分類である。すなわち、①資産分割（divestiture）、②清算（closure）、③アウトソーシング（外注）、そして④民間企業の参入。

　①は民間企業等への株式の販売・譲渡を通じて、民間の参画を促す。官民合弁ということになり、経営主体が民間や外資ということもありうる。政府の関与が50％未満となることも多い。極端ではゼロもある。また1％だけ所有してこれをGolden Shareと称して、政府が新しい民間主体の企業の勝手な決定（清算など）に拒否権を行使できる。②は破産と同義である。④は公企業の独占的市場に競争を導入するため民間企業が参入することを意味する。③はそれまで政府が行っていたサービスを民間企業に委託することを意味する。代表例は、道路の補修や援助肥料の配送。ケニアでは補修計画を外部委員会が扱い、政府は道路開発計画の立案のみ行う（2002年ケニア訪問時）。

　ウィリアムソンの政策に対応しているが、狭義の民営化は「民間部門の振興」の4つの手段のうちの1つである。すなわち、divestitureが民営化である。トイの分類は総合的によくまとまっている。

　そして、世銀は2005年刊行のガイドで調整融資について説明している。まず「調整融資は貿易政策や農業の改革を含め、マクロ経済政策改革に対する支援提供を意図していた。しかし、時の流れに伴って、構造的な問題、金融部門、社会政策改革、公共部門資源管理の改善をより重視するように変化してきている」。[11]

　そして、融資「目的」として挙げられているものを表2-4に示した。「目的」とはいえ、融資の条件としてのコンディショナリティであり、政策手段であると考えられる。内容についてみると、ウィリアムソンの政策改革と同じように羅列的な記載であるが、①、②、④が市場に対する政府の規制を緩和することである。また、③、⑤、⑥が公的部門の改革に対応する。

⑦は調整の悪影響に対する対症療法である。80年代の中頃から後半にかけて導入されたものである。[12]

重要なことは、これらの政策条件の多くは構造調整計画の初期からあったということである。[13] また、上記ウィリアムソンと世銀の政策リストに比較して、トイの事例はうまくまとめられた政策体系となっている。

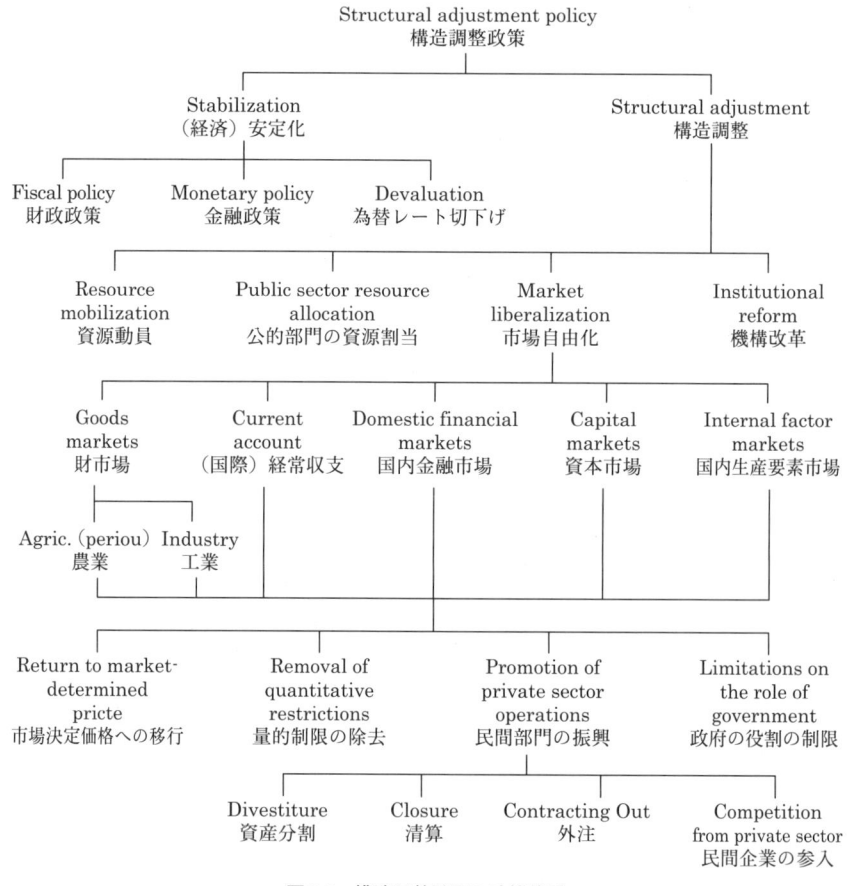

図2-3 構造調整計画の政策体系
出所：Toye, J., "Structural Adjustment: Context, Assumptions, Origin and Diversity," in R. Van der Hoeven and F. Van der Kraaij (eds): *Structural Adjustment and Beyond in Sub-Saharan Africa*, Ministry of Foreign Affairs, the Hague, 1994.

表2-4 世銀による政策リスト

① 競争的な市場構造の促進（法律・規制の改革）
② インセンティブ体系にかかわる歪みの是正（税制・貿易の改革）
③ 親切なモニタリング・保護制度の整備（金融部門）
④ 民間部門投資の誘発につながる環境の整備（司法改革や近代的な投資コードの採択）
⑤ 民間部門活動の奨励（民営化や官民パートナーシップ）
⑥ 良い統治の促進（官僚制度改革）
⑦ 調整に伴う短期的な悪影響の軽減（社会保護基金の創設）

出所：世界銀行（2005）『世界銀行ガイド』

(b) 政策体系

そこで、以上の文献サーベイの結果、また一般の経済政策論およびIMF・世銀の報告書にある同計画の政策なども参照して、筆者がまとめた構造調整計画の主な政策と予想される効果を表2-5に示した。同表の指標は、3-2-1項の国際機関サーベイと3-2節の補節を参照した。

表2-2の政策目標も参照しながら解説すると、経済安定化は財政政策、金融政策、為替レート政策からなり、構造調整計画（狭義）は経済開放政策、国内規制緩和政策、公的部門改革政策の3つの政策グループからなると考えられる。

まず短期のマクロ経済安定については、短期の目標を達成するために実施されるが、財政政策、金融政策、為替レート政策という通常のマクロ経済管理政策である。被融資国の国際収支赤字とインフレ是正のために総需要の抑制と為替切り下げを行う。もちろん、これらの政策、すなわち政府経常支出の削減と金利の引き上げによって、全般的な経済不況、失業の増大など副次的な悪影響が生ずる可能性が高い（3-6-3項参照）。

中長期目標のための政策としては、資源配分の効率化という政策目標のために、構造調整（狭義）政策が実施される。

経済開放政策は対外的な経済関係を開放することであり、商品貿易の取引のみならず、サービス、所得、資本の取引の自由化も含まれる。国内規制緩和は、今述べた海外との取引に加えて、財、サービス、生産要素全ての国内市場に対する政府の規制の緩和（ないし撤廃）を指す。公的部門改革は、政府と公企業を対象とし、財政を含む経営改善と民営化を含む機構改革からなる。政府

表 2-5　構造調整計画の政策と効果

政策分野	政策手段	政策の効果
経済安定化政策		【短期的な目標、効果】
●財政政策	政府支出削減	インフレ抑制、国際経常収支赤字の削減
	賃金率の抑制	インフレ抑制
●金融政策	金利引上げ	インフレ抑制、国際経常収支赤字の削減
	貨幣供給量の抑制	インフレ抑制、国際経常収支赤字の削減
●為替レート政策	為替レート切下げ	国際経常収支赤字の削減
狭義の構造調整政策		【中長期的な目標、効果】
●経済開放政策		
○為替管理制度	変動相場制への移行	国際経常収支の改善
	為替レート切下げ	国際経常収支の改善
○輸入管理制度	関税削減	投資効率の上昇
	非関税障壁の撤廃	投資効率の上昇
○投資収益	海外送金の自由化	海外送金の増加
○資本取引	外国投資への制限の削減	外国投資の増加
	外国投資の優遇措置	外国投資の増加
●国内市場規制緩和政策		
○（生産）財市場	小農作物の買付け価格引上げ	耕地面積の増加
	（食糧作物対換金作物）	国内交易条件の改善
	民間買付け業者の参入	出荷量の増加
	製造業品の価格自由化	価格上昇、収益改善
○サービス市場	公共料金の引上げ	収益改善
	農産物運輸サービスの自由化	出荷量の増加
○生産要素市場	資本財（輸入）市場の自由化	投資効率の上昇
	肥料市場の自由化	単位収量（効率）の増加
	土地利用の弾力化	耕地面積の増加
	（労働市場の自由化）	（投資効率の上昇）
○金融市場	公定歩合の引上げ	貯蓄率上昇
	市中レートの自由化	貯蓄率上昇
	政策金融の削減	補助金の削減
●公的部門改革政策		
○政府		
歳入	税率引上げ	税収の増加
	徴税システムの改善	税収の増加
経常支出	雇用数の削減	収支の改善
	賃金率の抑制	収支の改善
	財・サービス購入の抑制	収支の改善
	補助金の削減	収支の改善
投資支出	直接生産部門の比重の引上げ	投資効率の上昇
	（農業部門、とくに小農投資）	
	他部門の比重の抑制	投資効率の上昇
直営事業	支出の抑制、収入の増加、民営化	収支の改善、投資率の上昇
○公企業		
全企業、農作物買付け機関、公益事業、開発金融機関	支出の抑制、収入の増加、民営化	収支の改善、投資率の上昇

注：各政策に直結した目標をあえて単純化して掲載したものである。厳密には、複数の政策実施の連携により複数の目標が達成される。
出所：坂元浩一（2004）「米英主導の構造調整と途上国の共生」東洋大学国際共生研究センター他編『環境共生社会学』、朝倉書店。

は中央政府と地方政府からなる。

　一般的に言うと、構造調整計画は、保護による閉鎖的経済体制から開放体制へ、輸入代替工業化から輸出志向へ、公的部門主導から民間主導へという重点の転換を求めるものである。

　最後に、政策実施の悪影響として経済不況、失業増大などが生じたが、それらへの対策としての政策は副次的なものである。短期的なマクロ政策による不況政策は不可避であり、また中長期的に取り組むべき構造的な問題は中長期を対象とした別の政策の実施によって解決される。

（4）実施スケジュール

　計画の設計として、実施スケジュールは重要である。一般に、政策実施の時期と速度（スピード）の2つからなると考えられる。実施の時期については、すべての改革を同時に速やかに実施することが期待されている。具体的には、農民や製造業が直面するすべての市場が自由化されないと、十分な生産増加は期待できないと考えられている。例えば、運輸サービス市場が自由化されて政府系の特定業者以外の民間会社の参入がなければ、農民は生産を増やすインセンティブを持たない。[14]

　しかし、実施の時期に関して、実際のところすべての政策を同時にすぐ実施できないので、政策の順序（sequence）が問題となる。順序を間違えたゆえに、望まれた政策効果が発現されないということが起こったのである（3-6-2項参照）。

　実施のスピードはIMFや世銀などの融資期間に対応して、1～4年となっている。特に、IMFはすべての政策を短期間に急激に行う「ショック療法」（shock therapy）を主張する。これに対して、漸進主義（gradualism）が対立する。

　しかし、実際上は、多くの国、特にアフリカの低所得国を中心に、融資は更新され20年に及ぶ構造調整の実施となっている国がある（例えば、1980年開始のケニア、セネガル）。

　ただし、立案された計画の実施は、融資期間内での実現が求められる。融資期間内は、いくつかのトランシェに分かれて、政策の遵守を見て融資が行われる。

●ネット・トーク2　大統領署名の政策文書の公開●
　2000年に旧ソ連圏の中央アジアにあるタジキスタンから日本政府が招聘した官僚10名ほどに、本書の課題である途上国の構造改革について講義したことがある。講義の中で、IMFホームページからダウンロードしたある政策文書を回覧したところ、全員驚き、資料の提供を要求された。なぜならば、その文書はタジキスタン政府のIMF専務理事に当てた「政策趣意書」(Letter of Intent) であるが、レター形式をとっており、署名者の名前が同国の大統領になっていたのである。このような政策文書が、IMFのホームページで公開されているのである。
　それでは、これらの文書を入手してみよう。

（2007年5月2日現在）
IMFのホームページ：http://www.imf.org
ステップ：
1)　画面右上のsite mapをクリック
2)　画面右側のPublicationsの中のCountry Policy Intentions Documentsをクリック（もちろん、site indexでも選べる）
3)　Countryで国を選ぶ。そうすると、各国別に政策文書が時系列で示される。

　政策文書の説明は、Countryを選ぶ画面の左上のCountry Policy Intentions Documents Typeのそれぞれを選ぶと、画面中央の上に説明が出てくる。以前ホームページから入手した全ての政策文書のリストは、本書付録で説明。
　タジキスタン大統領（Emomali Rakhmonov）署名予定のレターの実物については、2006年1月12日付けの最新の政策趣意書（IMFホームページ）にも、大統領とは書かれていないが、署名欄の下にEmomali Rakhmonovと印字されている。
　多くの国の場合、署名欄の下には、財務大臣と中央銀行総裁の2名の名前、ないし財務大臣の名前が書かれている。

2-3-2　財政と公共投資計画
（1）　財政の重要性
　構造調整計画の重要な構成部分は、政府の改革である。同計画導入前には政府主導で経済発展が進められたが、それが失敗に終わっていた。したがって、政府ベースの資源配分をどうするかということが重要である。
　また、途上国、特に低所得国では政府を中心とした公的部門の比重が大きいので、当該経済の最大の機構である政府の改革がまずもって必要である。
　さらに、経済学的には、財政赤字が国際収支赤字の最大の原因のひとつであることが多く、[15]その意味でも財政について論じておく必要がある。

一般に、前項で述べた公的部門改革政策として、政府による民間活動に対する規制の緩和や撤廃が含まれるが、ここでは中央政府の財政に焦点を当てる。財政の一部としての公共投資計画も扱う。

(2) 財政の構成と計画

中央政府の財政構造は、歳入（revenue）、経常支出たる歳出（current expenditure）、そして投資支出たる公共投資（capital expenditure）からなる。歳入から経常・投資支出を差し引くと総合収支（overall balance）となる。歳入から歳出のみ引くと経常収支（current balance）である。公共投資は、多くの国で開発支出（development expenditure）ないし開発予算とも呼ばれる。

歳入と歳出から債務関連の収入と支出を差し引いたものが、基礎的収支（プライマリー・バランス）である。国債依存度の大きい日本でも、この収支の均衡が財政上の重要な目標となっている。

歳入の主要項目は税収と贈与である。後者は低所得国で大きく、旧宗主国などからの援助である。税収は大きく分けると直接税と間接税からなり、前者には所得税、後者には関税が含まれる。低所得国では所得水準の低さと税の補捉率の低さから、直接税に比して間接税の比重が大きい。間接税の中でも、国境で当局が徴税する関税への依存が大きい。経済自由化では輸入自由化のため関税引き下げが重要な政策であるが、それは歳入の減少を意味する。従って、急速な関税引き下げが輸入自由化のために望ましいが、財政均衡とのバランスが重要である。

歳出の主要項目は、賃金・俸給、財・サービス購入、そして補助金である。補助金削減の対象としては、食糧や肥料などへの補助（海外からの援助等を含む）や地方政府などへの助成金が挙げられる。公共投資については、IMF・世銀のSAPが実施されている国では、SAPと整合性のあるように立案された public (sector) investment program〔P(S)IP〕が導入され、政府の development expenditure ないし development program と区別される。

公共投資計画は予算面でみると、賃金・俸給、財・サービス購入、そして投資支出からなる。公共投資とはいえ、前2つは経常支出項目である。[16]

SAPは3〜4年の計画であり、また急場にある経済のしっかりした建て直しのために、多くの国でSAPに対応させて財政の中期計画が導入された。また、毎年の予算と経済の状況を反映させて前倒しで改定する予算が策定されるように

なった。例えば、2000-2003年の予算が、2001年度になると、2001-2004年版に改定されるのである。これを、forward budget, rolling plan. と呼ぶ。[17] それは、今日の中期支出フレームワーク（Medium-term Expenditure Framework）につながることなる。

IMFと世銀の役割分担としては、マクロ経済予測をIMFが行って、財政全体の予測を行う。公共投資の総額までIMFが決めて、セクター別優先順位に基づいた部門別内訳は世銀が担当する。

(3) 公共投資計画

公共投資計画は、当該国の省庁を中心とした機関の開発事業（プロジェクト）の総体である。低所得国を中心に、かなりの部分は援助プロジェクトである。アフリカの多くの国では、外貨部分が80％以上、内貨部分が20％弱である。内貨部分が政府の拠出によるもので、外国からの援助に対するカウンターパート予算と呼ばれる部分である。

上記中期財政計画の重要な構成要素は、SAPに対応させて立案・実施される公共投資計画である。多くの国で、公共投資計画の立案やプロジェクトの選定に世銀の承認を要した。

公共投資計画の文書の多くは、単なるプロジェクトの羅列になっているものが多い。プロジェクトの選定基準までしっかり記述した計画書はなかなか入手できない。そこで、筆者が関わったアフリカやアジアでの調査で入手した計画書を基に、以下に1990年代前半までの計画の骨子を示した。特に、ガーナとカンボジアの計画の選定基準が参考になった。[18]

低所得国の公共投資計画のプロジェクトの選定基準

(A) 基本原則
1) 直接生産部門、インフラ部門、社会サービス部門の3部門の内、対外債務返済に直結する直接生産部門の比重を大きくする。ただし、その支援は国際収支支援のノン・プロジェクト融資による。
2) 援助にとって次に重要な部門は、社会サービス部門である。プロジェクト支援が対象。
理由：
ア) 利用可能な資源が限られた現状では、直接生産部門に加えて社会サービス部門の比重を大きくすることは難しい。
イ) 短期的には、対外債務返済のために直接生産部門を支援しなければならないが、効果がでるまでに時間のかかる教育や保健などに関わる人材育成には長期の観点から取り組まなければならない。

3) インフラ部門への投資は新規投資と更新投資の2つに分解できるが、既存のインフラを生かす更新投資を中心とする。また、運営など体制の効率化を図る。新たな債務増加となる新規投資は極力抑制する。
4) 上記3部門にまたがるが、構造調整計画の実施による貧困層への悪影響を是正する政策も採られる。しかし、それは構造調整計画の中心にある政策ではなく、対症療法的にとられた副次的な政策である。具体的には、失業者を救済する公共事業や職業訓練計画、対象者を明確に絞った補助金交付である。

(B) プロジェクト選定基準
具体的なプロジェクトの選定基準は以下のように示される。
1) マクロ経済
　輸出に直結するもの
　輸入代替、生産増加につながるもの
2) 経済一般
　内部収益率（internal rate of return）が高いもの
　維持・補修・運営の体制強化につながるもの
　新規投資抑制
3) その他
　貧困者の福祉向上に貢献
　農村の生産増加に直結
　雇用増加に貢献

貧困者への悪影響が批判されたので、それを是正するのが副次的な政策とはいえ、上記「その他」に含めてある。

なお、90年代のガーナの文書の内部収益率の15%は、インフレ率が高い時代のものである。低インフレの今日、多くの国の内部収益率は一桁であろう。

2-3-3　IMF・世銀の役割分担

IMFと世界銀行は、多くの国において構造調整計画（SAP）と対応して、同時に融資を行う。国際収支赤字への直接的支援はIMFの融資によってなされるが、世銀のSALやSECALというノン・プロジェクト融資も国際収支支援となる。世銀の融資のより多くはプロジェクト融資であるが、カントリー・アプローチ下で、IMFとの共同の支援枠組みの中で立案・実施されることになる。

両国際機関の政策面の役割分担としては、IMFが為替レートや財政・金融といったマクロ経済を対象とするのに対して、世銀は部門以下の水準で徹底的な構造調整を実施する。財政については、IMFがマクロ経済予測を行なって財政全

体の金額及び経常勘定（歳入と経常支出）の内訳と投資総額を決めるが、投資支出の部門別配分は世銀が担当する。

1987年12月創設のESAFにより、IMFの政策は世銀の経済全体を対象とする構造調整政策を多く含むようになった。その結果、IMFがマクロ、世銀が部門以下の構造調整を進めるという役割分担が出来上がり、同時並行で両機関の政策が関連しながら実施された。

具体的には、ひとつの被援助（融資）国に対して、IMFがマクロ、世銀がセクター、プロジェクト（ミクロ）を分担する。ただし、IMFにはセクター以下の専門家はほとんどいないが世銀にはIMFにいるようなマクロ・エコノミストや財政・貿易などの専門家がおり、マクロ面で重複する。基本的に両機関の担当者が調整し、マクロ面の政策や予測はIMFのものを使う。ただし、世銀自身が世界経済の中期予測を出しているし、世銀のカントリー・エコノミストは自らの予測を持っているだろう。

この体制は、実はある程度の紆余曲折を経て達成されているものである。1980年に世銀が構造調整融資を導入したが、この融資そのものはIMFの国際収支支援の融資と性格は同じである。80年代の前半においては、世銀の融資の条件としてマクロ面の課題が課せられており、当時IMFと世銀の業務の調整が問題となった。両機関は綿密な協議を行うが、世銀にもカントリー・エコノミストがおり、当該国への政策を巡って意見が異なることがある。[19]

世銀の85年の『年次報告』において、この役割分担の必要性が明記されている。[20] また、95年の『年次報告』によれば、両機関が旧東側の国ぐにの構造調整計画を共同で策定している。今日では、両機関のエコノミストと当該途上国の関係者が共同で計画を策定して、公表する国も出てきた。

補節　構造調整計画のモデルと経済予測

主要文献のサーベイを行った。特に、構造調整政策の主導者であるIMFと世界銀行のリサーチペーパーを参考にした。以下が主なサーベイ結果である。

（1） 国際収支と財政収支の関係

構造調整問題の第一人者であるKillick（1995）によれば、IMFの経済安定化政策は、通称ポラック（Polak）モデルに基づいている。IMFのPolak元調査局長が1950年代に開発したモデルである。そのモデルは以下のように表せる。[21]　まず、Mを貨幣ストック、Rを銀行部門の海外純資産（内貨建て）、Dを銀行部門の国内純資産とすると、以下の式が示される。

$$\Delta M = \Delta R + \Delta D$$

次に、貨幣市場が均衡にあると仮定すると、

$$\Delta M = \Delta Md$$

Mdは貨幣需要を表す。貨幣需要の変化は、同じ額の貨幣供給の変化によって満たされるとしている。

そしてYを実質GDP、Pを価格水準とすると、

$$\Delta Md = f(\Delta Y, \Delta P)$$

最後に上の3式を整理すると、

$$\Delta R = \Delta M - \Delta D = f(\Delta Y, \Delta P) - \Delta D$$

この式の意味するところは、貨幣供給の増加に等しい貨幣需要の増加を上回る国内信用の増加が、銀行部門の海外純資産、すなわち国際収支を悪化させるということである。国内の過大な信用創造、とりわけ政府赤字の補填が、銀行部門からの借り入れという形で、国際収支赤字の最大の問題となるのである。そこで、政策論としては、政府支出の抑制が最も重要な政策となる。

ただし、以上のマネタリー・アプローチに加えて、IMFは為替レート政策も国際収支改善の有効な政策としている。為替レート切り下げは輸出増加と輸入減をもたらして、貿易収支改善に寄与する。

（2） 債務と経済成長率の関係

債務と経済成長率の間には以下の関係が示される。

$$\Delta D = CAD + (i-g) \times D$$

Dは対外債務残高、CADが国際経常収支、iが金利、gが経済成長率である。金利が成長率より高いと対外債務が増大する。対外債務を増やさないためには、借りたお金の金利より高い生産の増加を実現しなければならないのである。

（3） マクロ経済予測の方法論

途上国のマクロ経済予測に関して、IMFはavailabilities model、世銀はrequirements modelを使うといわれる。前者は、国際収支難の国でどれだけ使える（available）資金があるかという観点から予測する。これに対して、後者のモデルは、一定の経済成長率を実現するためにどれだけの資金が必要であるか（require）というのがベースである。[22]

予測の結果については、一般にIMFは低成長率を予測する。[23] 使える（available）資金を固めに低く見積もるからである。経済予測の実際については、両機関の業務の調整が行われており、公表されているマクロ予測はIMFのものである。IMFのホームページ上で見ることができる。

IMFの予測の基本的手順は以下の通りである。まず国際収支表の一番下から始める。すなわち、外貨準備の増減に着目し、プログラム期間中に外貨準備を積み増やせるような予測を行う。例えば、3年のプログラムであれば、初年度に総合収支0、2年度と3年度に黒字を計上する。後は国際収支表を下から上にのぼって行き、援助などわかっているものを組み込んでいき、その他の直接投資や証券投資などは予測する。そして、輸出の予測を行い最後に輸入の計算をする。

これで国際収支表の予測が完成し、輸入予測に基づきGDPの実質成長率を弾く。当然のことながら、価格指数の予測も同時に行い国際収支もGDPも実質値と名目値を計算する。[24]

GDPの実質増加率がわかったところで、「Y＝C＋I＋X－M」式[25] に基づいて、Y(GDP)の支出項目それぞれの実質増加率を予想してそれぞれの実質額を計算する。輸出は国際収支表で予測済みである。

公共（政府）支出については、国際収支赤字是正、インフレ抑制の観点から、

IMFはこの支出の減少を図る。公共支出は経常支出と投資支出に分けて予測する。未納税の徴収、課税対象の拡大、そして課税率の上昇などで歳入増加を図る一方、経常支出を削減して、経常勘定の均衡を目指す。赤字幅の縮小をまず行い、黒字を実現する。そしてその黒字を投資支出に当てるのが望ましい財政の姿である。結局、経常（消費）、投資共に実質値を大幅に削減する。上述は財政構造の改革の姿を示したが、政府支出の減少は、国内総需要の抑制を通じて、輸入減、インフレ抑制につながる。

世銀の予測の場合、上記のIMFの予測のように国際収支の下の全体の収支からはじめるのではなくて、まずGDPの予測を行う。世銀のRevised Minimum Standard Modelの構造は以下の通りである。

GDPの実質成長率の予測値を設定して、IMFのavailabilitiesの説明にあったように輸入需要の所得（GDP）弾力性を使う。すなわち、（GDP成長率）×（弾力性）＝輸入の増加率。そして、IMFの予測と反対に国際収支表の上から下へ予測していく。結局、GDPの成長が必要とする（require）資金を予測するのである。GDPの成長率が高いと、輸入額が大きくなり、国際収支の赤字が大きくなるので、GDPの成長率を低くするといった調整を行う。

GDPの成長率は、農業、工業など各生産セクターの成長率や公共消費など各支出項目の成長率と調整させて決める。国際収支上で援助の予測値などで埋められない資金必要額をファイナンシング・ギャップ（financing gap）という。世銀が議長をつとめる援助協議グループ（CG）会合でこれが示され、出席しているドナーがプレッジ（pledge）することになる。今日ではファイナンシング・ギャップの予測はIMFにまかされているとみられる。

実際上、どちらの予測方法がいいというわけではなくて、両方のアプローチが考慮されることになる。世銀の予測の場合、上から予測していって最後の収支を見ながら、「使える（available）資金」の現実性でチェックする必要が生じる。

●ネット・トーク3　ワールド・スタンダードの情報の入手●
　本書の付録に両機関の主要文書・報告書の入手方法と内容を書いているので、ここでは目的別の入手の方法を示す。

「世界経済を知る」
　まずIMF発行の『世界経済見通し』（World Economic Outlook）で、世界のマクロ経済の動向と翌年の予測をみる。同報告書は、春の春季総会と秋の年次総会の際に、世界に向けて発表される。最も権威のあるもので、経済予測は各国の世界経済予測のベースとなる。
　この報告書では、世界の地域別、そして主要国別の生産、価格、雇用、国際収支などの主要指標の最近のトレンドと、翌年の予測値を入手できる。
　次に債務と、直接投資や金融の動きについては、世界銀行の『世界開発金融』（Global Development Finance）をみる。対象は途上国・地域と、東欧など移行経済である。先進国からの投資や融資の流れがわかる。
　現在世界経済の最大の波乱要因となっている国際金融については、IMFがGlobal Financial Stability Report（GFSR）を発行している。
　世界経済の構成国の基礎情報を入手する場合、世界銀行の『世界開発報告』の巻末の主要世界開発指標（Selected World Development Indicators）を見る。世界の国々がアルファベット順に並んで、主要経済・社会指標の最新値が記載されている。
　最後に、2015年までに絶対貧困層の半減を含む国連ミレニアム開発目標の進捗については、世界銀行によってGlobal Monitoring Reportが刊行されている。

「一国の全体像を知る」
　まず基礎情報として、上記世界銀行の『世界開発報告』の巻末の主要な開発指標をみる。主要開発指標（Key Indicators of Development）の表に、一人当たり国民総所得（GNI）の名目値と実質値（購買力平価（PPP）で計測）など経済指標と、平均余命など社会指標が示されている。
　さらに、基礎情報の一覧表について、世銀のホームページで国を選んだ後に、その国のウィンドウで、以下を選ぶ。
・Data Profile　当該国の経済・社会データの時系列
・At a Glance　当該国と他国との比較
　また、基礎レポートとして、同じ世銀ホームページの国のウィンドウで、左上のCountry Overviewの中のCountry Briefを読む。2～3ページ程度で、当該国の概要、経済、援助等が要領よく記述されている。世銀のCountry economist/officerが執筆しているだろう。[26]
　ただし、国によって書き振りが違っていて、すぐ最近のマクロ経済指標のトレンドを書いたBRIEFがある。それに対して、社会・政治の情勢や構造を先に述べて、それから経済や援助を論じているような全体像がよくわかるBRIEFもある。

マクロ経済、財政、金融について当該国について詳しく知りたい場合、IMFホームページでArticle IVを選ぶ。このIMF4条に基づく各国の政策担当者との協議（consulation）内容を読むとよい。報告書もホームページでダウンロードできる。

また、country Reportsを選ぶ。本書の付録に異なるレポートの説明があるが、記述のみならず、財政支出の省庁別内訳などが参考になる。

当該国の部門・分野毎の情報については、世界銀行ホームページの国ウインドウの左側で、Projects & Programs（プロジェクトとプログラム）をクリックして、Projects、すなわち世銀の融資案件のリストを丹念にみる。該当部門・分野のプロジェクトの報告書ないしその概要をダウンロードする。

データ利用上の留意点として、両機関のデータは少し異なることもあるが、それは使用する元データの報告や加工のタイミングの違いによるものが大きい。マクロ指標はIMFの専管であり、セクター以下の政策は世銀が扱う。しかし、今日ではIMFがセクター以下も含む主要データを扱ったレポートを発表しているので、それをベースとして補完的に世銀のデータを使う。多くのデータは関連があるので、世銀データは絶対値でなく比率などの計算値を使う。IMFの統計もできるだけ1つのレポートのものを使う。

● エピソード3　IMFミッションに右往左往[27] ●

IMFのパンフレットによれば、「IMFスタッフ4～5人が加盟国の首都を訪問して約2週間滞在し、情報収集に努めたり、政府当局と経済政策を協議しています」とある。[28]

筆者は、国連のマクロ経済専門家として、1983年2月アフリカの東南部に位置するマラウイ共和国の大統領府経済企画部に赴任して3日目、ある会議に出席するように求められた。行ってみると、財務省や中央銀行のマラウイ人エコノミストが勢ぞろい。相手はたった一人の白人、IMFの専門家である。マラウイは81年からIMFと世銀の主導で構造調整を開始しており、4名からなる派遣団がワシントン本部からマラウイ経済の査定に来ていたのだ。その会議においては、マラウイ側が最近推定したGDPなどの数字の解釈を巡って厳しい言葉の応酬が続いた。経済全般のことから生産物毎の統計の推計値の方法に至るまで、マラウイ人10人強を1人でさばく。高度な知識や交渉能力がないとやれない仕事である。

暑い日だったので窓を開放しての会議があったが、おもしろかったのは、国家経済がどうのこうのと真剣に話しているときに、大きな蜂が部屋に進入し、IMF専門家を中心に皆がたじろぎ、応答を中断したことであった。ああ、これがアフリカの会議だなと思った。

1981年の構造調整開始後、マラウイはIMFと世界銀行の監督下に置かれた。当時は、IMFと世銀との連係が不十分で、世銀融資の政策条件（セクター以下）の査定で世銀が別に3回程度ミッションを送ってきた。

筆者がマラウイに滞在した83年2月から87年3月までの4年間、IMFと世銀が別々に2、3回派遣してくるミッションとの会合に振り回された。筆者の業務はマラウイの国家開発計画策定支援であり、マラウイ人エコノミストを応援するために奮闘した。

IMFの政策条件となっている財政収支の改善や貨幣供給量のコントロールなどを巡っては、厳しい意見交換がある。この間、筆者たちは政策対話の準備のため、あるいはその会議の結果を受けて、GDP等の推計や経済予測のやり直しで忙殺されることになる。早朝から会議準備、資料の再計算（経済予測など）、会議後は夜遅くまで再度やり直し、土、日も返上となる。まさしく、その間マラウイ側はその対応に右往左往。

これらの2国際機関が派遣するエコノミストは世界で最も優秀な人々であり、会議では守勢一方となる。ファーストクラスでシャンペンを飲みながらやってきて、人の国の国内政策に口を出す30、40代の「傲慢な」エコノミストにマラウイ人は激しい反発の感情を持っていた。しかし、かれらは滞在中「夜も寝ないで仕事をする」と評価していた。

英国の大学の元教員であったIMFエコノミストのホテルの部屋にGDPの推計方法を説明に行ったことがある。夕方にかれの部屋を訪問したところ、相手は必死にパソコンのキーを叩いていた。

今日旧東側の国も含めて世界中の国々が実施している構造調整計画は、80年にケニア、セネガル、スーダンに世銀が構造調整融資を供与したことから始まっており、アフリカが最も長い構造調整の経験を有している。しかし、国内政策への介入、市場万能主義の政策の是非、そして貧困層へのしわ寄せのため、その後IMF、世銀と現地政府の間で厳しい対立がある。ワシントンでの激しい会議の後に隣国ザンビアに帰国したばかりの財務大臣が、空港で倒れて死亡したこともある。

注
1) 途上国側の回収困難がわかりながら貸したとして、後に貸した側の責任も取り上げられるようになった。
2) アメリカの公定歩合が、1977年の6%から1979-82年の12%という高水準に至ったIMF国際金融統計。短期借り入れで急場をしのごうとした途上国の債務を悪化させた。
3) 世銀・UNDP合同レポート（1989）によれば、国際収支と政府収支は大幅な赤字（1980-82年にそれぞれ対GDP比12%と8%）を計上し、国内総生産（GDP）の成長率は低下した（1980-84年に年率－1.1%）。
4) マラウイは大陸の中南部に位置する内陸国であり、当時アパルトヘイトの南アフリカ共和国に対して近隣国のほとんどが社会主義的政策を採った中で、西側寄りの政策をとっていた。アメリカのピースコー（平和部隊）は早くから派遣されており、日本の青年海外協力隊の累積数は最大のフィリピンに次ぐ規模である。
5) 4－3－1項で内容を検討する世銀著『構造調整再考』(2001)で、この著書は主な批判書として挙げられている。
6) 世界銀行（2005）『世界銀行ガイド』田村勝省訳、シュプリンガー・フェアラーク東京、p.199.
7) 筆者が講義をするJICA研修生の途上国人官僚に挙げさせると、財政赤字を目標とする者が

2章　構造調整計画（経済自由化）の設計（デザイン）　53

多いが、これもインフレ抑制や国際収支改善のサブ目標ないし政策手段と考えられよう。
8) 政策手段は、英語ではpolicy measureというが、policyだけでもその意味を示す。しかし、タイの第7次計画では、政策手段にはガイドラインという用語が使われている。
9) Williamson, J. (2003), "From Reform Agenda to Damaged Brand Name," *Finance and Development September* 2003, International Monetary Fund, p.10.
　Cliftは、「ワシントン・コンセンサスを越えて」という小論で、アメリカ政府財務省主導のワシントン・コンセンサスの背景として、1989年のベルリンの壁の崩壊、ソ連軍のアフガニスタンからの撤退、天安門事件を挙げて、社会主義体制の崩壊と資本主義体制の勝利に言及している。原典は以下。Clift, J. (2003), "Beyond the Washington Consensus" *Finance and Development September* 2003, International Monetary Fund, p.9.
10) 筆者はIDS所長時代のToye教授ともう1名の教授とガーナの構造調整計画の評価をしたことがある。外務省委託、（財）国際開発センター（IDC）実施「経済協力計画策定のための基礎調査」のひとつで、IDCとIDSの共同研究であった。IDSで2週間、ガーナで2週間調査をした。結果はODAの日英合同研究として大きく取り上げられた。
11) 世界銀行（2005）『世界銀行ガイド』、p.62.
12) 世界銀行のホームページで、Social fundのoverviewで、first generation social fundsとして説明されていた。
13) 筆者が国連専門家として1983年から4年間勤務したマラウイでも、既述の政策のほとんどが勧告されていた。
14) 本書4-3-1項で述べるが、2001年の世銀『構造調整再考』における評価で、多くの政策条件を付与する「ショットガン・アプローチ」がとられたと述べられている。
15) アメリカの今日の膨大な国際収支の貿易赤字の最大の原因は、中国や日本からの輸入急増ではなくて、アメリカの膨大な財政赤字であると言われている。理論的に簡単に説明すると、財政赤字をもたらす過大な政府支出は「乗数」（波及）効果で国内需要を過大にして、輸入を大きくしてしまう。
16) 筆者が国連専門家として4年間勤務したマラウイでは、道路建設など純然たる投資支出の公共投資計画総額に占める比率は40％にすぎなかった。20％は賃金俸給、40％は財・サービス購入に充てられており、これらは消費支出である。
17) ケニアで担当者に面会を求めたところ、ハーバード大学開発研究所派遣の外国人専門だけが出てきた。ケニア人の間での理解はどうだろうか。
18) カンボジア公共投資計画の名前は、Public investment programmeである。ガーナ政府（Ministry of Finance and Economic Planning）とカンボジア政府（Ministry of Planning）発行の計画の古い版が、国際協力機構（JICA）図書館で閲覧できる。
19) 例としては、農民への補助金削減をIMFは財政均衡の観点から厳しく求めるのに対して、世銀はその生産への悪影響を憂慮してより緩やかな削減を求めるスタンスをとることがある。
20) 世銀とIMFの間で意見の相違があり、矛盾した政策改善の提言が行われた、とある（同『年次報告』、59ページ）。外務省のODA白書にも同様な記述がある。

21) Killick (1995), pp.129-130.
22) Mills, C. A. et al. (1992), Economic Development Institute of World Bank.
23) 筆者がマラウイ政府の経済企画部で働いていた時、別々に派遣団を送ってくる両機関のマクロ予測が異なっていて困ったものである（エピソード2参照）。
24) 国際収支の他項目の予測に基づいた輸入額の名目値を輸入価格指数で除して、毎年の実質額を計算する。そして、対前年比増加率を予測して、輸入需要の所得・生産（GDP）弾力性を利用して、GDPの実質成長率を弾く。この弾力性は分子が輸入需要の実質増加率、分母が所得の実質増加率である。弾性値が1.5であるとすると、所得が1%増加すると、輸入は1.5%増加することを意味する。具体的に説明すると、予測する際に、輸入が何%とわかっているので弾性値で除して、所得（GDP）の増加率が求められる。弾性値は平時のそれをベースに、近年の値と生産動向を参考にして決める。
25) この式はマクロ経済学の教科書にすぐ出てくる国民所得の恒等式である。Yは国内総生産（GDP）、Cは消費、Iは投資、Xは輸出、Mは輸入である。所得と生産が原理的に等しいとして、左辺の国内での生産総額が、右辺の支出総額に等しい、ということである。生産されたものは、国内で消費されるか投資されるか、外国需要を満たすために輸出される。CとIには輸入品への支出が含まれるので、Mを差し引く。
26) 1983-87年にマラウイ政府内で仕事をしていた際に、世銀カントリー・エコノミストはアメリカ人であった。年度末のある日、われわれが作成した経済白書に対するコメントとして、かれから長文のテレックスが送られてきた。なるほど、指摘箇所を読むと、彼が言うとおりで正しかった。このように、その国を詳しく知っており、常時モニターしている職員がBriefを作成しているのである。
27) 出所：筆者（坂元）『国際協力マニュアル―発展途上国への実践的接近法―』頸草書房、1996年（1998年増刷）のコラムを修正した。
28) Driscoll著『国際通貨基金（IMF）とは』IMF広報局、1997年。

3章

構造調整（経済自由化）の実績

　本章では、前章で分析した構造調整計画の設計（デザイン）をベースに、主に1990年代後半までの期間を対象とした実績を分析する。IMF・世銀の評価方法にしたがって、その実績としての分析項目として、実施状況と効果の2つを取り上げる（3-2節の補節で評価・分析を説明）。

　実施状況については、当該国が採る政策のみならず、IMF・世銀などを中心とした国際的支援、すなわち融資や債務救済も分析する。そして最後に、実績の分析結果を総括し、課題を論じる。

　1997-98年のアジア通貨・経済危機など、90年代末から始まって21世紀に入って展開する事象は、4章以降で扱う。

　本章の構成としては、まず全体的な進捗を述べて、次に文献サーベイの結果を説明する。そしてその後に筆者の分析として、IMF・世銀を中心とした融資と債務救済を、そして主要な政策の実績を分析する。地域別・国別分析は全体的なものとして、詳細は事例を対象とする5章以降に譲る。

3-1　途上国全体の進捗

　本節では、世界全体の途上国を鳥瞰して、構造調整計画の全体的な進捗をみる。まず世界規模でみると、1980年前後にイギリスとアメリカで成立した「新保守主義」政権の影響を受けて、IMF・世銀主導の構造調整計画（SAP）は、世界中の多くの途上国で始められることとなった。70年代の資源ブームが去った後に深刻な国際収支危機と債務不履行の可能性に陥った途上国は、これらブレトンウッズ機関（BWIs）の融資の条件としての構造調整計画を甘受した。

世銀の構造調整融資が最初に供与されたのが 1980 年であるが、被融資国はケニア、トルコ、スーダン、ボリビア、フィリピン、セネガルである（後掲の表 3-1 参照）。スーダンを除く国に対しては、経済全体を対象とした構造調整融資（SAL）が、スーダンには農業部門を対象とした部門調整融資（SECAL）が供与された。SAL と SECAL の説明は、3-3-3 項。

そして、翌年の前半までには、ガイアナ、マラウイ、モーリシャスと世界のいろいろな地域で SAP が開始されることとなった。そして、これらの融資と平行して、国際通貨基金（IMF）の融資も供与されることとなった。

その後、ラテン・アメリカとアフリカの両地域で多くの国々が実施することになった。しかし、実施後の経過は異なる。ラテン・アメリカ地域においては比較的所得レベルが高い国が多く、90 年代までに多くの国々が SAP を「卒業」することとなった。同地域においては自由化の程度はかなり高く、国内金融市場が世界市場にオープンになっている。

しかし、資本市場の自由化によって金融不安の可能性が高まる。1998 年のロシア危機はラテン・アメリカにも波及し、ブラジルも経済危機に陥った。そして、アルゼンチンは比較的長期間 IMF の融資を受けてきたが、2001 年の同国の経済危機がブラジルやトルコに波及した。

しかし、アフリカにおいては、石油輸出国であった中所得国を含めて多くの国ぐにが 20 世紀末まで SAP を長期間実施することになった。

より具体的に、まず中所得国全体でみると、1982 年のメキシコの金融危機から SAP が大々的に始まることになるが、多くの国はその後「卒業」することになる。しかし、国際金融の自由化が進み、国際資本の動きによって不安定な国ぐにが現れることとなった。メキシコは 1994 年に再度危機に見舞われた。そして、1997-98 年のアジア通貨危機がその最初の大規模な危機であったが、同様な動きは他の地域でも続くことになる。

東アジアは、世銀の地域分類で極東アジアに加えて、東南アジアを含む。東南アジアにおいては、一般論として SAP 実施国は少なかった。しかし、フィリピンは 80 年代初頭から IMF のスタンドバイ信用と拡大信用供与ファシリティ（EFF）を受けてきているし、80 年代のインドネシアは両国際機関の指導による計画を実施したことがある。

その後アジア通貨危機時には、1997年12月までにタイ、インドネシア、そして韓国がIMFの融資を受けて構造調整を実施することになった（5-1節参照）。

東南アジアの低所得国については、インドシナ3か国はSAPの主要実施国となり、21世紀まで実施が継続されている。

同じく低所得国の多い南アジア地域においては、多くの国がSAPを実施することになるが、特に重債務国パキスタンと、政情不安定なスリランカが、21世紀までSAP実施国にとどまることとなった。

さらに、旧ソ連圏中央アジア諸国も低所得国であり、1991年末のソ連邦崩壊後にSAPの重点実施国となっている。

まとめると、第1に世界中の途上地域の主な国のほとんどが構造調整計画を実施している。第2に、その後の展開としては国グループごとに異なっており、中所得国グループからはSAPを卒業した国が出たが、国際金融自由化は多くの国の経済を不安定にさせている。低所得国では、2000年間際までの長期の実施となっている。

一方、本書の課題ではないが、経済民主化という意味での自由化の強制は、政治まで及ぶことになる。政治民主化、つまり多党制導入は89年のベルリンの壁の崩壊後、世界各地で雪崩のように急激に進められた。推進者が米国である。例えば、ケニアの援助会議で、経済自由化に加えて、「政治民主化せざれば援助中止」という新たな政治的条件を付した。アフリカにそれぞれ旧植民地20か国程度を抱える英仏両国は、民族問題を引き起こすと反対したが、米国が押し切ったのである。

3-2　評価・分析のサーベイ

3-2-1　国際機関によるサーベイ

世界銀行はそのプログラムやプロジェクトの事後評価報告書を発行している。その方法論に即して（補節参照）、以下にSAPの実績として政策の実施状況と効果を取り上げることにする。また、効果に加えて、持続可能性も分析対象とする。

まず、2-1節で既に触れたように、世銀が構造調整計画を明確に打ち出した

のは、通称、世銀「バーグ報告書」(1981) においてである。そして、輸入代替工業化に代表される内向きの保護政策に原因があるとして、開放的な経済体制を目指す構造調整計画の導入を主張した。

そのレビューとして、世銀はUNDPと共同して、80年に開始したアフリカの構造調整計画の経験を分析して、その成果を肯定的に論じた（世銀とUNDP(1989)）。この評価報告書において、構造調整計画の全面実施国19か国と、構造調整計画の部分実施及び未実施の国の2グループに分けて、経済実績を評価している（後出の表8-3参照）。対象期間は、構造調整が本格化する前の1980-84年と、その後の1985-87年である。分析方法としては、それぞれのグループについて、経済環境の変化による経済への影響と、構造調整の実施状況を分析した上で、構造調整政策の経済効果を比較している。

結果としては、多くの指標において、世銀は構造調整全面実施国の方がそうでない国よりも経済実績が良好であったとしている（「実施・不実施」比較、補節参照）。例えば、全面実施国のGDP成長率は1980-84年の1.4％から1985-87年の2.8％に上昇した。ただし、その差異は僅かであることから、世銀は気候または国外要因により強い衝撃を受けた国を除いた分析も行なった。その結果、GDP成長率が1.2％から3.8％へ上昇したとして、今述べた結論がより明瞭になるとしている。

この報告書の分析結果に対して、国連アフリカ経済委員会 (UNECA) (1989) が厳しい批判を行なった。すなわち、世銀の資料を利用した結果、1980-87年の期間において、構造調整の全面実施国（世銀の構造調整を何回も受けている国。世銀分析と異なって18か国）のGDPの年平均成長率は-1.5%であるのに対して、構造調整の部分実施国及び未実施国がそれぞれ1.2%、3.1%であったと報告した。もっとも、経済状態が悪いから構造調整を実施しているのであって、この結果は当然のことと言える。

そして、世銀 (1994) は、90年代始めまでのアフリカ経済を分析して、全体でみると構造調整実施前に比較して（「実施前・実施後」比較）、プラスの効果があったと評価している。しかし、その影響は軽微であり、期待された効果が十分に現われなかったことを正直に認めている。具体的には、1981-86年から1987-91年にかけて、構造調整を強力に進める6か国においてのみ、一人当たりGDP

成長率は 2% 上昇した。

　世銀がより不満足と考えているのは、投資の回復がみられないことと、債務の負担度があまり改善されなかったことである。これらの指標は持続的成長という政策目標に対応するものであり、その達成の可能性が依然として低いと分析している。

　具体的には、強力推進国全体では投資率が 16.6 % から 20.4 % に上昇したが、大幅な上昇があったのはガーナとタンザニアだけで、他の 4 か国では投資率は同じか減少している。また、構造調整の程度が低い 9 か国（マラウイを含む）の平均投資率は同じ数字（16.1%）に留まっている。

　また、IMF は組織としては 2002 年まで評価報告書を出版していないが、IMF スタッフのリサーチ結果である Schadler（1993）と Goldsbrough（1996）においては、IMF 主導の構造調整計画（ESAF など）を実施した途上国が分析対象である。アフリカだけでなく世界の途上国が対象となっており、マクロ指標による分析が中心である。[1]

　これらのリサーチ・ペーパーの分析結果としては、上記世銀報告書（1994）と同様に、政策転換があったことを評価しつつも、期待された成果を上げていないことを認めている。具体的には、Schadler（1993）においては、15 のアフリカ諸国を含む 19 の SAF、ESAF 対象国に関して、GDP 成長率は構造調整実施前の 2.1% から 2.9% に上昇したに過ぎない。[2] 成功例として、ボリビア、ガンビア、ガーナ、そしてガイアナを挙げている。

　2002 年の評価報告書は 90 年代までを対象としているが、1997-98 年のアジア通貨危機での IMF に対する批判をきっかけに設立されたので、4 章で扱う。

　一方、序章で触れたように、Cornia 他（1987）は、ユニセフ（UNICEF）の研究成果としての『人間の顔をした調整』を刊行して、IMF・世銀の構造調整計画が貧困者、特に子供の状況に甚大な悪影響を与えていると批判した。すなわち、「採用された調整政策は多くの場合重要な貢献を示してきたようである。（しかし）多くの調整プログラムが短期的に人間（開発）の状況におけるさらなる悪化を食い止める明確な努力をしていないのは確かである。そして多くのプログラムが長期的な状況改善のために、成長からの波及効果（トリクル・ダウン効果）に依存した」[3] そして、同書は「人間の顔をした調整」政策の提言を行っている。

ユニセフは、その事例研究として、翌年に10か国の成果を発表した。ブラジル、ジャマイカ、ペルーなどラテン・アメリカ5か国と、その他の途上国5か国である。各国の貧困、特に子供への悪影響が分析されている。

また、前述のユニセフ著書の編著者であるジョリィ、Jolly（1991）は、世銀・IMF主導の構造調整の社会面への影響に焦点を当てて批判を行った。本論文は、ユニセフの立場をまとめたものであり、1980年代において構造調整が貧困層に悪影響を与えたと指摘し、「人間の顔をした構造調整」の必要性を説いた。ジョリィは、英国開発研究所（IDS）所長、UNICEFのナンバー2を歴任した著名な知識人である。

ユニセフを代表とするこのような批判は、当初はインフレや失業など短期的な効果を挙げていたが、その後貧困に対する長期的な影響も含めるようになった。

こうした批判に対応して、世銀（1995）は、債務負担が依然として大きいアフリカ（対外債務残高総額の対輸出額比率が、88年242.8%、93年253.6%）にとって、貧困克服に重点を置いた公平な分配を伴った成長を目標に、農業部門の開発、マクロ経済の安定などに加えて、民間部門の開発が必要であると提言している。ただし、その開発のためには、構造調整が不可欠であるとしている。

本項のまとめとしては、当事者のIMF・世銀はSAPの成果を擁護しているが、期待したほどではなかったことを認めている。国連側は社会面への悪影響をあげてIMF・世銀を批判しているが、それは構造調整計画の中心課題でなく、副次的な対策がとられている。

3-2-2 日本人学者によるサーベイ

ここでは、1990年代半ば位までの日本人学者による文献のサーベイ結果を示す。以下の文献で2000年以降のものがあるが、それは90年代半ばに書かれた著作物の新版である。その後の和文の著作物については、それ以降から今日までの期間を対象とする4章以降で必要に応じて挙げることになる。

まず原（2002）は、開発経済論の展開からみて、1970年代になってから、初期開発経済論に基づく輸入代替工業化を採用したインドなどが経済停滞を続けたのに対して、輸出指向型戦略をとった韓国、台湾など東アジア諸国が高い経済成長を実現した。その結果、初期開発経済論の影響力は失われ、ベラ・バラッサに

代表される自由主義的政策が有力になった。1970年代後半以降先進国でケインズ経済学への批判が叫ばれるようになった中で、開発経済論においても新古典学派の復興が起こった、と述べている。[4] 絵所 (1991) も、他にバラッサ、クルーガー、バグワチ、リトルの文献を挙げて、同様な分析を行なっている。[5]

しかし、原 (2002) は「東欧諸国における市場志向型改革は経済活動を効率化させることに失敗してしまった。また1990年代のビッグバン戦略も、決して成功を導いたとは言えない」と、構造調整計画を否定している。そして、「(市場志向政策の不成功の) 基本的な理由として、サックスやランゲが抱いていた市場経済観に大きな欠陥があったことを強調しておきたい」、また「ワルラス＝ランゲ流の市場経済論は、[省略] 市場経済の発達といったダイナミックな変化を解きあかすには全く無力な理論でしかない」[6]とまで、否定的な見解を出している。

一方、速水 (2000) は「構造調整政策が、ラテン・アメリカの国々を80年代の大苦境から救いだすに貢献した事実は否定しがたい」と評価して、「マクロ的安定化とミクロ的自由化を志向する経済体制の改革が、かなりの範囲におよぶ途上国にとり経済成長を支える上で有効性を持つように思われる」[7]と反対の意見を述べている。

しかし、速水 (2000) も「この (構造調整) 政策は、中所得段階にある国ぐにについては経済成長を推進する効果を持ったが、サハラ以南のアフリカなどの低所得国では成功のケースはきわめて少ない」と世銀の評価報告書 (1988) の結果を挙げた。[8]

そして、速水 (2000) はこの市場の未発達について、「市場が未発達な『慣習経済』では資源配分の大きな部分を政府の計画と指令とに頼らざるをえないとの主張」(石川 (1994)) に言及しながらも、「そのような経済であれば、政府の失敗の危険もまた大きくなる。[省略] アフリカの経済困難は市場の失敗より政府の失敗に基づくところがはるかに大きいのではなかろうか」と構造調整に肯定的な見解を述べている。[9]

アフリカ経済に関しては、石川 (1994) が途上国のグループ化を行い、アフリカにおいては慣習経済が支配的で、構造調整計画は有効ではないと述べている。これに対して、矢内原 (1995) は、石川の上述の意見に対して、「財とサービス市場はアフリカ諸国内ではむしろよく発達しており、[省略] 金融市場 (のみ)

確かに一般的には発達していない」と述べている。[10]

アフリカ経済の第一人者の矢内原の見解としては、アフリカに市場がないというのは誤謬で、市場自由化に反応する面は大きいということであろう。金融市場は、国家開発との関連で政府主導により形成されて、そのゆえに効率的でないものであったと考えられる。

3-2-3 サーベイ結果の比較

前項までの国際機関と日本人識者の政策に関わるサーベイをまとめると、構造調整計画に関わる見解や評価に関して、関係者の間で相違がある。構造調整計画の実施機関である世銀は肯定的な意見を述べているのに対して、UNECAやUNICEF、そして学者は批判的な立場をとっている。とりわけ、低所得地域であるアフリカに対して、構造調整計画の有効性が重要なポイントとなっている。

また、追加の論点としては、同計画が長期の開発に寄与するのか、また90年代以降の展開を考えると、貧困層への影響はどうなのかが重要であると考えられる。

そこで、本書の次節以降で筆者独自の分析を行うこととした。途上国全体の構造調整計画の実績を包括的にサーベイし、また事例を丹念に分析することが必要であると考えられる。事例研究については、5章で地域別・国別のサーベイを行う。また、事例地域・国の詳しい分析は6章以降で行う。

補節　世銀の評価方法

世銀は融資案件毎に業務完了報告書（Program/Project Completion Report: PCR）と業務監査（事後評価）報告書（Program/Project Performance Audit Report: PPAR）を作成する。前者は業務担当局によって業務終了時に、後者はPCRを踏まえて業務評価局（Operations Evaluation Department: OED）によって事後的に作成される。前者は非公開であるが、後者をまとめたものはOED Précis に発表された。世銀の他のレポートについても、同様な枠組みで分析している。OEDはその後独立評価グループ（Independent Evaluation

Group: IEG) へ変更した。

　構造調整計画の実績の分析は当事者であるIMFと世銀によって行われているが、SAPという政策ないしプログラムの評価もプロジェクト評価の方法論に依拠している。前述のIMFスタッフのリサーチ・ペーパーによれば、計画の設計（デザイン）、実施状況、効果の3つが主要な評価項目である。設計はさらに政策目標、政策手段、スケジュール（実施計画）の3項目で分析できるし、スケジュールでは時期と速度（スピード）が具体的な分析項目である。そして、時期との関連で、政策実施の順序（sequence）が重要である。

　しかし、IMF・世銀の評価では、国際経済環境の変化に加えて、実施期間の短さ、多くの政策の同時実施、経済構造の急変、データの不足と信頼性の低さなどの理由により、マクロ水準の評価が中心であり、厳密な分析はあまり行われていない。

　政策効果に焦点を当てると、3つの方法論がある。Mosley他（1991）の総合的な分析によれば、「実施前・実施後」比較（before vs. after approach）、「実施・不実施」比較（with vs. without approach）、「計画・実施」比較（plan vs. realization approach）の3つの評価方法があると考えられる。

　「実施前・実施後」比較は、構造調整計画の実施前と実施後の経済状況を比較する方法である。例えば、構造調整実施後の消費者物価の上昇率が、実施前より低くなっていれば、正の効果があったと見做すのである。

　「実施・不実施」比較は、構造調整計画を実施した現実の経済状況を、「実施しなかった場合」（counter-factual）と比較するものである。「実施しなかった場合」を想定ないし計量化する。「計画・実施」比較は、構造調整計画が目標としたものがどれだけ実行されたかをみるものである。

　政策の実施状況について、政府が実施する構造調整政策と、融資や援助など海外からの支援を区別して分析している。前者については、政府改革指標として、政府支出のGDPに占める比率、政府歳入のGDPに占める比率、中央銀行の公定歩合（実質）、消費者物価、名目為替レート、実質実効為替レート、農業インセンティブ（輸出作物の実質価格、食糧作物の実質価格、主要輸出作物の名目保護率（国内価格の国際価格に対する差））が挙げられている。[11]

　海外からの支援については、輸出価格、輸出稼得額、交易条件、政府開発援助

(純流入額)、対外債務負担の軽減などが挙げられている(世銀の評価報告書(世銀・UNDP (1989)、世銀 (1994))。

構造調整政策の効果をみる指標については、世銀の評価報告書において次の指標が導入されている。すなわち、GDP の年平均成長率、農業生産高、輸出量、輸入量、国内投資、国内貯蓄の GDP に占める比率、一人当たりの実質消費が挙げられている。

3-3 構造調整支援の援助

本節から、構造調整計画の実績について独自の分析を行う。本節では、IMF と世銀の融資実績を見て、構造調整計画全体の進捗を把握する。「実績」のうち、政策の実施状況に焦点を当てる。そして、その他のドナーの援助についても分析する。

3-3-1 全体的な融資実績

構造調整計画が始まったのは、世銀が構造調整支援の融資を供与した 1980 年である。表 3-1 の国々が、最初の被融資国である。スーダンのみが農業部門を対象とした部門調整融資 (SECAL) であり、その他は経済全体を対象とした構造調整融資 (SAL) である。

平行して、IMF の通常の融資であるスタンドバイ信用が供与され、経済自由化の政策条件が付与される。IMF と世銀の協調融資が始まったのである。

融資の役割分担については、マクロ水準の安定化に対する融資は主に IMF が担当することとなり、世銀は SAL に加えて SECAL など部門(セクター)以下の分野に対する融資をより供与するようになった。ただし、資金不足を埋めるために、IMF の融資と平行して世銀の SAL や SECAL が供与された。

融資の違いであるが、基本的に IMF が金融機関であるので、金利は市場金利と同じで、返済期間はより短い。世銀は開発志向であるので、金利が低く、返済期間が長い。具体的には、世銀の IBRD 融資の返済期間は 15～20 年(IDA 融資は 40 年)であるのに対して、IMF 融資は、10 年以下である (1-2-3 項と、

後出の表4−1参照)。

ただし、IMF の ESAF、貧困削減・成長ファシリティ (PRGF) は低所得国向けの融資であるので、金利は 0.5 % と低く、IDA 融資とあまり変わりはない。IDA 融資の金利は 0% であるが、手数料が 1% 以下である。融資期間は 3〜4年で同じである。

表 3-1　最初の構造調整支援融資
(1980 年 7 月 - 1981 年 6 月)

融資手段・被融資国	理事会承認年月日（年代順）	融資額（US 百万ドル）
国際復興開発銀行（IBRD）の融資		
トルコ	1980 年 3 月 25 日	200
ボリビア	1980 年 6 月 5 日	50
フィリピン	1980 年 9 月 16 日	200
トルコ（補完融資）	1980 年 11 月 18 日	75
セネガル	1980 年 12 月 18 日	30
ガイアナ	1981 年 2 月 3 日	14
マラウイ	1981 年 6 月 25 日	45
モーリシャス	1981 年 6 月 2 日	15
トルコ（第 2 次）	1981 年 5 月 12 日	300
国際開発協会（IDA）の融資		
ケニア	1980 年 3 月 25 日	55
スーダン	1980 年 3 月 25 日	65
セネガル	1980 年 12 月 18 日	30
ガイアナ	1981 年 2 月 3 日	8

注：スーダンは農業復旧計画で、唯一の部門対象の融資。
出所：世界銀行『年次報告、1980、1981』

3-3-2　IMF の構造調整支援の融資

(1)　融資手段

IMF の融資手段は、すでに1−2−3項で説明した。通常融資であるスタンドバイ信用も拡大信用供与ファシリティも、貧困削減・成長ファシリティ (PRGF) と同様に、マクロ経済安定化を中心とする政策条件が伴う。

所得水準が高い国に対しては、IMF の国際収支支援の融資が中心である。ラテン・アメリカや東南アジアの国々が対象であり、政策条件も IMF が全般的に

課す。

アフリカを中心とする低所得国に対しては、IMFは80年代前半までは、1～2年の短期を対象とする、市場金利の通常融資（ファシリティ）であるスタンドバイ信用を供与していた。しかし、低所得国の構造調整には長期を要するとの認識に達して、構造調整ファシリティ（SAF）が1986年に、拡大構造調整ファシリティ（ESAF）がSAFを代替して1987年に創設された。ESAFはその後1999年まで長期間構造調整支援の融資として供与された。

そして、1999年に貧困削減・成長ファシリティ（PRGF）が、ESAFの代わりに導入された。

これらの融資は3～4年を対象期間としており、世銀の調整融資と同じ期間である。また、通常融資と異なって、加盟国が特別拠出した基金による運用となっている。ESAF設立時、日本は4割の資金を拠出した。

（2） 融資実績

4章の表4-1にIMFの融資状況を示した。基本的にすべて政策条件がつくので、構造調整支援の融資とみなせる。この表では、PRGFの主な被融資国がアフリカ諸国であるが、過去の主な融資実績についてみると、加えてラテン・アメリカ諸国が多い。その他の地域については、東欧、旧ソ連圏諸国が融資を受けている。

例えば、1994年12月からの通貨危機に対応して、IMFがメキシコに対してそれまでで最高額となる融資を行った。ブラジルがその後1999年と2002年に経済危機に陥った。対メキシコ融資を上回る規模であった。

また、東アジア（世銀の地域分類で東南アジアを含む）においても、80年代のインドネシアはIMF・世銀の指導による計画を実施したことがあり、フィリピンは80年代初頭からIMFのスタンドバイ信用と拡大信用供与ファシリティ（EFF）を受けてきている。

1997-98年のアジア通貨危機においては、1997年8月にはタイに対して同様な融資が行われた。タイは80年代初頭に世銀の調整融資を受けていたが、その後急速な外資導入もあって経済が高度成長することになり、世銀の支配からのがれていた。

さらに、タイの経済危機は他国に波及し、1997年11月にはインドネシアが、12月には韓国がIMFのスタンドバイ信用を受けて、構造調整を実施することに

なった。

　これらのアジアの国ぐにには比較的に所得水準が高いために、金利の高いIMFの融資が中心となっている。その結果、政策条件のほとんどはIMFが勧告したものとなっている。そして、これらの国ぐにの国際収支赤字補填のための追加分として、世銀の融資も供与されている。しかし、世銀の融資の多くは、個別のプロジェクト（開発事業）に対するものが中心となっている。

3-3-3　世界銀行の構造調整支援の融資
（1）　融資手段

　世銀は1980年から構造調整計画を開始しており（表3-1参照）、融資とそれに対応する計画を下に示した。

調整融資（Adjustment Lending: AL）
　①構造調整融資（Structural Adjustment Lending: SAL）
　　　——（全体）構造調整計画（Structural Adjustment Program: SAP）
　②部門調整融資（Sector Adjustment Lending: SECAL）
　　　——部門（構造）調整計画（Sector Adjustment Program）

　世銀の『年次報告』では、IBRDの貸付は、Structural Adjustment Loan（SAL）、IDAの金利の付かない貸付は、Structural Adjustment Credit（SAC）である。調整融資（貸付）に対応させて、調整計画ないし政策という用語が使われている。

　構造調整融資は経済全体を対象としているのに対して、部門調整融資（SECAL）は特定部門に対する融資である。

　以下の分析では、調整融資という用語は使わず、特記しない限りSALとSECAL、SALとSACを区別しない。

　上記融資の対象期間は3年であり、個別のプロジェクトに対する融資と異なって以下の特徴がある。すなわち、①被援助側の輸入のための外貨補給という性格を持つ、②債務危機を回避するために供与が迅速、すなわち「足の早い」（quick disbursing）融資であり、そして③かならず構造調整計画履行という政

策条件がつく。

SALもSECALも道路建設や肥料供与といった特定のプロジェクトに対する融資と異なって、基本的に民間部門への外貨補給となるノン・プロジェクト型の融資である。

ただし、開発金融機関である世銀は、国際収支支援の上記融資とその計画と連携させて、開発プロジェクトの供与も行なっており、80年代において調整融資は全融資の3割までと決められている。[12]

(2) 融資実績

世銀の(構造)調整融資の対象国は、東欧や旧ソ連圏諸国からアフリカ、ラテン・アメリカまで、東アジアを除く多くの地域にまたがっている。IMFの構造調整支援の融資も世界中の途上国が対象国となっている。とりわけ、ラテン・アメリカ、アフリカ、旧社会主義圏の国が多い。主要な融資国がメキシコ、韓国、アルゼンチン、ロシア、トルコなどである。

1980年代前半は、比較的経済全体を対象とするSALが多かったが、ある程度マクロ水準の構造調整が進んだのを受けて、80年代後半以降は部門調整融資と通常の開発(投資)プロジェクト融資が増えている。

そして、表3-2で調整融資を部門別にみる。まず重要なことは、一般に融資や援助の対象部門は直接生産、経済インフラ・サービス、社会インフラ・サービスの3部門に分かれるが、構造調整計画において民間主導の市場経済化が図られ、農業など直接生産部門の比重が大幅に減っている。他方、社会セクターへの比重が高まっている。

また、民間への規制緩和がある程度進んだ段階で、機構やガバナンス重視により、公的部門から民間セクターへの移行ということで民間開発などの分野がふえている。

3-3-4 他ドナーの援助

2-2節の構造調整計画の枠組みの箇所で述べたように、また図2-2で明らかなように、IMFと世銀との取り決めが終わったあとを受けて、他のドナーの支援が行われる。世銀は世界全体を対象とする開発金融機関であり、世界の各地域にはアジア開発銀行などがあるが、世銀以外の開発金融機関はIMFと世銀の枠組

表3-2　世銀の調整融資の部門別内訳

(1995-2000)

部門	調整融資総額に占める比率 (%)					
	95	96	97	98	99	2000
農業	4.6	5.1	13.8	0.0	0.5	0.0
経済政策	54.7	34.2	32.5	13.0	64.4	23.3
教育	0.9	0.0	0.0	0.7	0.0	0.0
電力・エネルギー	2.8	0.0	0.0	0.9	0.2	0.0
環境	0.0	0.0	0.0	0.0	0.0	1.0
ファイナンス	34.6	23.7	17.6	50.9	11.8	24.0
保健、栄養、人口	0.0	7.8	0.0	6.2	0.0	0.0
鉱業	0.0	11.0	5.9	7.1	2.0	0.0
公的部門開発	2.3	12.3	3.1	0.9	2.9	0.4
民間部門管理	0.1	5.9	8.4	7.8	4.7	41.1
社会保護	0.0	0.0	18.7	10.9	11.5	9.9
運輸	0.0	0.0	0.0	1.6	0.2	0.4
水供給、衛生	0.0	0.0	0.0	0.0	2.0	0.0
合計	100.0	100.0	100.0	100.0	100.0	100.0
合計（百万USドル）	5,325.0	4,509.0	5,087.0	11,290.0	15,330.0	5,107.0

出所：World Bank (2001), *Adjustment Lending Restropective*.

みにしたがって融資することになる。UNDPなど国連機関も同様である。

　日本などの2国間援助を行うドナー国も、IMFと世銀の構造調整計画の枠組みで支援を行った。日本は有数のノン・プロジェクト融資国であり、重債務貧困国について1999年のサミットで100%の債務削減が決まった際には最大の2国間での債権国であった。

　これら、いわゆるバイの援助国は、世銀と連携して、ノン・プロジェクト型融資のみならず、プロジェクトに対する援助も行った。プロジェクト融資など資金協力や技術協力である。

　日本は、円借款の債務支払いの繰延べで新規融資が出せないアフリカの国々を中心に、ノン・プロジェクト無償資金協力を行った（4-8節参照）。

　ドナー全体の取り組みとして、3年の計画期間の援助のあり方であるが、図2-2に示したように、前半はマクロ経済安定のために国際収支支援のノン・プロジェクト援助が中心となる。そのような経済状況が悪い中では、新規プロジェクトは控えて、既存プロジェクトで経済性や効果の面で望ましいプロジェクトのみ

が実施されることとなる（2-3-2項の公共投資計画参照）。

3-5節において構造調整政策の効果について分析するが、援助額が不十分であった、あるいは供与が遅れたことによってSAPがうまく成果を上げることができなかったとの批判があった。

3-4 債務救済

3-4-1 債務救済措置
（1） 債務救済の枠組み

1970年代末から80年代初めにかけて、ラテン・アメリカやアフリカなどの各国は深刻な経済危機に陥り、対外債務返済不能に陥った。かれらはドナー側に途上国全体の債務の一括救済を求めたが、米国の回答は、「債務問題はケース・バイ・ケース、国別で」というものであった。

そして、79年誕生のサッチャー英政権と81年のレーガン米政権の新保守主義への政策転換によって、国際通貨基金（IMF）と世界銀行は、経済危機打開のための融資の条件として国別に急速な経済自由化を中心とする構造調整計画（SAP）を課した。

国際的な救済措置については次で説明するとして、国別の債務救済の枠組みとしては、2-2節で示したようにSAPは債務救済のために導入され、SAP政策の国際的支援として援助に加えて債務救済が行われる。図2-2でみるように、債務救済の交渉の前提は、当該国がIMFと経済安定化計画を締結することである。2004年11月にイラクの債務削減交渉が妥結したが、IMFと経済改革プログラムを結ぶことが前提となっていた。

債務救済の交渉はパリ・クラブとロンドン・クラブによる会議で行われる。パリ・クラブは途上国の2国間公的債務（ODA債権および非ODA債権[13]）を対象とした非公式会合である。パリ・クラブの会議は、毎月1回パリで開かれ、事務局はフランス政府の財務省の国際金融担当機関である。その局長が議長をつとめる。もちろん、債務者である途上国政府の財務大臣なども出席する。

ロンドン・クラブは民間債務を扱うが、定まった場所や事務局があるわけでは

ない。したがって、フランクフルトや東京でも会議は開かれる。

(2) 債務救済の方法

前述ように、債務問題は国別のアプローチが採られたがなかなか解決せず、その打開のために、国別アプローチをベースとしつつも、横断的な対策がサミットやG7を中心に検討されて実施に移された。また、債務返済の繰延べ（リスケジューリング、短縮してリスケという）という措置で問題が解決しないために、1980年代の後半から債務返済額の削減や免除が図られることとなった。所得グループ別の対策は下記の通りである。

(a) 中所得国

商業債権の割合が大きいラテン・アメリカを中心に、以下の救済策がとられた。1985年9月のベーカー提案と1989年3月のブレディ提案である。いずれも、両氏は米国財務長官であり、同国主導の政策である。

ベーカー提案はIMF・世銀など国際金融機関、債権国、民間銀行が協調してケース・バイ・ケースで新規融資を増加するという提案であった。しかし、同提案は債務支払いの繰延べにすぎず、根本の問題が解決しなかった。

ブレディ提案は、IMF・世銀主導の構造調整計画の実施を前提に、新規融資に加えて、民間銀行に対する債務の削減、利払削減に重点を置いたものである。[14] 同提案は「新債務戦略」と呼ばれて、具体的な方策として挙げられたのは、債務の買い戻し（キャッシュ・バイ・バック）、債務の債券化（デット・ボンド・スワップ）、利払い軽減、債務の株式化（デット・エクイティ・スワップ）、新規資金から選択できるメニューである。

また、1990年のヒューストン・サミットで低中所得国の債務軽減の方針が出されて、1991年において、長期の繰延べ措置がとられることがパリ・クラブで合意された。

このように債務削減を織り込んだことにより、ラテン・アメリカ諸国を中心とした中所得国の債務問題が解決に向かった。

(b) 低所得国

図3-1のように、80年代の後半から低所得国を対象にした救済策がとられるようになった。それまでは、上記中所得国と同じく、債務支払いの繰り延べが一般的であったが、1980年代後半以降それで対処できない低所得国を対象

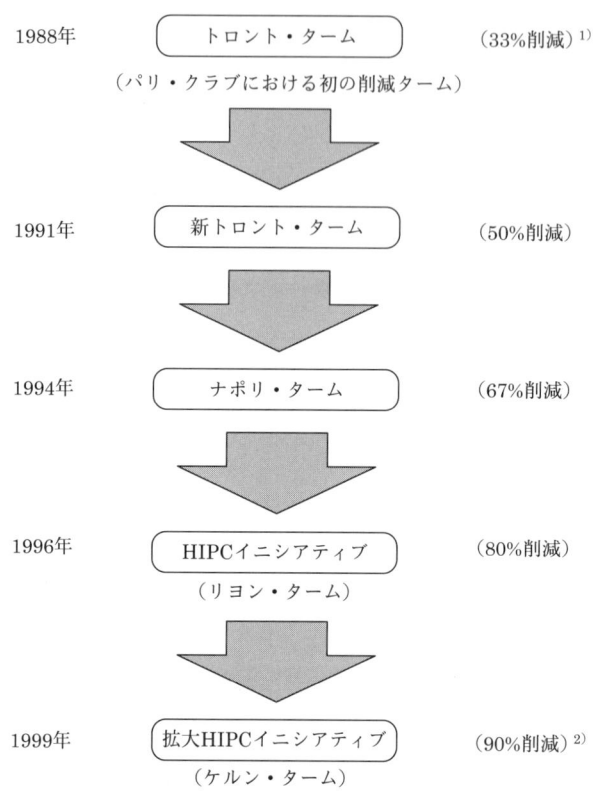

1988年　トロント・ターム　　　　　（33%削減）[1]
（パリ・クラブにおける初の削減ターム）

1991年　新トロント・ターム　　　　（50%削減）

1994年　ナポリ・ターム　　　　　　（67%削減）

1996年　HIPCイニシアティブ　　　　（80%削減）
（リヨン・ターム）

1999年　拡大HIPCイニシアティブ　　（90%削減）[2]
（ケルン・ターム）

注：1) 各タームの削減率は、対象債権の削減率
　　2) G7は、1999年のケルン・サミットにおいて自主的な追加的措置として拡大HIPCイニシアティブの適用を受けるHIPCsに対するODA債権100%削減を表明。さらにG7は2000年に適格な非ODA債権についても100%削減を表明。

図3-1　債務救済措置の変遷
出所：外務省『ODA白書』2004年版

として債務免除措置、つまり返済額の削減策がとられるようになった。ただし、債権の帳消しに反対の日本は、債務免除を導入した2003年までは、1988年のトロント・サミットで表明した債務支払いの繰延べと債務救済で応じた（4-8節参照）。

　具体的な展開としては、1988年のトロント・サミットの合意を受けて、IMF・世銀の構造調整計画を実施している最貧国に対して、実質3分の1の公的

債務削減策が合意された。その後、図3-1のように、削減率が引き上げられた。

ナポリ・タームでは、それまでのマチュリティ・ベース（一定期間の返済債務が対象）に加えて債務残高を対象としたストック・ベースへの移行が盛り込まれることとなった。

そして、1995年までは2国間の債務の削減がサミットを中心に打ち出されたが、1996年のリヨン・サミットで初めて低所得国に関して国際機関の債務削減が取り上げられた。つまり、2国間債務のさらなる削減に加えて、IMFの拡大構造調整ファシリティ（ESAF）の2000年までの継続（より譲許性の高い融資）を行い、世銀に信託基金を設けることとなった。

IMF・世銀の融資は多くの国からの拠出金で賄われており、債務棒引きが困難であると同時に、モラル・ハザードにつながることが懸念されていたが、その負担額の大きさから債務支払いに上記の融資と基金が使われることとなったのである。そして、IMF・世銀の債務を2国間ドナーの支援により代替することが可能となった。

同時に、1996年のリヨン・サミットでは重債務貧困国（Heavily Indebted Poor Countries: HIPC）イニシアティブ[15]の開始が合意され、抜本的な債務削減が行われることとなった。その債務削減の条件として、構造調整計画の遵守が求められた。

このHIPCがさらに画期的なのは、それまで2国間の公的債務が中心であったのに対して、国際金融機関に加えて、商業ベースに近い公的債務も救済の対象となり、包括的な枠組みができたことである。

最後に、2000年までの期間としては、重債務貧困国の窮状に鑑みて、99年のケルン・サミットでは2国間債務の90%削減が打ち出され、さらにG7の追加的な措置として重債務貧困国に対して100%削減が表明された。また、国際機関の債務支払いの救済も引き続き行われることとなった。これが拡大HIPCである（後出の図4-1も参照）。

しかしながら、それでも不十分で2005年のグレンイーグルズ・サミットで英国の働き掛けが功を奏し、IMF・世銀、アフリカ開発銀行という国際機関の債務も原則すべて削減されることとなった（4-1節参照）。

3-4-2　債務救済の実績

　世界の途上国の債務負担度による国分類は、世銀が世界開発金融（GDF）に発表している。表3-3の分類基準に基づいた分類表が表3-4である。中所得国の多くは経済力があることもあり、IMF・世銀主導の構造調整計画の結果、債務危機から脱却することに成功した。特に、80年代から大規模な債務危機に陥ったラテン・アメリカ諸国の債務負担度は軽減された。

　また、アメリカ主導で、政治的な配慮も加えた特例措置として債務免除された中所得国がある。ポーランドは1991年4月のパリ・クラブで、公的債務の実質50%の削減が合意された。債務免除を行わない日本も、92年2月に債務免除を行った。ベルリンの壁が崩壊したのが89年、ソ連邦が分裂したのが91年12月である。前例のない市場経済への移行を支援するという意図があった。

　エジプトについては、91年5月のパリ・クラブの会議で合意され、7月に削減された。湾岸戦争に関わる支援であった。この2か国は特例として、他の国に適用しないことが合意された。

　1990年のポーランドとエジプトの債務残高のGNPに占める比率がそれぞれ251%、220%であったが、同年の低所得国のケニアが316%、ガーナが391%、タンザニアが1,186%であった。両国が経済外の配慮でいかに優遇されたかわかる。

　低所得国については、前項にみるように、前述の一連の救済策の結果、ある程度債務負担度は軽減した。重債務低所得国の多くは、アフリカ諸国となっている。それ以外の地域では、中央アジア諸国やパキスタンが該当国である。一部のラテン・アメリカ諸国も重債務国として分類されているが、それ以前と比較すると債務負担度は減少している。

　重要なことは、アフリカに多い重債務貧困国は対外債務返済能力を再構築できず、IMFや世銀の融資を返済できないところまで至った、ということである。

3章 構造調整（経済自由化）の実績 75

表3-3 対外債務分類基準

	重債務国 対輸出比率が220%超か、対GNI比率が80%超	一般（中）債務国 対輸出比率が220-132%か、対GNI比率が48-80%	軽債務国 対輸出比率が132%未満、かつ対GNI比率が48%未満
低所得国 一人当たり国民総所得（GNI）が745ドル以下（2001年）	重債務・低所得国	一般（中）債務・低所得国	軽債務・低所得国
中所得国 一人当たり国民総所得（GNI）が746ドル以上、9,205ドル以下（2001年）	重債務・中所得国	一般（中）債務・中所得国	軽債務・中所得国

注：1999-2001年の債務データを使った国分類に使っている。
出所：World Bank, *Global Development Finance* 2003, Vol.1, 2003（ホームページ）を利用して筆者作成。

表3-4 債務負担度による国分類

(1999-2001)

重債務・低所得国	PV/XGS,%	重債務・中所得国	PV/XGS,%	一般債務・低所得国	PV/XGS,%	一般債務・中所得国	PV/XGS,%	軽債務・低所得国	PV/XGS,%	軽債務・中所得国	PV/XGS,%
(34か国)		(13か国)		(15か国)		(22か国)		(14か国)		(36か国)	
コートジボワール	220	アルゼンチン	409	カンボジア	159	ブルガリア	118	バングラデシュ	113	アルバニア	58
エチオピア	306	ブラジル	354	カメルーン	191	ボリビア	139	ベトナム	66	ルーマニア	91
インドネシア	198	ヨルダン	118	ガーナ	161	コロンビア	219			スリランカ	95
キルギス	225	ペルー	290	ケニア	154	フィリピン	120				
ラオス	263	ウルグアイ	231	モンゴル	103	タイ	83				
マラウイ	318			セネガル	175	トルコ	209				
パキスタン	238			タンザニア	101						
タジキスタン	109										

注：PV/XGSは、債務残高の現在価値の輸出に対する比率である。数値は、1999-2001年の平均値。
出所：World Bank, *Global Development Finance* 2003, を利用して筆者作成。

3-5 主要政策の実績

本節では、表2-5の政策分類表を主に参照して、主要な政策に焦点を当てて、構造調整の実績を分析する。IMF・世銀の評価方法にしたがって、実績として実施状況、効果、持続可能性を扱う。

多くの国を扱うので、IMFや世銀発行の国分類一覧表や統計年鑑を使うことにする。政策の実施状況を現す指標として為替相場制度と関税率を、効果と持続可能性として資金フローと直接投資を分析する。

3-5-1 実施状況
(1) 政策全般

まず世界全体で計画ないし政策の実施状況をみると、一般論として構造調整の拡大と深化[16]が進んでいる。対象国での拡大をみると、急速な自由化に対する反対意見があるとはいえ、IMF・世銀の途上国に対する一貫した政策実施で、基本的に自由化の方針は堅持された。また近隣国が自由化を進めるゆえに、世界の多くの国々が構造調整を進めざるを得ない状況となっている。その結果、IMF・世銀の融資を受けていない国々も、両機関の政策を常に意識して自由化などの政策を実施することになった。

分野面の拡大をみると、財・サービス市場の自由化が先行してかなり進んだ後を受けて、金融の自由化がSAPの主要な柱となった。地域レベルのみならず、世界レベルで国際金融市場が自由化する中で、巨大な国際金融資本の動向が当該国と地域・世界経済に大きく影響を与えるようになった。その負の面として、アジア通貨危機、その後のブラジル、トルコ、アルゼンチンの経済危機でわかるように、中所得国を中心に国際取引が不安定になってきている。

低所得国については、8章でアフリカを詳述するが、構造調整の深化ないし徹底化が起こっている。すなわち、マクロ水準の構造調整から、部門調整融資（SECAL）導入によるセクター水準の徹底した構造調整へ移行したのである。そして、90年代半ばから、援助予算や開発計画の共同作成・実施まで踏み込んだ革新的な開発・援助の枠組みの作成に向けた変化が起こっている（4-1節参照）。

（2） 貿易・為替制度

次に、個別の主要政策についてみていく。まず表3-5は、貿易・為替を中心とした国際取引制度の国比較である。IMFレポートを利用して作成したが、途中で分類が変わっているので、1983年から95年までの表である。2000年については下記に説明を加える。

この表からわかることは、アジアの国々がより国際的取引を自由にしているのがわかる。ケニアやボリビアの自由化もかなりな程度であるが、世銀の構造調整計画の強力推進国と言われるガーナの自由化の程度は低い。

ボリビア以外のラテン・アメリカについては、構造調整の実施国であるエルサルバドル、ガイアナ、ニカラグアの自由化の程度は、表3-5のアジア諸国と同程度である。

ところが、2000年になると、ラテン・アメリカのこれら4か国の資本取引の自由化はかなり進んでおり、表3-5のアジア諸国を上回る水準にある。最も資本市場の自由化が進んでいるのが、ラテン・アメリカ地域となっているのである。

次に為替相場制度の国分類を表3-6に示した。まず国数でみると、固定相場の国が一番多いが、この中には大洋州やカリブ海地域などの小国が多く含まれている。また、フランスが国際取引を保障する旧植民地のCFAフラン圏14か国も含まれている（表8-7）。したがって、2000年において比較的に多くの国々が弾力的伸縮相場制度を採用していると読める。

IMFの市場重視の理論に照らせば、完全変動相場制度が理想であろう。したがって、IMF主導の構造調整を進めた国の多くで、固定相場制度から変動相場制度への移行が進んだと言えよう。表の弾力的伸縮相場制度のグループには、アフリカの主要構造調整実施国が含まれる。すなわち、ガーナ、ケニア、マラウイ、タンザニア。また、ラテン・アメリカのブラジル、メキシコ、ガイアナもこの分類に入る。さらに、表3-5で挙げたアジア諸国のうち、インドネシア、フィリピン、タイも伸縮的相場制度をとっている。

タイは、1997年6月まで通貨バスケットによる固定相場制度をとっていたが、1997年7月に変動相場制度に移行した。瞬く間にバーツは暴落し、アジア通貨・経済危機の発端となった。

しかし、同時に進める国際取引の自由化、特に証券投資の自由化は、動きの激

表 3-5　国際取引制度の国比較

	ガーナ		ケニア			フィリピン			インドネシア			タイ			マレーシア			ボリビア		
	88	92	95	88	92	95	88	92	95	88	92	95	88	92	95	88	92	95	88	92	95
A. IMF協定受け入れ状況																					
① 8条国	–	–	○	–	–	–	–	–	○	○	–	○	○	–	○	○	○	○	○	○	○
② 14条国	○	○	–	○	○	○	○	○	–	–	○	–	–	○	–	–	–	–	–	–	–
B. 為替制度																					
① 為替レートの決定基準																					
a リンク制 (A peg to)																					
i 米ドル	–	–	–	–	–	–	–	–	–	–	–	–	–	–	–	–	–	–	–	–	–
ii 英ポンド	–	–	–	–	–	–	–	–	–	–	–	–	–	–	–	–	–	–	–	–	–
iii フランス・フラン	–	–	–	○	○	–	–	–	–	–	–	–	–	–	–	–	–	–	–	–	–
iv 通貨バスケット	–	–	–	–	–	–	–	–	–	–	–	–	○	○	○	○	○	–	–	○	–
b 制限屈伸制																					
i 単一通貨	–	–	–	–	–	–	–	–	–	–	–	–	–	–	–	–	–	–	–	–	–
ii 協力協定	–	–	–	–	–	–	–	–	–	–	–	–	–	–	–	–	–	–	–	–	–
c 屈伸性																					
i 一連の指数による調整	–	–	–	–	○	–	–	–	–	○	○	○	–	–	–	–	–	–	–	–	–
ii その他の管理変動制	–	–	–	–	–	–	–	–	–	–	–	–	–	–	–	○	–	○	–	–	–

78

3章　構造調整（経済自由化）の実績　79

ⅲ　完全変動制 ……………………	○	―	○	―	―	―	―	―	―	―	―	○	―	○	○
②一部または全部の資本取引ないし一部または 　全部の貿易取引につき別レート設定 ……	○	―	○	―	―	―	―	―	―	―	―	○	―	―	○
③複数輸入レート ………………………………	○	―	○	―	―	―	―	―	―	―	―	―	―	―	―
④複数輸出レート ………………………………	○	―	○	―	―	―	―	―	―	―	―	―	○	―	―
⑤輸出レートとは異なる輸入レート …………	○	―	○	―	―	―	―	―	―	―	―	―	―	―	○
C.　支払い遅滞	○	―	―	○	―	―	―	―	―	―	―	○	―	―	―
D.　2国間支払い協定															
①対IMF加盟国 ………………………………	○	○	―	―	―	―	―	―	―	―	―	―	―	―	―
②対IMF非加盟国 ……………………………	○	○	―	―	―	―	―	―	―	―	―	―	―	―	―
E.　支払い規制															
①通貨取引に関する支払い規制 ……………	○	―	―	―	○	○	○	―	―	―	○	―	―	―	―
②資本取引に関する支払い規制 ……………	○	―	―	―	○	○	○	○	○	○	―	―	―	―	―
F.　コスト関連の輸入規制															
①輸入課徴金 ……………………………………	―	―	―	―	―	―	―	―	○	―	○	―	―	―	―
②事前輸入保証金 ……………………………	―	―	―	―	―	―	○	○	―	―	○	―	―	○	―
G.　輸出収入の強制売却または送還義務 ……	○	―	―	―	―	○	―	―	―	―	○	―	○	○	○

○＝当該制度が国際取引制度の特徴となっていることを示す。
―＝当該制度が国際取引制度の特徴となっていないことを示す。
出所：IMF, *Exchange Arrangements and Exchange Restrictions*, 各年版、を利用して筆者作成。

しい短期金融資本（例えば、ヘッジ・ファンド）の当該国経済の通貨への影響を大きくし、不安定にした。

こうした背景から、経済安定化のために、IMFは完全変動相場制度か固定相場制度が望ましいという「2極の見方」をとるようになった（4-2-2項参照）。

次に、関税率について表3-7をみると、まず地域間で率に違いがあるのがわかる。アフリカの関税率は世界の途上地域の中でも最も低い水準であり、80年代初頭からの長期の構造調整の過程でバーゲニング・パワーがない貧困国が不当に譲歩を強いられている。他の地域の国々は繊維産業など自国産業を育成するために、高い関税率を課している。

表3-6　為替相場制度による国分類
（2000年3月31日現在）

固定相場		
（97か国）　（ユーロ圏11か国）		
CFAフラン圏（セネガル、コートジボアール等14か国）		
アルゼンチン	バングラデシュ	中国
エジプト	ヨルダン	パキスタン
限定的伸縮相場		
（12か国）		
ボリビア	ポーランド	トルコ
弾力的伸縮相場		
（76か国）		
アルバニア	ブラジル	カンボジア
コロンビア	エチオピア	ガーナ
ガイアナ	インドネシア	ケニア
韓国	キルギス	ラオス
マラウイ	メキシコ	モンゴル
ペルー	フィリピン	ロシア
スーダン	スリランカ	タジキスタン
タンザニア	タイ	ベトナム

出所：IMF, *International Financial Statistics Yearbook* 2000、を利用して筆者作成。

表 3-7　主要国の関税率

(2001年)

	最高税率	軽工業品の税率
ガーナ	20%	
セネガル	20%	
タンザニア	25%	
南アフリカ	69%	
フィリピン	30%	繊維・アパレル 20%
ベトナム	50%	衣服・履物 50%
パキスタン	35%	
メキシコ	35%	織布・履物 35%
エジプト	50%	
ポーランド	30%	繊維 25%-30%

出所：IMF, *Annual Report on Exchange Arrangements and Exchange Restrictions* 2001, 2001.を利用して筆者作成。

3-5-2　効果と持続可能性

(1) 全体の成果

まず地域別・国別にみると、中所得国ではIMF・世銀主導の構造調整計画を卒業、すなわち両機関の管理から離れた国も出たが、低所得国では債務の帳消しに追い込まれた。

前者では市場の自由化に反応して経済が回復し、また外国資本が流入して持続的な成長が実現した国が出た。ラテン・アメリカでは国際金融市場の自由化もかなり進んで、外国からの証券投資も増加した。

しかしながら、低所得国では輸出や外国直接投資などへの効果が少なかった。債務返済能力が再構築されなかった。

(2) 資本の動き

具体的なデータとして、途上国への資金の流れに関する表3-8を作成した。まず全途上国に関してみると、長期資本は98年までは堅調に増加しているが、99年以降減少している。これはODAなど長期資本が減少したことによるが、直接投資や証券投資の規模はそれほど変わっていない。

アフリカにおいては、全体の資金流入額は減っている。ODAの大幅な減少は経済改革に悪影響を与えたと考えられる。直接投資はある程度増加している。し

表 3-8 途上国への資金の流れ

(1970-2001) (単位：百万 US ドル)

	1970	1980	1990	1996	1997	1998	1999	2000	2001
全発展途上国									
資本の純流入	10,862	81,317	99,645	273,994	316,384	317,502	261,205	235,196	207,063
長期資本（IMF融資を除く）	6,764	62,933	42,804	84,667	93,712	107,431	37,531	18,989	−124
直接投資	2,209	5,258	24,103	127,880	169,316	174,463	179,287	160,645	171,693
証券投資	−2	−1	4,546	33,642	26,693	7,436	14,983	26,006	5,959
贈与（技術協力を除く）	1,891	13,127	28,192	27,805	26,662	28,173	29,405	29,557	29,536
メモ：技術協力	1,741	6,324	13,999	18,530	15,641	16,141	16,475	15,555	16,648
公的資本	5,818	34,353	55,425	30,563	36,326	48,161	45,084	34,044	38,060
民間資本	5,681	46,964	44,220	243,431	280,058	269,341	216,122	201,152	169,003
国民総所得（GNI）	604,460	2,817,566	4,033,105	5,641,221	5,974,303	5,695,944	5,503,140	5,944,037	6,002,548
財・サービス輸出	10,559	684,852	832,304	1,524,296	1,646,806	1,564,022	1,638,524	1,979,508	1,968,733
季節労働者の本国送金	61	17,703	30,645	52,600	62,679	59,515	64,562	64,545	72,338
対輸出・債務残高比率（%）	—	84.6	170.8	139.5	132.9	153.1	148.1	119.4	118.5
対国民総所得・債務残高比率（%）	—	20.6	35.2	37.7	36.6	42.1	44.1	39.7	38.9
中所得国									
資本の純流入	7,040	60,102	65,343	191,767	222,564	270,796	284,429	235,468	212,437
長期資本（IMF融資を除く）	4,240	49,273	26,629	67,001	72,397	78,980	97,350	38,349	17,389
直接投資	1,933	4,841	21,494	91,437	109,879	150,444	161,219	169,038	154,871
証券投資	−2	0	3,979	17,107	27,446	28,517	12,190	13,250	25,558
贈与（技術協力を除く）	868	5,988	13,242	16,222	12,842	12,856	13,670	14,831	14,620
メモ：技術協力	707	2,478	6,658	11,828	10,577	8,818	9,626	9,960	8,840
公的資本	2,310	19,708	28,365	32,361	10,687	17,455	25,127	21,356	14,953
民間資本	4,729	40,394	36,978	159,406	211,877	253,341	259,303	214,113	197,484

3章　構造調整（経済自由化）の実績　83

国民総所得 (GNI)	229,512	2,229,606	3,185,221	4,107,613	4,614,324	4,917,771	4,766,708	4,513,492	4,919,784
財・サービス輸出	5,292	555,055	689,062	1,155,900	1,285,271	1,392,144	1,327,360	1,386,257	1,674,590
季節労働者の本国送金	61	11,307	22,604	34,640	36,650	42,995	40,979	44,098	46,935
対輸出・債務残高比率 (%)	—	81.7	145.0	130.8	122.6	118.1	136.7	133.4	108.1
対国民総所得・債務残高比率 (%)	—	20.3	31.4	36.8	34.1	33.4	38.1	41.0	36.8
低所得国									
資本の純流入	3,822	21,215	34,302	42,885	51,430	45,588	33,073	25,737	22,760
長期資本 (IMF 融資を除く)	2,523	13,660	16,176	9,078	12,269	14,733	10,081	−818	1,601
直接投資	276	417	2,610	14,157	18,001	18,872	13,244	10,249	5,774
証券投資	0	−1	567	3,085	6,197	−1,824	−4,755	1,732	448
贈与 (技術協力を除く)	1,023	7,139	14,949	16,566	14,963	13,807	14,503	14,575	14,937
メモ：技術協力	1,035	3,847	7,341	8,135	7,953	6,823	6,515	6,515	6,715
公的資本	2,870	14,644	27,060	22,379	19,876	18,871	23,034	23,728	19,091
民間資本	951	6,571	7,242	20,506	31,554	26,717	10,038	2,009	3,669
国民総所得 (GNI)	164,844	594,159	851,729	937,867	1,028,394	1,057,432	928,386	991,028	1,024,571
財・サービス輸出	5,267	76,529	143,592	215,286	239,094	254,707	236,687	252,308	304,967
季節労働者の本国送金	0	6,396	8,041	13,417	15,995	19,684	18,536	20,464	17,610
対輸出・債務残高比率 (%)	—	164.6	293.5	257.3	230.3	213.9	245.5	229.1	181.3
対国民総所得・債務残高比率 (%)	—	21.2	49.5	59.1	53.5	51.5	62.6	58.3	54.0
東アジア・大洋州									
資本の純流入	1,730	10,657	26,203	103,701	98,847	61,699	56,139	56,816	45,028
長期資本 (IMF 融資を除く)	906	8,206	12,148	32,627	34,178	4,346	−128	−9,035	−9,041
直接投資	201	1,312	10,341	58,636	62,222	57,582	48,871	44,046	48,913
証券投資	0	−4	1,625	10,090	25	−2,757	4,650	19,254	2,930
贈与 (技術協力を除く)	623	1,143	2,090	2,348	2,424	2,528	2,746	2,552	2,227
メモ：技術協力	385	1,004	2,410	3,070	2,755	2,690	2,669	2,919	2,747

公的資本	1,090	3,527	7,993	6,085	13,764	10,202	13,358	8,313	8,211
民間資本	640	7,130	18,210	97,616	85,083	51,497	42,781	48,503	36,817
国民総所得 (GNI)	28,374	399,634	673,673	1,409,329	1,473,993	1,331,140	1,458,851	1,562,121	1,621,410
財・サービス輸出	129	34,001	176,731	468,570	525,266	489,548	531,600	644,545	630,709
季節労働者の本国送金	0	1,027	3,020	9,526	14,207	8,278	10,554	10,319	10,445
対輸出・債務残高比率 (%)	—	190.0	135.2	106.2	100.7	109.4	101.8	77.2	79.9
対国民総所得・債務残高比率 (%)	—	16.2	35.5	35.3	35.9	40.2	37.1	31.8	31.1
ラテン・アメリカ・カリブ地域									
資本の純流入	4,335	30,150	23,219	98,007	119,051	137,290	108,173	90,126	79,898
長期資本 (IMF融資を除く)	2,999	23,164	10,147	38,220	36,883	62,747	21,053	12,187	5,102
直接投資	1,182	6,399	8,177	44,393	66,057	73,371	87,778	75,771	69,309
証券投資	0	0	2,545	12,186	13,327	−2,095	−3,625	−379	2,258
贈与 (技術協力を除く)	154	587	2,350	3,209	2,784	3,268	2,967	2,547	3,229
メモ：技術協力	260	777	1,973	2,547	2,446	2,309	2,513	2,953	3,167
公的資本	985	5,285	9,169	−5,535	−1,900	11,663	5,453	2,132	7,831
民間資本	3,351	24,864	14,050	103,542	120,952	125,627	102,720	87,993	72,067
国民総所得 (GNI)	160,778	718,1291	1,066,429	1,781,416	1,950,479	1,956,627	1,724,047	1,913,120	1,843,649
財・サービス輸出	4,243	27,684	186,767	337,348	373,549	375,501	392,087	464,887	448,636
季節労働者の本国送金	55	1,890	5,655	12,797	13,642	14,834	16,919	19,220	22,647
対輸出・債務残高比率 (%)	—	201.6	254.5	198.9	188.0	206.2	202.7	168.4	170.5
対国民総所得・債務残高比率 (%)	—	35.8	44.6	37.7	36.0	39.6	46.1	40.9	41.5
東ヨーロッパ・中央アジア									
資本の純流入	608	13,501	12,512	38,437	52,938	66,486	58,054	52,032	40,319
長期資本 (IMF融資を除く)	495	13,190	10,003	12,270	21,646	30,750	19,873	13,300	2,488
直接投資	58	29	1,227	16,265	21,824	25,977	28,256	29,195	30,130
証券投資	0	0	264	4,308	4,035	3,963	1,950	1,206	258

贈与（技術協力を除く）	56	283	1,018	5,593	5,434	5,796	7,975	8,332	7,443
メモ：技術協力	47	156	420	4,063	2,872	4,279	4,416	3,058	3,526
公的資本	346	3,623	4,844	10,530	9,675	7,843	10,290	8,897	4,157
民間資本	202	9,879	7,668	27,906	43,263	58,653	47,764	43,136	36,162
国民総所得 (GNI)	18,097	93,799	1,240,872	1,060,367	1,105,168	982,993	849,9403	928,405	972,942
財・サービス輸出	0	17,903	71,139	346,806	367,089	363,768	40,278	413,230	434,348
季節労働者の本国送金	0	2,071	3,246	6,248	7,114	9,157	8,074	8,662	8,868
対輸出・債務残高比率	—	422.3	306.3	105.8	105.4	133.1	145.3	121.9	114.6
対国民総所得・債務残高比率 (%)	—	80.6	17.6	34.6	35.0	49.3	58.2	54.2	51.2
サハラ以南アフリカ									
資本の純流入	1,687	11,504	18,091	17,761	24,870	24,635	26,764	20,321	22,778
長期資本（IMF融資を除く）	851	7,779	5,075	791	1,552	−626	−215	168	37
直接投資	442	121	1,008	4,345	8,132	6,507	8,092	6,076	13,815
証券投資	−1	3	2	2,401	5,550	8,633	8,930	4,029	−961
贈与（技術協力を除く）	395	3,601	12,006	10,224	9,636	10,122	9,957	10,047	9,887
メモ：技術協力	633	2,668	5,018	4,941	4,411	3,929	3,408	3,746	4,044
公的資本	888	7,179	16,633	12,186	11,593	10,928	10,397	10,531	10,082
民間資本	799	4,325	1,458	5,576	13,277	13,707	16,367	9,790	12,696
国民総所得 (GNI)	60,717	259,009	280,460	319,232	329,564	311,190	306,337	307,363	299,598
財・サービス輸出	1,866	92,992	84,812	106,790	109,088	97,294	103,534	102,692	119,230
季節労働者の本国送金	6	1,312	1,662	2,690	3,780	3,562	3,465	2,025	2,393
対輸出・債務残高比率	—	65.4	208.6	216.6	202.5	234.8	207.7	175.2	170.2
対国民総所得・債務残高比率 (%)	—	23.5	63.1	72.5	67.0	73.4	70.2	68.8	67.7

出所：World Bank, *Global Development Finance*, various issues.

かし、他の地域に比べると規模が小さい。

　直接投資については、継続的に増加しているが、多くは中所得国向けである。所得レベルの高いラテン・アメリカの水準は高く、東アジアと東欧が多くの投資を受け入れるようになっている。特に、市場経済移行の選択をした東欧の比重が高まっている（表3-9）。東アジアは97-98年の通貨危機後に、直接投資の水準が上がっていない。

　低所得国が多いアフリカにおいては、構造調整から民間主導の経済への転換が進まず、贈与の比重が格段に高い。

（3）　対外債務負担度

　構造調整計画が対外債務返済能力の再構築を基本的な目標としていることを既に述べた。既出の表3-4で債務負担度による国別分類をみると、低所得国では債務危機からの脱却に失敗した。

　重債務貧困国（HIPC）34か国のうち26か国がアフリカ諸国である。多くのアフリカ諸国では依然として大きい債務負担であることがわかる。3-4節と4-1節でみるように、これらの国については、2国間債務に加えて、構造調整のために注入されたIMF・世銀の債務も返済せざるをえなくなっており、特にアフリカにおいては失敗と言わざるをえない。

　それに対して、ラテン・アメリカや東南アジアの中所得国の多くは、債務負担度が軽減された。国によっては高い国があるが、融資を受けながら経済発展を続けていくことが可能である。多くの国々が、国際資本市場からの資金調達に復帰することができた。

3-6　1990年代後半までの総括と課題

3-6-1　全体的な総括と課題

　1980年から1990年代後半あたりまでの期間について、構造調整計画（SAP）の実績としての2つの評価（分析）項目のうち実施状況をみると、第1に世界中の途上地域の主な国のほとんどが構造調整計画を実施している。政策の骨子である経済自由化が世界規模で急激に進められてきたのである。併せて、カントリー・アプローチと援助協調という望ましい開発・援助枠組みが定着したことに

表 3-9　直接投資の地域別配分
(1980-2005)（単位：純流入額の全途上国に占める比率：%）

	1980	1990	1996	1997	1998	1999	2000	2001	2002	2003	2004	2005
中所得国	92.1	89.2	71.5	64.9	86.2	89.9	105.2					
低所得国	12.5	7.9	10.8	11.1	10.6	10.8	7.4					
東アジア、大洋州	9.1	25.0	42.9	45.9	36.7	33.0	27.3	27.4	35.7	37.0	30.5	27.5
ラテン・アメリカ、カリブ	53.5	121.7	33.9	34.7	39.0	42.1	49.0	40.2	30.1	25.4	28.7	25.9
東欧、中央アジア	2.6	0.6	5.1	12.7	12.9	14.9	15.8	18.5	21.8	22.2	29.5	31.8
サハラ以南アフリカ	20.0	2.3	4.2	5.7	4.8	3.7	4.5	8.5	5.9	8.4	5.3	7.4

出所：World Bank, *Global Development Finance* 2003（2000年まで）、2006（2001年以降）。

も留意しなければならない。

　第2に、その後の展開としては国グループごとに異なっており、低所得国は長期の実施となっている。中所得国はSAPを卒業した国が出たが、国際金融自由化が経済を不安定にさせているために、その後もSAPを断続的に実施する国が出た。

　実績の2番目の評価項目として、政策の効果と持続可能性についてみると、中所得国を中心に一定の成果を挙げたが、低所得国の最貧国グループにおいては2000年を目途に対外債務残高の100%免除（帳消し）をせざるをえなくなった。構造調整計画の根本的な目標が債務返済能力の構築ということであり、1980年からの20年に及ぶその試みは失敗であったといえる。

　同期間の課題としては、中所得国ではアジア通貨危機後も金融不安が続いていることに対する対策が必要となった。アジア通貨危機時のIMF政策への批判を契機として、一連の改革が行われた。まず各国レベルの引き締め政策が国際的に波及した反省から、自己評価を行う体制が創設された。また、国際短期資本が一国のみならず世界経済に甚大な影響を及ぼす可能性が高まっていることに対応して、それを監視・支援する制度を導入した（4-2節参照）。

　低所得国については、アフリカ諸国を中心に経済自由化の程度が最も進んだ国が多いが、債務帳消しをしても自立化が困難とみられている。以下の4章で見るように、開発・援助のさらなる変革（援助の単一予算、財政への直接支援など）が90年代後半から今日にかけて進行しているが、長期的な取り組みが必要であるとともに、現在でも有効な処方箋かどうかわからないのが現状である。

以下、より個別にみると、1980年に世銀の構造調整支援融資を開始した国のうち、スーダンは北部と南部の内戦となって経済は破綻したが、インド人中心のモーリシャスは1986年にはIMF資金の拠出が終了し、構造調整計画を「卒業」した。フィリピンも2000年をもってIMF融資は終了した。

一方、ケニア、ボリビア、セネガルは21世紀まで継続的に両機関の融資を受けてきた。トルコは一時的に経済が良好な時期もあったが、2007年でも国際金融の動きによる不安定化の影響を受けている長期の被融資国である。IMFファシリティの長期の融資国については、4−2−1項で全体的に説明する。

表3-10に世銀の政策に対する批判と、想定される世銀の反論を挙げた。世銀などの評価項目に対応した分類にした。

3-6-2 設計の問題

前項での全体的な総括に続いて、本項では、構造調整計画の設計に対する批判を主なテーマ毎に分析する。

(1) オーナーシップと実施能力

構造調整計画の基本的な問題として、被融資国政府の政策への介入があり、当初から反発が大きかった。それは強制的に執行されたので、計画のオーナーシップ（所有意識）を当該政府が持たないという問題も生じた。[17]

また、両機関が課す政策条件が過大であり、当該政府の実施能力を超えており、それがオーナーシップの意識をそいだということも指摘された。4−3−1項でみるように、世銀自身のレビューでも指摘されている。

(2) 自由化政策のスピードと順序

経済自由化を主眼とする構造調整計画に関する批判の多くは、社会不安、政治不安定を増長した政策の効果に対するものである。しかし、専門家の間では、コメントは計画の設計ないし政策内容に関わるものが多い。

設計（Design）の評価項目は、政策目標、政策手段、そして実施計画（スケジュール）に分けられる。いわゆる政策とは正確に言うと政策手段である。政策目標を達成する手段が、適切であるかということである。そこで、この方法論で分析すると、目標と手段の適切性や整合性などについては異論もあるが、多くの識者や関係者はある程度同意するものである。政府主導型の開発より市場を生か

した方が望ましいというのは、大方のコンセンサスとなりうる。

そうすると、実施計画に対して批判が集中する。実施計画に関わる評価項目は、政策の実施時期（タイミング）と実施速度（スピード）に分けられる。基本的な政策モデルは、すべての政策の同時かつ即時の実施であり、政策的には3年間以内の実施が目指された。

批判の多くは、第1に実施速度の速さ（スピード）にあった。IMF・世銀は急速な実施を求め、それは政策の大幅な変更を伴うのでショック療法（therapy）と呼ばれる。途上国を病人、IMFを医者になぞらえている。これに対して漸進主義が望ましいという立場が出された。

第2の批判は政策の順序（sequence）である。両機関の処方箋は市場の阻害要因をすべて同時に除かないと市場の機能が完全にならないとの立場で、急速な自由化を求めたのであるが、当該国の利害などでそのように実施が進まないということが起こった。実施のタイミングが狂った結果、望ましい政策の実施がモデル通りに行われないということが起こった。

例えば、輸入自由化を先にして国内企業に競争圧力を与えてから、価格自由化をすべきであった。実際は、政府の所轄部門がその規制を外すだけという意味でその緩和が容易な価格自由化が先に行われた。輸入自由化については、強硬な利害関係者の反対があったのである。その結果生じたことは、価格自由化が先に行われたおかげで、国内の独占的企業が価格をつりあげることによって経営難を逃れて、改革の努力を怠るということがおこった。

2番目の例は、民営化が先で価格自由化は後が望ましかったが、その逆が実際であった。すなわち、価格自由化が先に行われたゆえに、独占的な公企業に一時的な利潤をもたらし、民営化の努力を先延ばしにすることが起こった。

より一般的には、表2-5の政策グループでみると、「国内規制緩和→対外開放」という順序で進み、公的部門改革が最後となった。公的部門改革は、政府、公企業という強力な利害団体が存在し、その既得権益を失うまいと頑強に抵抗するからである。また、これらの部門は社会政策としても多くの雇用者を抱えており、しかも政権の最大の支持者であったので、リストラをすることを為政者がためらったことは当然である。

表 3-10　構造調整

評価項目		構造調整計画(SAP)への批判	世界銀行／IMFの回答（筆者想定）	コメント（筆者私見）
計画のデザイン（設計）	全般	内政干渉だ。	債務返済不履行につき新たな支援には条件を付けて当然。 (最近)政策対話を重視している。	日本も含む主要ドナーがSAPを支援しているので、政策を論議すべし。
		先進国の構造改革も進めよ。途上国にだけ改革を求めるのは不公平だ。	先進国の問題は別の当事者の問題だ。	
			世界経済は予件として、その変化に対応できるように経済を改革せよ。	日本も含む主要ドナーがSAPを支援しているので、政策を論議すべし。
		援助は途上国開発に有効ではない。	債務返済能力のある部門へ支援せざるをえない。	
	政策目標	効率重視で公平軽視だ。 (貧困者無視だ。)	まず債務を返せるよう効率を高めよ。 効率的な資源分配ができるシステム必要。 (最近)貧困者対策も考慮している。	債務の削減、返済スケジュールの長期化を図るべし。 長期の効率向上も考える必要あり。 (産業政策が必要)
	政策手段	構造調整政策は画一的だ。	基本的に解決すべき問題への対策は共通だ。 市場原理導入で十分だ。	 短期的には必要条件、長期的には不十分。マイナスの影響もあり。政府の生産部門への介入必要。全ての発展段階の国に市場原理を適用するのは誤り。輸入代替の期間において現地資本が育成される。

出所：坂元浩一「『構造調整計画』がかわる」、吉田昌夫他編『よみがえるアフリカ』日本貿易振興

計画への批判

評価項目		構造調整計画(SAP)への批判	世界銀行／IMFの回答(筆者想定)	コメント(筆者私見)
計画のデザイン（設計）		構造調整政策は途上国の現実に不適切。	まず基本的な問題を片付けるべきだ。公的部門主導の非効率な資源配分よりまし。	次の3つの転換は評価すべきだ。 1) 輸入代替（保護）から輸出指向 2) 生産手段の公営化から民営化 3) 工業から農業へ
			債務返済のため、所与の人的資源、インフラで市場経済化を進めるきだ。	長期の視点で人的資源とインフラの開発をすべきだ。
			各国の特殊性にも考慮している。	
実施状況		実施が早すぎる。	早急に債務返済の努力をすべきだ。 ある程度の犠牲はやむをえない。	債務負担を軽減し、政策実施を緩やかに。
効果		効果なし。	まず経済引き締めが必要だから低成長は短期的にはやむをえない。実施しなかった場合を想定すると、実施した現実の場合の方がよい。	効果を十分に計測できる段階に至っていない。
		政策の効果でなく、援助ないし対外要因（雨量、輸出価格）の効果だ。	実施しなかった場合を想定すると、実施した現実の場合の方がよい。	厳密な分析は無理。
		悪影響が大きい。	プラスの効果の方が大きい。悪影響は一時的。	

会、1993年11月。

3-6-3　構造調整の社会的側面

80年代の構造調整計画の実施に関して、厳しい批判がなされたのがその社会的悪影響である。IMFの基本的な政策は被融資国の国際収支赤字の主因が財政赤字にあるということで、一時的な不況政策をとる。また、財政赤字削減のために、補助金削減など抜本的な支出削減を行う。これらの政策が国民、特に貧困層へ大きな悪影響を与えると批判されたのである。また、3-2-1節で述べたように、国連アフリカ委員会（UNECA）やユニセフ（UNICEF）が厳しい批判を行った。

外務省の『我が国の政府開発援助』1987年版によれば、「構造調整のコスト」の第1番目に「コンディショナリティに含まることが多い財政緊縮政策は、往々にして一時的に生産、雇用、消費を減少する効果を持ちうる。そのために、一時的に成長が鈍化、あるいは悪化する可能性がある。《中略》一時的なコストは不可避のものであるが、途上国の多くはこのコストを極めて大きいものと考えている」[18]、とある。

序章で述べたように、1997年からのアジア経済危機の過程で、インドネシアにおいてIMF勧告に基づく補助金削減による生活必需品の高騰によって暴動が生じた。これに抗議した騒ぎが暴動につながり、商店での掠奪、中国人への暴行が連日発生した。

構造調整は基本的に経済政策であるが、社会面への悪影響は当然ありうる。「構造調整の社会的側面」（Social Dimension of Adjustment）は、実は1980年代のラテン・アメリカやアフリカなどで既に注目されていた。SAPは同年代において、両地域その他の国々で実施され、インドネシアと同様な事態が起こっていたのである。「社会的側面」とはいえ、政治面も含むことはいうまでもない。

ラテン・アメリカ地域においては、1989年にベネズエラでIMF主導の緊縮政策に対する反発から大きな騒乱が発生し、死者300人、負傷者2000人という最悪の事態となった。そして、政府はついには対外債務返済の全面停止に踏み切った。

中東のヨルダンにおいては、1996年、IMF勧告に基づいて小麦粉への政府補助金を削減した結果、パンの価格が約2倍に上昇して暴動が観光都市や首都で発生した。政府は早期収拾に失敗すれば全国的暴動に至るとして、速やかに強攻策

をとった。

アフリカについては、筆者は 1983 年から 1987 年にかけて、アフリカの東南部の内陸国マラウイに国連専門家として滞在していたが、1986 年に隣国ザンビアで暴動が発生した。上述のインドネシアと同じく、補助金削減による食糧価格の高騰が引金である。主食のメイズ（トウモロコシ）の価格が 2 倍になったのをきっかけに、死者 15 名、逮捕者 450 名の暴動が発生した。

SAP の停止に伴って、その支援枠組みに従い、IMF、世銀の融資に加えて、日本を含む援助が中止されることとなった。その結果、ザンビア経済の外貨は底をつき、大変な経済的苦境が続くこととなった。それをみかねて、日本政府の外務省はノン・プロジェクト無償資金協力を供与した。2 国間の外交関係を重視した措置であったが、国際金融の世界では日本の「抜け駆け」が厳しく非難されたと言う。

同じ頃、1985 年にスーダンでも暴動が起こり、[19)] 外遊中の大統領が失脚した。その後のイスラム原理主義政権樹立は同国に対する日本を含む西側支援の失敗を意味したものと考えられる。当時、イスラエルとアラブ諸国が対立する中で、アメリカは、エジプトに加えてスーダンを穏健な国とみなし支援していた。特にナイル川を中心に農業の発展可能性が大きいスーダンはアラブ世界の食糧基地として位置付けられていたのである。急進的な自由化を押し付けるあまり、敵対国に追いやったのである。同国はその後西側と激しく対立し、IMF（加盟）からの追放の可能性もあった。アメリカは今日リビアなどと並ぶテロリスト国家とみなしている。

日本にとっても、それまで同国はブラック・アフリカの中で 1 位、2 位を争う被援助国であったが、政変後はほとんど援助ストップとなった。その後は、同国南部での内戦の継続とダルフールでの人道的な問題に至っている。

各国での反発に直面して、IMF・世銀は、このような社会面、政治面への悪影響を軽減する政策をとることとなった。有名なものは、ガーナの「社会的影響軽減計画」(Programme for Mitigating Social Costs of Adjustment: PAMSCAD) であった。その後、世銀は構造調整の社会的側面や経済不況の長期化による貧困層への悪影響を緩和するプロジェクトである社会行動計画 (Social Action Program: SAP)、IMF は social safety net を導入した。

計画の内容は、失業対策や職業訓練が中心であった。筆者は90年代初めにガーナを訪問したが、多部門にわたる総合的調整が必要であり、またSAP実施で忙殺されていた。ガーナ側の体制の未確立により、援助予算はあるが、実施できない状況であった。

その後、世銀はこのようなファンドをボリビアやアフリカ諸国でも供与してきた。このファンドは、住民参画、NGO支援型の資金提供で、世銀によると効果があり多くの国に広がっている。

重要なことは、これらの貧困面の影響を軽減する政策は構造調整計画全体から見ると副次的なものであった、ということである。同計画を実施していなければもっと経済状況は悪化していたであろうし、国際収支赤字是正などより根本的な問題解決のためには致し方ない面があったと考えられる。[20]

また、これらの措置はSAPの短期の影響を少なくしようとするものであり、90年代末から始まった中長期をにらんだ貧困削減戦略ペーパー(PRSP)とは異なるということに留意する必要がある。

補節　途上国官僚の批判

途上国以外の知識人や実務者の批判に加えて、途上国の側からの意見や批判を以下に紹介しよう。筆者は、東京で途上国からの研修生に講義などを行なっている。いずれも、国際協力事業団(JICA、今日の国際協力機構)が主催である。主なコースは、開発政策コース(Development Policies Course)と、経済開発セミナー(Seminar on Economic Development Policies)であり、前者は5か月、後者は2か月であった。筆者は講義と共に、修了論文の作成指導を行なった。

上記コースの実施は、それぞれ(財)国際開発センターなどであった。後者のコースの企画は、内閣府経済社会総合研究所(前経済企画庁経済研究所)が行なっていた。

他に、東欧人とタジキスタン人特設の研修の講師も担当しているが、すべてのコースの参加者は世界中の途上国からの官僚ないし公企業職員である。筆者の担

当科目の中心は、「IMF・世界銀行と構造調整」である。1回当たり、4〜5時間話す。

（1）構造調整計画全般に関する意見

既に述べたように、構造調整ないし経済自由化は多くの国々で実施され、意見の対立があるので、研修者の関心は高い。2001年8月に行われた研修の模様を紹介すると、筆者が指導した6名が構造調整に関するレポートを発表した。全体的なレビューに加えて、日本と東アジアの開発経験の教訓を学び、またインドネシアとカメルーンの事例研究も行なっていた。主な分析対象は、SAP下の産業政策であった。アジアの成功が政府主導型開発政策、特に産業政策にあると発表した。

1時間に及ぶ発表に対する他の研修生のコメントは以下の通りである。まず、アフリカ、サントメ・プリンシペ（ギニア湾に浮かぶ人口10万人の島国）から来た女性は、SAPの貧困層への悪影響を危惧した。同国には、1989年度から構造調整の社会経済的コストを軽減するための世銀融資が承認されていた。

早くからSAPを実施してその成功例とされるチュニジアからの研修生も雇用悪化を挙げ、同様な社会面への影響を指摘した。上記グループ・レポートでは扱われなかったが、1997年のアジア経済危機の中で、インドネシア政府はIMFのアドバイスに従って食料品などの政府補助金を削減したが、それで生活必需品の高騰が生じていたのである。

これらのコメントに対するレポート作成者の反応は、他のコースの参加者と同様にSAPに理解を示したものであった。レポートの中心課題が産業政策であったので、個人的な意見となったが、雇用悪化などが生じるが、それは短期的な効果であって、中長期的にはSAPによる経済力向上が解決するというものであった。もっとも、彼らのレポートの中で、SAPは中所得国では成果があったが、低所得国では目立った効果がみられなかったことを指摘していた。

他のコメントとしては、上記とも関わるが、補助金削減政策に対する疑念が示された。これに対する筆者のコメントは、「財政再建の観点から補助金削減を主張してきたIMFも、今日ではSAPの社会的影響に関わる批判には考慮して、最貧困層に対する補助金を認めるに至った。ただし、本当に必要な人々を正しくターゲットすることが必要である。従来、必ずしも必要としていない人びと（政

府と関係の深い富裕者）の悪用も含めて、多額の補助金が長年にわたって無駄に利用されたことへの反省に基づくものである。」

別の研修コースで、筆者が短期的には国際収支赤字是正のために、政府支出を削減し総需要抑制（不況）を行なって輸入を減らさなければならないと説明すると、アフリカの研修生より「政府支出削減は社会サービスへの支出減につながり貧困者に甚大な影響を与える」とのコメントがあった。

また、バングラデシュ人からは「政府支出の削減は政治的な理由で難しい」との指摘があった。政府主導の開発の伝統が長い南アジアならではのコメントであった。

（2） 債務帳消しに関する意見

2000年の講義の中でSAPの関連で、重債務貧困国（HIPC）に関わる日本政府の政策を紹介すると、クラスは俄然色めき立った。日本は自助努力の必要性から長期間の債務支払い繰り延べしか認めないと述べるや、重債務国ウガンダからの研修生は「オー、ノー」。とても債務を返済できないということと、貧しい人々が死んでいく毎日が長期間も続くのかという悲嘆の声であろう。法律で債務帳消しはできないと延べると、彼も含めて「それでは法律を変えればいい」と言ってくる。

しかし、沈黙を守っている研修生に対して「モラル・ハザード」（返済意欲の喪失）を引き起こす可能性が高いことを指摘すると、「自助努力の観点から返済する方が望ましい」、「帳消しをしてもただ『サンキュー』だけで支払い不能を起こした原因は改善されない」との意見がでてくる。もっとも、HIPCの対象となっている最貧国とそうでない国からの研修生の間で意見が異なるのは当然である。

（3） 貧困削減と援助協調に関する意見

筆者が途上国政府計画担当者たちに、絶対貧困層を説明したとき、西アフリカのトーゴの官僚に「1ドル未満で暮らしているのがかわいそうだというのか」と反論されたことがある。

まず昨今の「貧困削減が21世紀の最重要目標」と言われる中で、かれが強調したのは、貧困問題は根本的に当該国の国内問題であって、国際問題ではないということであろう。西アフリカの官僚の反論を咀嚼すると、海外から介入する筋

合いのものではないということである。

（4） 構造調整計画に関する官僚の意見の総括

　研修コースでの経験を集約すると、開発政策コースで講義をはじめた96年から2、3年程はSAPに対する激しい批判があった。しかし、上記の否定的なコメントはあるものの、その後ほとんどの研修生がIMF・世界銀行主導のSAPの必要性を認めている。すなわち、効率的な資源配分（持続的成長基盤の確立）という政策目標と、それを実現するための政策手段の多くを受入れている。

　こうした背景としては、IMF・世銀が厳しい批判にもかかわらずSAPの基本目標の実現を貫き続けたことと、アメリカ主導の経済自由化がほとんどの途上国で推進されて、世界経済のグローバル化が急速に進んでいる現実がある。生産物や資本が自由に国境を越えるようになった今日においては、経済の効率を高めないと他国との競争に負けてしまうのである。

　もう1つの重要な点は、IMF・世銀が実現しようとする経済とそれ以前の経済を比較すると、後者がいかに不効率であり、腐敗にまみれたものであったかを現地に居る者として身を持って認識しているのである。無能な経営者が牛耳る公企業が毎日多額の赤字を計上する状況を改善するためには、外資に対する譲渡（民営化）もやむをえないと理解している。

　今日においての主要な問題は、最貧国についてであろう。前述のような批判はあるが、SAPの推進がHIPC下での債務軽減の条件となっているが、中長期的な自立発展のためにSAPは必要条件ではあるが、十分条件ではないことを、現場をよく知る研修生は認識している。

　2006年に東京で開催した世銀開発経済会合に出席したが、スピーカーとして招かれたアフリカ開銀総裁が、「世銀は（適切な経済・財政・規則といった）政策・制度の改革を続行せよというが、キャパシティ・ビルディングが絶対に必要なのだと反論している」と強調した。

　彼の言わんとするところは、IMF・世銀推奨の政策環境という「フレームワーク」を整備して民間に委ねるという従来の政策だけでは不十分であるということだろう。また、援助に関して、IMF・世銀の債務ですら帳消しとなった今日、ドナーが主張するガバナンスを含めて外からの干渉をできるだけ少なくすることが必要ではないだろうか。それが、「自助努力」をベースとした日本など東アジア

の開発経験ではないか。

●エピソード4 「新植民地主義」対「新自由主義」の舌戦●
　1994年に国連大学主催のアフリカの構造調整に関わるセミナーに、コメンテーターとして参加したことがある（International Symposium on Challenges of African Development: Structural Adjustment Policies and Implementation）。
　登壇者とフロアの多数は反IMF・世銀であった。世銀がUNDPと共同で1989年にアフリカの構造調整を評価する報告書を発行していたが、それを強烈に批判したのがUNアフリカ委員会の報告書である。その著者が登壇して、新植民地主義の到来だとのべると、やんやの喝采である。旧宗主国の資本が、経済自由化の下で旧植民地にぞくぞく舞い戻っていることに言及したものである。
　ついには、フロアにいた世銀アフリカ局の専門家が、机を叩いて、「われわれがもたらしたのは自由だ。何が悪いのだ」かれはアフリカ黒人であったが、アメリカ人的な返答であった。
　今日でも、2006年にボリビアの新大統領が民営化された企業の再国有化を宣言。ベネズエラのチャベス大統領が多国籍企業から石油権益を取り上げるなど、反グローバリズムの批判は今でも続いている。
　上記アフリカ局専門家と立食の場で話したが、政府が経済をうまく管理できないのであれば、市場に委ねた方がいいだろう、との発言。東アジアの政府は行政能力が高かったので、政府主導でうまくいったのだろう。

注
1)　Goldsbrough（1996）では、チリ、メキシコ、セネガルなど8か国が取り上げられている。対象期間は1970-93年である。
2)　表2-1、32ページ。
3)　Cornia et al.（1987）、p.288。
4)　原　洋之介（2002）『開発経済論』、p.19。
5)　絵所（1991）。新古典派に対する開発戦略としての韓国モデルが検討されている（pp.30-33)。
6)　原（2002）、p.65。
7)　速水『開発経済学』（2000）、p.261。
8)　速水（2000）、p.262。中所得国では構造調整計画によるインセンティブに反応したが、低所得国ではそれが起こらなかった、と述べている。Killickなど欧米の研究者の多くも、主に構造的な問題により価格への供給の反応がなかったと主張している。
9)　速水『開発経済学』（2000）、p.262。
10)　矢内原（1995）。
11)　世銀・UNDP（1989）。

3章　構造調整（経済自由化）の実績　99

12) 世界銀行の Operational Directive（OD）8.60。
13) 経済協力の中の ODA ではなくて、その他政府資金（OOF）に含まれる国際協力銀行のアンタイド・ローンや貿易保険。
14) この提案は、1989年4月のG7会合、IMF暫定委員会、IMF・世銀合同開発委員会で支持されて、同年7月のアルシュ・サミットで追認された。
15) 対象国については、1993年時点の一人当たりGNPが695ドル以下、債務総額（残高）が年輸出額の2.2倍以上もしくはGNPの80％以上を占める42か国が認定された。
16) 世銀は deepening という用語を使っている。
17) 1985年に、ガーナ政府の計画担当の高官と話していて、構造調整計画について聞いたところ、「世界銀行ガーナ事務所で聞くように」と言われて、唖然とした。ガーナは世銀などの構造調整の優等生と言われていた。
18) 外務省（1987）、pp.55-56. 他のコストとして、既得権益の利益減少と、資源の再配分に伴うタイムラグによるコストが挙げられている。
19) 1985年3月IMFの勧告にしたがって食糧・燃料の価格が引き上げられて、首都カルツームでストが起こり、市内全体が麻痺状態に陥った。当時マラウイ在住の筆者はBBC放送でその模様を聞いたが、スト参加者たちは「IMFの政策反対、IMFから国を取り返せ」と叫んでいた。そして、4月6日に政権打倒のクーデタが起こった。
20) 1989年にケニアで世界銀行事務所の副所長と面会したが、短期的には構造調整政策の悪影響に目をつぶらざるをえない（close eyes）と言っていた。

4章
IMF・世界銀行の改革と貧困削減

　前章で1990年代後半、2000年あたりまでを対象に構造調整計画の実績をみたので、本章では1990年代後半から今日までの期間を対象として、IMF・世界銀行の政策内容の改革と、今世紀最大の開発課題となった貧困削減戦略とそれに対する支援ないし援助の政策を分析する。

4-1　全体的な展開

　本節では、まず途上国全体を対象として、その後に国グループ毎、テーマ毎に全体的な展開を述べる。これは、構造調整計画の実績を全体的に比較してみると、中所得国で成功、低所得国で失敗という結果になったからである。
　そして、本節では両機関にまたがる事項を鳥瞰し、次節以降機関ごとの説明とする。本書巻末の年表参照。

4-1-1　途上国全体
　1980年に開始されたIMF・世銀主導の構造調整計画（SAP）は多くの国で実施されてきた。まず、表4-1にみるように、最近においても多くの国ぐにが両機関から融資を受けて構造改革（構造調整と貧困削減）を進めている（後出の表4-9で世銀の最近の融資も参照）。
　通常ファシリティ（スタンドバイ信用とEFF）の対象国の多くは中所得国である。以前は、短期でインドがリストに載ったこともあるし、70年代までは英国が主な被融資国であった。経済力のある、債務の返済能力のある国ぐにが対象である。それに対してPRGFの被融資国は低所得国であり、アフリカ諸国が多い。

スタンドバイ信用は1〜2年の短期が対象であるが、トルコは3年間の融資となっている。PRGFは3、4年が構造調整実施期間となる。

そして、両機関の計画は、重要な経済政策ないし開発政策の重要な枠組みをなすものである。また、IMF・世銀プログラムを「卒業」した国あるいは未実施の国にとっても、経済自由化や貧困削減の政策に追随せざるを得ない枠組みとなっている。

次に政策の実施という点で、両機関が構造調整や自由化を定着させたということは重要な点である。かれらの処方箋を多くの途上国が好むと好まざるにかかわらず受け入れてきたのである。よく言われる世界経済のグローバル化に大きな貢献をしたことは重要なことである。

政策内容については、第1に、1990年代中頃までは公的部門の民営化を含む広汎な経済自由化が進められたが、それに加えて1996年のDAC新開発戦略以降、絶対的貧困層の削減が重要な課題として加えられることとなった。

第2に、政策手段面での改革が山を越したのを受けて、中央政府や地方政府を中心とした開発関係機関のガバナンス（統治能力）が重要な課題となった。

第3に、援助面で援助協調が日本を含むDAC加盟国全体を拘束する形で、急激に進むこととなった。

政策の効果については、一定の成果があったことは評価すべきであろう。政策の自由化とその政策に対する融資ないし援助によって、多くの国で経済の悪化が食い止められ、または経済が回復した。しかし、政策効果を表す経済指標の改善の度合については、以下にみるように地域別にみて異なる。

中所得国については、依然としていろいろな問題があるとはいえ、多くの国で経済がかなり改善され、構造調整を「卒業」した国が出ている。

これに対して、低所得国については、多くの国で対外債務返済能力の構築に失敗し、21世紀に至るまで、債務負担の軽減と援助は、G7やサミットなど国際会議で議論されてきた。そして、1999年のケルン・サミットで2国間債務残高の100%免除と国際機関の債務支払いの救済が決まった。さらに、2005年にIMF、IDA（世銀の国際開発協会）の債務の100%帳消しも、サミットで決定された。[1] 翌年以降40年かけて両機関の債務帳消しが行われるのである。

また、IMFと世銀の機構に関して、アメリカ議会を中心に批判が行われ、サ

表 4-1　IMF 手段別国一覧表

（2005 年 1 月末日現在）

サハラ以南アフリカ	被融資国	発効日	失効日	承認額（百万 SDR）	未引出額（百万 SDR）
	① スタンド・バイ信用				
	アルゼンチン	2003.9.20	2006.9.19	8,981.00	4,810.00
	ボリビア	2003.4.2	2005.3.31	128.64	26.80
	ブラジル	2002.9.6	2005.3.31	27,375.12	10,175.48
	ブルガリア	2004.8.6	2006.9.5	100.00	100.00
	コロンビア	2003.1.15	2005.4.14	1,548.00	1,548.00
	クロアチア	2004.8.4	2006.4.3	97.00	97.00
	ドミニカ	2005.1.31	2007.5.31	437.80	385.26
○	ガボン	2004.5.28	2005.7.30	69.44	27.78
	パラグアイ	2003.12.15	2005.9.30	50.00	50.00
	ペルー	2004.6.9	2006.8.16	287.28	287.28
	ルーマニア	2004.7.7	2006.7.6	250.00	250.00
	トルコ	2002.2.4	2005.2.3	12,821.20	907.20
	ウクライナ	2004.3.29	2005.3.28	411.60	411.60
	ウルグアイ	2002.4.1	2005.3.31	1,988.50	139.80
	合　計			54,545.58	19,216.20
	② 拡大信用供与ファシリティ（措置）				
	セルビア・モンテネグロ	2002.3.14	2005.3.13	650.00	187.50
	スリランカ	2003.4.18	2006.4.17	144.40	123.73
	合　計			794.40	311.23
	③ 貧困削減・成長ファシリティ				
	アルバニア	2002.6.21	2005.6.20	28.00	8.00
	アゼルバイジャン	2001.7.6	2005.7.4	67.58	12.87
	バングラデシュ	2003.6.20	2006.6.19	400.33	251.83
○	ブルキナファソ	2003.6.11	2006.6.10	24.08	17.20
○	ブルンジ	2004.1.23	2007.1.22	69.30	42.90
○	カーボベルデ	2002.4.10	2005.4.9	8.64	2.49
○	コートジボワール	2002.3.29	2005.3.28	292.68	234.14
○	コンゴ民主共和国	2002.6.12	2005.6.11	580.00	53.23
○	コンゴ共和国	2004.12.6	2007.12.5	54.99	47.13
	ドミニカ	2003.12.29	2006.12.28	7.69	4.71
○	ガンビア	2002.7.18	2005.7.17	20.22	17.33

	ジョージア	2004.6.4	2007.6.3	98.00	70.00
○	ガーナ	2003.5.9	2006.5.8	184.50	105.45
	ガイアナ	2002.9.20	2006.9.12	54.55	37.06
	ホンジュラス	2004.2.27	2007.2.26	71.20	50.86
○	ケニア	2003.11.21	2006.11.20	225.00	150.00
	キルギス	2001.12.6	2005.4.5	73.40	9.56
	ラオス	2001.4.25	2005.4.24	31.70	13.58
○	マダガスカル	2001.3.1	2005.3.1	91.65	11.35
○	マリ	2004.6.23	2007.6.22	9.33	8.00
	モンゴル	2001.9.28	2005.7.31	28.49	16.28
○	モザンビーク	2004.7.6	2007.7.5	11.36	9.74
	ネパール	2003.11.19	2006.11.18	49.91	35.65
	ニカラグア	2002.12.13	2005.12.12	97.50	41.78
○	ルワンダ	2002.8.12	2005.8.11	4.00	1.71
○	セネガル	2003.4.28	2006.4.27	24.27	17.33
○	シエラレオネ	2001.9.26	2005.6.25	130.84	14.00
	スリランカ	2003.4.18	2006.4.17	269.00	230.61
	タジキスタン	2002.12.11	2005.12.10	65.00	29.40
○	タンザニア	2003.8.16	2006.8.15	19.60	11.20
○	ウガンダ	2002.9.13	2005.9.12	13.50	6.00
○	ザンビア	2004.6.16	2007.6.15	220.10	55.02
	合　　計			3,326.41	1,616.41
(19か国)	合　　計			2,053.50	832.00

注：1SDR＝1.52USドル（2005年1月31日現在）。
出所：IMF, *IMF Survey*, February 21, 2005

ットやG7でも、国際金融（開発金融を含む）の健全化のためにこれらの機関の改革が取り上げられることとなった。従前からの途上国サイドからの批判に加えて、アメリカや日本を筆頭とする先進工業国が、IMF、そして世銀に対して、肥大化した組織のスリム化を含む機構改革を求めることとなった。冷戦後に現われていた援助の有効性、透明性に対する主要先進工業国の世論が後押しした。

　最後に、IMFと世銀の役割分担については、90年代末までについて2−3−3項で説明したが、1996年の重債務貧困国（HIPC）（債務削減）イニシアティブ

以降、より連携をとるようになった（4−1−3項で説明）。

4−1−2　中所得国

中所得国は世銀の分類では一人当たり所得が大体850USドルから1万ドルの間の国々を指す。3,500ドル以下が低位中所得国、それ以上が高位中所得国である。ラテン・アメリカ地域全体の平均所得は、4,008ドル（2005）である。[2]

構造調整計画が大々的に行われたラテン・アメリカ地域については、1980年代の「失われた10年」から経済が回復したのは事実である。中所得国では市場の自由化により輸出や外国直接投資が反応して、経済が自立的に循環するようになったと言える。

一方、国内の貧困格差の主な原因として構造調整計画の政治的、社会的な影響がよく取り上げられるが、経済が以前より改善したことは認めるべきであろう。また、大きな所得格差は、構造調整計画の主たる課題でなく、長期の取り組みを有する「開発」課題であるとの立場をとることが妥当であろう。

債務負担も軽減された。3−4節で90年代後半までの債務削減の実績について説明したが、80年代後半からの米国主導のイニシアティブが功を奏した。91年には、政治的な配慮も加わって、特例としてポーランドとエジプトの債務削減が合意された。

また、長く債務危機が続いたパキスタンは、2002-04年に債務削減が行われた。伝統的にインドに対するパワーとしてアメリカの支援を受けてきたが、2001年9月の同時多発テロ以降はアフガニスタンなどイスラム諸国の原理主義に対する西側の拠点として重要性が増した。国内政治の不安定とそれに伴う過大な軍事支出が従来から経済の重荷になっていたが、アメリカを中心とする西側諸国の協力によって債務危機から抜け出すことができた。2007年の時点では、国際的な投融資先として脚光を浴びるようになった。

序章と2−3−1項で述べたウィリアムソンの「ワシントン・コンセンサス」が定義されたのが1989年である。[3] 3−5−1項で論じたようにラテン・アメリカでは、国際的取引での制約がほとんどない国が多く、多くの外国投資が行われているのがこの地域である（表3-9参照）。

しかし、課題として2つある。第1に、各国内における所得格差、貧困の問題

である。元々反アメリカの意識が強いこの地域では、不人気な政策の遂行、またその効果の不十分さを起因として、構造調整計画が頓挫し、政権の交代が行われたのは事実である。ボリビアは構造調整計画のモデル国であったが、2006年初めに誕生した政権が民営化企業の再国有化を提案している。2006年の9月のIMF「世界経済見通し」の記者会見で、ラテン・アメリカにおけるポピュリズム（大衆迎合主義）の台頭について意見交換が行われた。[4]

第2に、2006年に当時の筆頭副専務理事であったクルーガーが述べたように、依然として多くの国ぐにで国際金融不安が生じている。明らかに、80年代のメキシコ危機に始まる深刻な経済・金融危機は既に解決したとみるべきだろうが、焦点は、IMF、アメリカが進めた世界規模での国際金融自由化によって世界中を駆け巡る多額の資本の動きをどのように監視、制御するかであろう。

その後の政策面の変更をみると、ウィリアムソンは「現在ではワシントン・コンセンサスは存在しなくなった、それはブッシュ政権のアメリカと世界の他国との間にもたらした深い亀裂のためである。現在のアメリカ政府との間でコンセンサスがない例として、国際的な資本取引の自由化が挙げられる。IMFはアジア通貨危機の教訓から、その政策を完全に支持しなくなったが、アメリカ政府は依然として強い支持をしている。その他、アメリカ政府の財政赤字や貿易政策へのIMFなどの批判、ブッシュ政権の所得分配の軽視が挙げられる。」[5]

また、Kuczynskiと共著の小論の中で、ウィリアムソンは3点の政策提言を行っている。財政政策を景気と逆循環にすること、オリジナルの自由化政策を貫徹すること、特に労働市場の自由化を図ること、そして関係機関の能力向上。[6]

財政政策については、ラテン・アメリカの多くの国で選挙のたびに大衆迎合的な景気刺激政策が採られて最後には経済を悪化させた反省に立つものである。労働市場の自由化については、IMF・世銀のモデルに入っているものである（表2-5参照）。財・サービスという最終生産物のみならず、生産要素市場の自由化を目指すもので、モデルの貫徹を意味する。

関係機関の能力向上は、90年代以降の政策の重点分野として重要である。自由化の貫徹、すなわち政府の政策手段の改革が済んだのを受けて、今度は政府その他の公的機関の能力向上あるいはガバナンスの向上が企図されたのである。現在では、外国からの投融資の多い中所得国あるいは新興市場経済をみる場合、最も重

要な注目点のひとつとなっている（新興市場の新局面について、6－2－2項参照）。

4-1-3　低所得国

低所得国は世銀の分類では一人当たり所得が約850USドル以下の国々を指すが、その中でも最貧国における構造調整計画は成功したとは言えない。

1980年からIMF・世銀主導の構造調整計画（SAP）が開発の実質的な枠組みであり、一定の成果があった。しかし、結果としては対外債務返済能力の構築に失敗し、2000年を目途に債務帳消しをせざるをえなくなった。

21世紀の今日を理解するために、90年代まで遡ると、まず重要な事件は、1996年のDAC新開発戦略の発表である。冷戦の終結後の世界における援助の効果的な実施を背景として、同計画策定に日本政府もかなりインプットをしたと言われる。この戦略では、人類最大の目標が、途上国における貧困削減、特に1日1USドル未満の絶対貧困層の半減である。他に、社会開発指標も含んだ全般的な貧困撲滅が最重要課題となった。

そして、1996年対外債務負担の軽減のために、重債務貧困国（HIPC）債務削減イニシアティブがIMFと世銀の共同で開始された。その枠組みを図4-1に示したが、両機関の構造調整計画を推進することを条件に、債務を削減する枠組みが出来上がった。

また1999年に、構造調整計画（SAP）に代わって貧困削減戦略ペーパー（Poverty Reduction Strategy Paper: PRSP）が導入される。PRSPは貧困削減のみでなく、SAPと同じくマクロ、セクターなどすべての水準を対象としている政策文書であり、その作成がコンディショナリティとなって、IMFと世銀主導で引き続き構造改革が進められることとなった。表4-2にみるように、包括的アプローチというのはそれまでの開発・援助のアプローチを踏襲したものであるが、過去の反省点を踏まえたものとして、オーナーシップや結果志向の重視などが挙げられる。

そして、その後DAC新開発戦略は2000年の国連ミレニアム・サミットによる国連ミレニアム開発目標（UNMDGs）につながることになる（全目標については、表4-3参照）。DAC新戦略と同様に、1990年の絶対貧困層を2015年までに半減する目標などが採択された。

2000年を巡っては、最貧国の債務帳消しのキャンペーンが強化される。キリ

スト教徒の「大聖年」に当たる 2000 年に主要国が債務帳消しを実施し、孤立した 2 国間での最大債権国である日本も 2002 年末に帳消し発表に追い込まれた。

しかし、その後 2003 年のエビアン・サミット声明において、HIPC の「決定時点」に至っても経済は自立しないと述べられている。そして、2004 年シーアイランド・サミットで「最貧国の持続可能性」声明が出され、HIPC イニシアティブの完全な実施と、最貧国の債務持続性確保に取り組んでいくことが確認された。

そして、2005 年の英国グレンイーグルズ・サミットで IMF、世界銀行などの国際機関の債務帳消しが英国によって提案され、その後実施に移された。これについては、イギリスのブレア首相のイニシアティブが大きい。

その進捗を以下に述べると、ブレア政権は、それまでの英国の伝統的なやり方でアメリカとの連携をとりながら、労働党の途上国に対する贖罪意識を政策に反映させながらも、自国や欧州を含めて世界規模で経済自由化の推進を図ってきた。

そして、2005 年 6 月 10-11 日に、7 月のサミットに向けて主要国 (G8) 財務相会合が開催され、その共同声明では、サハラ以南アフリカ 14 か国を含む最貧国 18 か国の国際機関債務の即時、100% 削減が発表された。総額で 400 億ドルが対象であり、その後新たに 20 か国が加わるという。[7] 事前にブレア首相が訪米して、渋るブッシュ大統領を説き伏せていた。[8]

それは、1999 年のケルン・サミットで合意された 2 国間債務の帳消しに加えて、国際機関の債務の帳消しをすることであり、英国に反対する日本などと厳しい対立が生じていたのである。[9]

そして、7 月のサミットでは、債務帳消しの財源とその後の新規の援助が議論されて、アフリカを中心とする重債務貧困国に対して今後新たに 500 億ドル援助を増やすことが合意された。[10]

同サミットで帳消しが決まった国々を、表 4-4 に示した。世銀対象の 19 か国中、15 か国がアフリカ諸国、4 か国がラテン・アメリカ諸国である。構造調整計画の初期開始国の中ではガイアナとセネガルが入っている。アフリカについては、ケニアを除くほとんどの国々が債務残高の削減を申請ないし申請の方向にある。[11] 強力推進国として、ガーナ、タンザニア、ウガンダが挙げられる。

新しい方策を多国間債務軽減イニシアティブ (Multilateral Debt Relief Initiative: MDRI) と言う。2005 年 12 月 21 日の IMF の発表によれば、19 か

国の債務を100%削減する（表4-4参照）。そのための費用は23億SDR（約33億ドル）であり、PRGFトラスト補助アカウントへの主要ドナーの拠出が必要である。また、2007年5月のホームページ（ファクトシート）では、2005年末の現在価値で、今後追加される国を含めると、53億SDR（約80億ドル）が必要と試算されている。

IDAについては、基金を設けて、40年かけて債務免除する。2006年7月1日からの会計年度から始まった。

一方、IMF・世銀に加えて英国などドナー急進派に引っ張られる形で、最貧国におけるセクター以下の水準での構造調整の徹底化、援助の予算や政策の共通化の動きが進み、日本は対応を迫られている（序章IV参照、4-5節で詳述）。

最後に、中所得国について上で述べた関係機関の向上ないしガバナンスの向上は、低所得国にとっても重要である。低所得国の場合、政府その他の公的機関の能力は低いとみられており、今後の経済開発のために最も重要な課題となってい

表4-2　貧困削減戦略ペーパー（PRSP）の基本

被援助国主導（オーナーシップ）　country-driven（ownership）
結果志向　result-oriented
包括的アプローチ　comprehensive
全パートナーの参画　partnership-oriented
長期志向　long-term perspective

出所：IMFホームページ（2004年12月7日）。

表4-3　国連開発目標（UNMDGs）

1	極度の貧困と飢餓の撲滅
2	普遍的初等教育の達成
3	ジェンダーの平等の推進と女性の地位向上
4	乳児死亡率の削減
5	妊産婦の健康の改善
6	HIV／エイズ、マラリア、その他の疾病の蔓延防止
7	環境の持続可能性の確保
8	開発のためのグローバル・パートナーシップの推進

出所：外務省ホームページ。

4章 IMF・世界銀行の改革と貧困削減 *109*

表 4-4 重債務貧困国（HIPC）と債務免除

	HIPC 完了時点 (CP) 到達国	世銀 IDA による債務免除（推定値） 2006年7月1日現在 （百万 US$）	IMF 融資の残高 （債務免除対象） 2007年5月末日現在 （百万 US$）
	IDA 免除国（19か国、2006年7月1日現在）		
1	ベナン	814	52
2	ボリビア	1,804	233
3	ブルキナファソ	1,154	90
4	カメルーン	1,133	255
5	エチオピア	3,616	162
6	ガーナ	4,429	383
7	ガイアナ	322	65
8	ホンジュラス	1,293	155
9	マダガスカル	2,213	198
10	マリ	1,553	108
11	モーリタニア	721	48
12	モザンビーク	2,361	154
13	ニカラグア	1,148	203
14	ニジェール	1,156	112
15	ルワンダ	1,056	76
16	セネガル	2,018	145
17	タンザニア	3,961	338
18	ウガンダ	3,764	127
19	ザンビア	2,760	582
	合　計	37,276	3,486
20	マラウイ		56
21	サントメ・プリンシペ		2
22	シエラレオネ		176
	総　計		3,720
	非 HIPC 諸国（2か国、2007年5月末日現在）		
	カンボジア		82
	タジキスタン		100
	HIPC 決定時点到達国（IMF 融資、2007年5月末日現在）8か国 ブルンジ、チャド、コンゴ民主共和国、コンゴ共和国、ガンビア、ギニア、ギニアビサウ、ハイチ		
	その他の HIPC 対象国（IMF 融資、2007年5月末日現在）9か国 中央アフリカ、コモロ、コートジボワール、エリトリア、キルギス、リベリア、ネパール、トーゴ、スーダン		

出所：*IMF Factsheet: The Multilateral Debt Relief Initiative,* May 2007、世銀債務免除残高推定値、を利用して筆者作成。

るのである。

低所得国が多いアフリカ地域全体のサーベイと事例国（タンザニア）の分析は、8章で詳述する。

4-1-4　地域アプローチ

従来のカントリー（国別）アプローチに加えて、貿易や投資などを地域全体でみることが重要となっている。この背景には、世界及び地域における経済自由化の進展、世界の各地域での地域協力の活発化が挙げられる。各国が地域協力を重視するのは、このような地域内での政策の調和が自国の経済の安定と開発に必要であるということと、世界規模の自由化についていくために地域全体で一緒に対応していこうということがある。

経済自由化で遅れをとってはならないとの危惧を持っている国もあろう。もちろん、WTO交渉が進まないことも原因である。

そして、より重要な試みは金融面にあり、ASEAN、日本を中心とする緊急融資基金の創設である。これは、域内国が国際収支難に陥ったときに、関係国が資金を融通し合って融資をするものである。アジア通貨危機以後、日本政府は「アジア通貨基金」の創設を図ったが、アメリカの反対で実現しなかった。IMF及びアメリカは、IMFを通じた世界経済への影響力が失われることを懸念し、また安易な救済はIMFが進める構造改革を遅らせるとの観点から、当初こうした地域レベルの融資措置には反対した。しかし、世界中の金融危機に対応するにはIMFの融資では不十分なことがわかり、認めることとなった。

そして、2000年以降、アジア諸国の間で、2国間で通貨融通協定が締結された（チェンマイ・イニシアティブ）。2007年7月時点で、日本はASEAN4か国、中韓両国と締結済み。2007年5月には、アジア諸国の間で、各協定を一元化する新制度創設で合意していた。

加えて、上述の国際取引に関わる政策や制度だけでなく、マクロ経済政策も議題とされるようになった。EUのような厳しい目標設定とまではいかないが、ASEANにおいても為替レートを含むマクロ経済政策に関する意見交換が行われるようになった。これは、各国別に厳しい総需要抑制政策をとったがゆえに、不況を国際的に波及させたアジア通貨危機からの教訓である。

4章　IMF・世界銀行の改革と貧困削減　111

【第1段階】原則3年間

- 世銀／IMF：調整プログラムの実施、債務国のパフォーマンス観察
- パリクラブ：ナポリタームによるフローリスケの実施（現在価値ベースで最大67%削減相当）
- 債務国　　：調整プログラムの良好な実施実績（トラックレコード）、「貧困削減戦略ペーパー」（PRSP）または最低限その骨子（Interim PRSP）の策定

↓

決定時点（DP：Decision Point）

債務持続可能性分析（Debt Sustainability Analysis）
パリクラブによる既存スキームの適用（ナポリタームによる67%削減相当のストックリスケ）により債務が持続可能となるか？

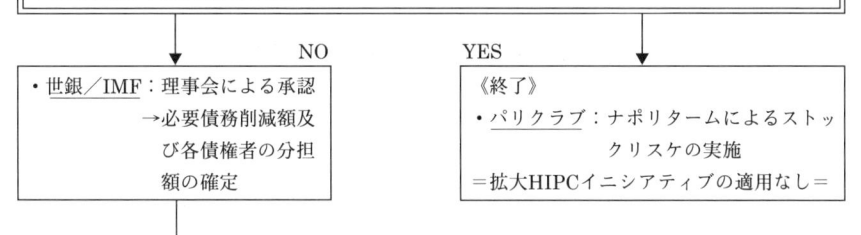

NO ↓　　　　　YES ↓

- 世銀／IMF：理事会による承認→必要債務削減額及び各債権者の分担額の確定

《終了》
- パリクラブ：ナポリタームによるストックリスケの実施
＝拡大HIPCイニシアティブの適用なし＝

【第2段階】期間はフローティング（DP時に定めるCP到達のための条件が達成されるまで）

- 世銀／IMF：新たな調整プログラムの実施、債務国のパフォーマンス観察、フローの債務返済免除等の「中間救済」の実施
- パリクラブ：ケルンタームによるフローリスケの実施（現在価値ベースで90%削減相当）
- 債務国　　：調整プログラムのコンディショナリティの達成、full PRSPの策定、債務管理能力向上のための措置の実施など。

↓

完了時点（CP：Completion Point）

- 世銀／IMF：債務持続可能となる範囲までのフローの債務返済免除等による救済措置の実施（HIPC信託基金による債務の立替払い）
- パリクラブ：90%もしくは必要に応じてそれ以上のストックリスケの実施
- ＊G7各国　：ODA債権及び適確な非ODA債権の自主的な100%削減を実施

図4-1　拡大HIPCイニシアティブ（債務救済措の流れ）
出所：国際協力銀行『国際協力便覧』2007年版

その他の重点政策としては、輸入自由化に伴う近隣国との関税率の調整がある。関税引き下げ競争をしても効果が減殺されるのである。また、国内的には、自由化は関税率の引き下げを主な政策とするが、それは関税に大きく依存する途上国政府の財政基盤を弱めることになる。財政改革との調整が必要となるのである。

また、マクロ経済政策と貿易政策の調和に加えて、外国投資の優遇措置が挙げられる。同じ地域内の国々が、優遇措置で競争をすることの弊害が指摘されている（4-2-2項参照）。

さらに、開発プロジェクトに対する地域アプローチも重要で、従来から内陸国やミニ国家が多いアフリカやラテン・アメリカで各国のプロジェクトの調整が必要であると言われていた。現実には各国ベースの開発・援助でそうならなかったのであるが、新たな体制では重要視されている。

例えば、1999年初めにモザンビークを訪問したが、面会した保健局長が南部アフリカ地域全体でみて同国の治療体制を構築すると述べた。高度医療は隣国南アフリカに頼ることととし、貧しい同国は限られた予算をそれ以下の水準に振り向けるとのことであった。

最後に、各国における地方分権化がより現場のニーズを考慮するものとして、各国で急速に進められてきた。問題として挙げられるのは、各事業の整合性と、地方の開発関係機関の能力である。

4-2　IMFの改革

4-2-1　IMFによる政策レビュー

アジア通貨危機への対応をめぐってIMFは厳しい批判を浴びた。そして、引き続く新興市場経済の金融危機に直面して、IMFの政策の妥当性とその支援体制の限界が問われることとなった。また、融資金がロシアなどで不正に使用されたという疑惑が持ち上がった。

IMF批判の発端となったアジア通貨危機でわかったことは、IMFの処方箋は支払い能力（solvency）のなさを解決するために総需要抑制と為替レート切下げを行うことであったが、新たな金融危機は国際的に自由に移動する資本によって

引き起こされる流動性（liquidity）が不足することによって起こされた、ということである。すなわち、グローバル化によって生じた巨大な国際資本に、IMFが十分に対応できなくなったのである。カムドシュ元専務理事は、アジア通貨危機を「21世紀型の危機」と呼んだ。

このことは、一国レベルの処方箋の限界を示すこととなった。つまり、アジア危機においては、各国に総需要抑制を強いたために不況を国際的に波及させた。また、緊縮政策の貧困層への悪影響が指弾された。先述のように、地域レベルの視点からの政策が必要となっているのである。

アジア通貨危機に対する批判に対応して、IMFは2001年に評価局を設立した。アジア諸国の経済状況の急激な悪化の中で、IMFの政策が十分に対応しなかったのはその秘密性にあるとの批判、そして当然のことながらその政策も評価して公に公開すべきであるとの批判に対応したものである。[12]

そして、それまでの融資の評価を行い、『長引いたIMF融資国』を刊行した。表4-5が対象となった国である。そこでは1971-2000年の期間の国々が挙げられているが、フィリピン、パナマ、パキスタン、ハイチ、セネガル、ガイアナ、ケニアなどが上位にある。その他文書も参照して、実質的にSAPが始まった1980年から2000年までの長期融資国を、地域別にまとめると以下のようになる。

表4-5　長引いたIMF融資国

	IMF取極年数	取極数
フィリピン	25 (1)	16
パナマ	21 (10)	17
パキスタン	20 (0)	15
ハイチ	20 (5)	15
セネガル	20 (0)	13
ガイアナ	20 (4)	14
ケニア	19 (1)	13
ウガンダ	18 (0)	9
マダガスカル	18 (0)	11
ウルグアイ	18 (6)	16
ジャマイカ	18 (0)	12
モーリタニア	17 (0)	10
マリ	17 (0)	9
マラウイ	17 (0)	9
トーゴ	17 (0)	10
アルゼンチン	16 (3)	10

出所：IMF（2002）を利用して、筆者作成。

表 4-6 IMF による批判への対応

批　　判	IMF のアジア通貨危機前の回答と対応	IMF の危機後の回答と対応
A.　1997-98 年のアジア通貨危機前の批判		
1.　政策の妥当性		
1) 急激な輸入自由化は、国内産業の淘汰を招く。	・公企業に代表される非効率な産業は淘汰されるべきである。廉価な輸入品は産業の競争力の向上につながる。	
2) 急激な資本自由化は、国内企業の買収を招く。	・経済の効率を高めるためには競争力のある企業の誘致は必要。	・地域レベルでみて、過度な外資誘致策は効果的でない。各国の免税競争で、財政に悪影響。
3) 社会不安を招く。	・総需要抑制政策の短期的な悪影響は甘受しなければならない。 ・補助金は国内の資源と予算の効率的な配分をゆがめる。	・貧困対策をとる（ソーシャル・セーフティ・ネット）。 ・受益者を絞った貧困層への補助金を認める。
2.　成果		
経済が回復しない。	・総需要抑制政策により短期的に不況が起こる。国際収支赤字削減とインフレ抑制が優先。	
B.　1997-98 年のアジア通貨危機からの批判		
1.　政策の妥当性		
1) 伝統的な総需要抑制政策は、「支払い能力」不足に対応するもので、「流動性」危機を悪化させた。		・総需要抑制政策の当該国に対する影響に留意する。 ・新興市場国に関する調査を強化。
2) 一国レベルの総需要抑制政策による不況が近隣国に波及した。		・総需要抑制政策の近隣国への影響に留意する。
3) 急激な金融資本自由化は流動性危機を招く。		・原則自由化すべきであるが、有効な監視体制が必要である。
4) 変動相場制への移行は、投機を招く。		・変動相場制だけでなく、固定相場制も経済を安定化させうる。
2.　成果		
1) 急激な資本自由化が、証券投資と借り入れの急増と、その流出を招いた。		・局面によって、ある程度の資本管理は必要である（米国は反対）。
2) 政策の効果が不十分である。		・外部専門家（浜田宏一エール大教授を含む）による内部評価を行った。 2001 年に評価担当局を設立した。
3) 融資が不正に使用された。（特にロシアの場合）。		・調査の結果、不正使用はない。
3.　IMF の支援体制		
1) 金融危機に対する資金量が不十分。		・緊急時に中所得国を含む加盟国が資金を融通する体制を確立。 ・政策条件なしの融資制度を導入した。
2) 流動性危機を未然に防ぐ監視能力が不十分。		・国際資本担当局を 2001 年に設立して、監視能力を強化。

出所：筆者作成。

ラテン・アメリカ	アルゼンチン、ボリビア、ガイアナ、ハイチ、ジャマイカ、メキシコ
アフリカ	コートジボワール、ガボン、ガーナ、ケニア、マダガスカル、マラウイ、モーリタニア、ニジェール、セネガル、ウガンダ
アジア	パキスタン、フィリピン

　ハイチは70年代の融資が比較的に多い。最も長いフィリピンについては、7章で事例研究の成果を示す。
　その報告書の中で、IMFの融資供与が長引く原因として、第1に国特有の原因（経済の悪化の程度が大きい）、第2にIMFの体制面の原因、そして第3にIMFプログラムにおける原因（楽観的なマクロ経済予測、現地政府の体制の過大評価など）が挙げられている。
　表4-6にIMFに対する批判と、想定されるIMFの反論を掲載した。しかし、重要なことは、急速な自由化という政策への信奉に揺らぎがないということである。

●エピソード5　IMF局長によるノーベル経済学者への「果たし状」●
　IMFや世界銀行の政策に厳しい批判をしているのが、コロンビア大学のジョゼフ・スティグリッツ教授である。2002年のノーベル経済学者で、多くの著作物がある。日本で最も売れている経済学者であり、大書店には「経済学」、「ミクロ経済学」、「マクロ経済学」、「公共経済学」等の著書が売られている。[13]
　2002年にスティグリッツは『世界を不幸にしたグローバリズムの正体』を刊行した。その中で彼はIMFの姉妹機関である世界銀行にChief Economistとして勤務した経験を踏まえて、IMFの政策を厳しく批判している。骨子は、「被融資国側の事情を考慮しない画一的な政策を押しつけている。急速な自由化でなく、漸進的な政策実施であるべきだ」というものである。他の多くの識者の批判と軌を一にするものであるが、ノーベル経済学受賞の翌年の刊行であったこともあり大変な反響を呼んだ。
　この著作に対して、当時のIMF調査局長であったRogoff（ハーバード大学教授）は2002年7月にその本に対する反論文を発表し、インターネット上で公開した。タイトルは、An Open Letter。IMFのホームページで原文を入手できる。調査局長は毎年春秋のG7会議に合わせて刊行されるWorld Economic Outlook（世界経済見直し）の作成責任者である。[14]
　Rogoffの反論は「Dear Joe」とスティグリッツのファーストネームを呼ぶ形で始まるが、スティグリッツの本が献身的に働いているIMFのスタッフの努力をいかに損うものであるかとまず強烈パンチ。彼がかつて3流とこき下ろしたIMFスタッフの高い能力、献身さを擁護。そ

して、両教授のアメリカ東海岸のアカデミック・サークルでの以前からの交友関係にも触れ、かなり私的な面でスティグリッツの学問に対する姿勢を傲慢と批判している。

その後政策の批判が行われるが、知的「闘論」あるいは言葉のボクシングを見ているようだ。例えば、スティグリッツのIMFの改革案は古い、と批判。また、スティグリッツのマクロ政策に関わるアドバイスに反対する。特にアジア危機時に勤務する世銀とIMFの政策改革を当事者でありながら阻害し、経済回復を遅らせたことを攻撃している。

政策内容として、スティグリッツは財政赤字による景気刺激策を求め、ロゴフは財政支出抑制ないし均衡による総需要抑制というIMF緊縮政策で反論。

そしてケインズの完全雇用政策の有効性へと展開。（スティグリッツが短期の完全雇用を求めるのに対して）IMFは財政健全化を維持しつつ中期でみた雇用増を目指すと言明。本来のケインズ理論を一応否定している。また、移行期経済への政策アドバイスについて、スティグリッツがIMFは（その経済的処方箋によって）「ロシアを失った」と批判するのに対して、ロシアの危機は社会政治要因によるものと切り返す。

最後に、細かく著書の112ページと208ページにコメント。そして、IMF・世銀のスタッフの多くが敬愛するスタンレー・フィッシャー教授[15]をスティグリッツが批判している点に手厳しく反論している。フィッシャーは世銀のChief Economistを勤めた後IMFに移り、筆頭副専務理事としてNO.2の地位にあった。スティグリッツが「フィッシャーがアメリカ民間銀行の利益になるような政策の誘導を行った」という点で、ロゴフは「少なくともこの部分が削除されない限り、本屋から撤去されるべき」と激しく批判している。

最後の文章は「それ以外（以上の批判以外）ではnice bookである」と、皮肉たっぷりにしめくくっている。

4-2-2　政策の展開
（1）　政策内容の変化

具体的な政策としては、それまでの自由化万能ではなく、自由化をベースとしつつ、ある程度の政府の介入を認めることとなった。まず為替レートについては、完全変動相場制だけではなく、経済安定化のために、IMFは完全変動相場制度を含む弾力的伸縮相場制度か固定相場制度が望ましいという「2極の見方」をとるようになった。この2制度の中間の制度は不安定にあるということである。

IMF運営のナンバー2にあたる筆頭副専務理事であり、高名な経済学者であるフィッシャー教授は、2001年の小論で、中間の相場制度から弾力的伸縮相場制度か固定相場制度を採用する傾向が続くとし、またこれから国際金融市場を自由化する国々は固定相場制度を選択する可能性が大きいと述べている。[16]

もちろん、固定相場を維持するための強力な財政・金融政策と、環境の変化に応じた相場の変更（特に、切り下げ）は必要である。この点では、ユーロを導入したEURO圏諸国の固定相場制度維持政策の影響が大きいだろう。

国際収支の資本勘定（取引）に関しても、急速な自由化ではなく、一定の制限を許容することとなった。そして、これらを機敏に監督できるような機構の構築に対する技術的支援も重要な業務となった。

さらに、従来財政再建のために補助金は一切認めなかったのに対して、構造調整の悪影響を軽減するべく貧困者のための救済（social safety net）のための補助金は許容するようになった。もちろん、以前の補助金は経済効率を歪め、腐敗を生じさせた反省に立って、ターゲットを明確にしたプログラムに限るものである。

他方、外国直接投資誘致のための減免税措置は一種の補助金とみなせるが、各国が誘致競争を繰り広げるために、財政の減少、腐敗の増長、そして外資への過大な補助を招くとして地域内の政策協調が必要であると主張するようになった。財政の減少については、企業からの所得税の喪失のみならず、各国が資本財などの輸入関税引き下げ競争をすることでも、税収を失ってしまうことが挙げられる。

これは各国ベースで資本自由化を進めた従来と異なって、一国を超えた視野の拡大を示すものである。

ただし、今日の政府介入の容認は、自由化がかなり進んだ後のものであることに留意が必要である。あくまでも、自由化がベースなのである。

（2） IMF業務の変革

世界中で勃発する危機に対処できるような融資手段が設けられた。融資可能枠の拡大と迅速な資金供与である。政策協議に時間がかかることを考慮して、それなしで緊急に融資する手段が導入された。1-2-3項で説明した補完的準備制度（SRF）、予防的クレジットライン（CCL）、低所得国向け融資としての外生ショック・ファシリティ（ESF）である。しかし、アジア通貨危機の再来を防ぐために導入されたCCLは、新興市場経済が堅調だったこともあり、2003年に廃止された。[17]

また、2006年のセミナーで、新しい融資手段の創設が議論され、2007年時点でも具体的内容が検討されている。新しいファシリティの名称はReserve

Augmentation Line であり、経済状況が悪くない国を対象に予見される危機を避けるための融資となる。従来のような政策条件は課されない。

　最後に、2006年4月に発表されたIMFの中期戦略においては、以下の課題が挙げられている。1）世界、地域、および各加盟国の経済サーベイランス（政策監視）の強化、2）新興市場国の金融不安の予防策、3）低所得国におけるミレニアム開発目標達成への支援、そして4）代表権と投票権の改定。

　少し説明すると、1-2-3項でみたように、2004年以降においてIMFの融資が急減しており、その存在価値が問われている。また、3千人近い巨大な組織と職員の高給に対する批判もある。この戦略は、国際金融不安を予防する融資制度の創設や融資支援から技術支援への比重増大など、新たな業務の拡大が模索されているとみられる。

　また、機構改革として、アジア通貨危機後、IMFにおける意思決定がより世界の各地域・国を反映するべきであるとの意見が強くなり、2006年9月にIMF総務会が4か国クオータの上昇を勧告し、中国、インド、韓国、トルコについて認められた。日本政府の働きかけが大きかったと言われる。次段階としては、2008年春までに全加盟国を対象に出資比率の新しい枠組みでの合意を目指す方針が打ち出されている。[18]

4-3　世銀の新しい戦略

4-3-1　世銀による政策レビュー

　世界銀行は2000年までに地域ごとの構造調整政策のレビューを行っているが、[19] 2001年に『構造調整再考』という報告書を発表した。また、その世銀のレビューを踏まえて、NGOを含む関係機関や外部有識者も交えた『政策条件（コンディショナリティ）レビュー』を行なった。以下に、それぞれの報告書の要約を行い、筆者のコメントを述べる。

（1）『（世銀）構造調整再考』（2001）

（a）　総括（OVERVIEW）

　本報告書は、世銀の過去のレビューと最新の研究・分析を元にしている。

サーベイ結果として、以下が総括である。

- 80年代の短期の経済安定化から90年代の歪みの除去、そしてその後の開発志向へ、と課題が変化した。
- 質の面で見ると、業務評価局（OED）レーティングで90年代に改善。
- 問題点は、貧困への対策、公的支出の管理体制（FIDUCIARY FRAMEWORK）、政策条件（CONDITIONALITY）の内容で、さらに努力が必要。

（b）　全体的実績（Quantity and Quality）

初期のSAPは必ずしも望ましい結果は出していない。開発の効果性として、問題は次の3つ。貧困、社会面、そして環境面。

効果（Quality）については、1980年代の望ましくない結果に関して、既に評価レポートがある。[20] 実施国の課題としては、オーナーシップ、国別の事情の考慮。

効果に関する外部者の批判（EXTERNAL CRITICISM）として重要な点として、以下があげられる。
① 　社会的コスト（SOCIAL COST）が高い
② 　輸出志向が環境破壊をもたらす

実施状況（QUANTITY）については、以下がポイントである。
- 1980年代に64か国に対して191の調整融資（AL）、271億ドル
- 1990年代98か国に対して、346のAL、717億ドル
- 1980-2000年に、109か国に対して、537プログラム
- ALの比率として、「Operational Directive 8.60」で、世銀融資のうち、通常25％以下、最大でも30％にするべきであるとされ、概ね守られた。ラテンアメリカと東アジアで少し超えたことがあった。[21]

国別配分については、繰り返しが多い（報告書内に図示）。トップの10のうち、4か国に集中している。1992-2000年で、39％がアルゼンチン、続いてメキシコ、韓国、ロシアへ供与された。東アジアの危機の間、4か国へ55％が向

けられた。[22]

(c) 評価結果

地域別配分についてみると、ラテン・アメリカ（LCR）と東アジア（ECA）は 1990-2000 年で 42% を占めた。1990-94 年から 1999-2000 年にかけて OED レーティングでみた成果（OUTCOME）が改善した。

アフリカ（AFR）では低い「満足な結果」（SATISFACTORY OUTCOME）。[23] 90 年代に 65% が SATISFACTORY。1995-98 年にかなり改善したが、1999-2000 年の経済悪化でまた下がった。1999-2000 年には、50% の SECAL、57% の SAL が「不満足な結果」UNSATISFACTORY OUTCOME。[24]

1980 年代の社会面の問題は深刻であった。[25] 理由としては、初期において、世銀は悪影響が短期的と期待した。しかし、80 年代末までに実施した厳しい財政面での調整が大きすぎた。また、貿易自由化が貧困削減に寄与しなかった。初めの段階の調整融資（AL）では、緊縮財政が社会サービスへの支出を大幅に削減するという面での分析が不十分であった。

筆者のコメントとしては、世銀が、財政面の政策条件をつけた IMF を批判したことになる。

(d) 不成功の原因

政策条件の数（NUMBER OF CONDITIONS）[26] が多すぎた。もともとの設計は、以下の通りである。全体的なプログラムを LETTER OF DEVELOPMENT POLICY で示す。そこでは、包括的な政策と施策を含む。そして、この中から、一部の最重要政策だけがトランシェの条件になる予定であった。それが現実には、多くの政策条件を課した。

政策条件が多い国ほど結果が悪い。パフォーマンスが悪い国において政策条件が多くなる。成果の低い国に対して「ショットガン・アプローチ」、すなわちいろいろな分野に多くの条件をつけて、いくつかの政策が採られることを期待した。結果として、いくつかは実施された。あるいは突然の経済的ショックにより改革を促す機会を作った。

(e) 筆者の総論的コメント

・世銀文書、OED 文書の多用、評価レーティングを利用した包括的なサーベイである。政策の失敗をある程度認めている。

- 平板なサーベイで個別の重要事項が埋没。アフリカにおける社会面のコストがもっと取り上げられるべきであった。
- IMFとの役割分担については、重複部分だけの限定的分析。上記コメントで述べたが、財政面の調整のコストを挙げることで、世銀がIMFに責任をかぶせていると考えられる。

（2）『政策条件（コンディショナリティ）レビュー』

世界銀行は2005年に政策条件に関わるレビューを行い、自らの分析に基づいて望ましい政策条件として以下を挙げている。[27]

> オーナーシップ（ownership）　オーナーシップを強化
> 調和（harmonization）　政府とその他支援機関との調和的な説明責任のフレームワークで合意
> 国別事情の考慮（customization）　説明責任のフレームワークと世銀支援の方策を当該国の状況に合わせる。
> 政策の重点化（criticality）　結果の出る政策条件のみを、融資の条件として選ぶ。
> 透明性と予測可能性（transparency and predictability）　透明性のある進捗レビューを行う。それは、予測可能な、実績が伴う金融支援に資するものである。

筆者のコメントとしては、概ね適切な提言であるが、説明責任のフレームワークなどを途上国でどのように実現するのか、外部で考えるフレームワークを提案することが、最初のオーナーシップを損なうことになるのではないかと考える。また、国別の事情をどう考慮し、どのようなスケジュールで実施するのかが重要である。

さらに、過去の歴史を振り返って、貿易や投資の自由化、公企業の民営化など対立する政策が終わった後での反省であるという認識が重要である。これらの激しく対立した政策がどのような影響、特に負の影響を及ぼしたのかの深い分析はないようである。

このレビューに参加した欧州の識者の批判は、4－5－2項で貧困削減と援助協調と関係させて説明する。

（3）低所得国のレーティング（格付け）

世界銀行は、IDA適格の低所得国について、被融資国に関する全般的な格付けを行っている。それは、IDA Resource Allocation Index（IRAI）と呼ばれる。Country Policy and Institutional Assessment（CPIA）をベースに毎年作成さ

表 4-7 低所得国の国別レーティング

(2005)

	A. 経済管理	B. 構造政策				C. 社会開発／分配政策	D. 公的部門管理・機構	IDA資源配分指数 (IRAI)
	平均	4. 貿易	5. 金融部門	6. 規制政策	平均	平均	平均	
サハラ以南アフリカ								
コートジボワール	2.0	3.5	3.0	3.0	3.2	2.3	2.5	2.5
ガーナ	4.2	4.0	3.5	4.0	3.8	3.7	3.7	3.9
ケニア	4.2	4.0	3.5	4.0	3.8	3.1	3.3	3.6
マラウイ	3.0	4.0	3.0	3.5	3.5	3.5	3.4	3.4
セネガル	4.2	4.5	3.5	3.5	3.8	3.4	3.6	3.8
タンザニア	4.5	4.0	3.5	3.5	3.7	3.8	3.8	3.9
ウガンダ	4.5	4.0	3.5	4.0	3.8	3.9	3.3	3.9
ザンビア	3.3	4.0	3.0	3.0	3.3	3.4	3.2	3.3
アジア								
バングラデシュ	4.0	3.0	3.0	3.5	3.2	3.6	2.9	3.4
カンボジア	3.7	3.5	2.0	3.5	3.0	3.1	2.6	3.1
インド	4.0	3.5	4.0	3.5	3.7	3.7	3.7	3.8
インドネシア	4.3	4.5	3.5	3.0	3.7	3.4	3.2	3.7
タジキスタン	4.2	4.0	3.0	3.5	3.5	3.1	2.6	3.3
ベトナム	4.3	3.5	3.0	3.5	3.3	3.8	3.5	3.7
ラテン・アメリカ								
ボリビア	4.0	5.0	3.5	3.0	3.8	3.7	3.3	3.7
ガイアナ	3.5	4.0	3.5	3.0	3.5	3.3	3.1	3.4
ホンジュラス	4.3	4.5	3.5	4.0	4.0	3.8	3.5	3.9
ニカラグア	4.0	4.5	3.0	3.5	3.7	3.7	3.5	3.7

注：平均値は、A、B、C、D それぞれのクラスター内の単純平均。IRAI は、4 クラスターの平均。
　　1が最下位、6が最上位。
出所：世界銀行ホームページ。

れる。表 4-7 にみるように、4 グループに分かれて評価が行われており、全部で 16 の基準（criteria）が使われている。

表 4-7 でまず低所得国全体を政策でみると、「A. 経済管理」と「B. 構造政策」の「4 貿易」で高い。特に貿易自由化が進んでいる。評点が低いのは「B. 構造政策」の「5. 金融部門」である。また「C. 社会開発／分配政策」と「D. 公的部門

管理・機構」も相対的に低い。

　地域間の違いをみると、ラテン・アメリカの評点が高い。特に貿易の構造改革が進んでいる。アフリカについても、内戦のあったコートジボワールを除くと、ラテン・アメリカと大きな差はない。むしろ、「D. 公的部門管理・機構」については、アフリカとラテン・アメリカは同じ程度である。

　最後にIDA資源配分指数（IRAI）でみると、アフリカのガーナ、タンザニア、ウガンダが高い。アジアは相対的に低い。アフリカ3か国は、今日、構造調整計画の優等生と言われている国である。

●ネット・トーク4　知的ネットワークの活用●
　日本政府の某省から世界銀行の最近の政策のサーベイを頼まれたことがある。以前は、同省の資料室に入れさせてもらって世界銀行の内部資料を借用して、調査報告書の原稿を作成したものである。ところが、今回どの資料を使うか問うたところ、世銀のホームページのサーベイだけでいいといわれた。

　これは楽かと思いきや、大海の小船のように、その膨大な情報に圧倒された。特に、途上国の慣習経済における人的関係や組織に関わる、先端的テーマであるSOCIAL CAPITAL（社会資本）のサーベイで多くの情報を得られた。調査結果や学術的成果も閲覧できた。

　世銀開発経済会合（ABCDE）も、知的に重要な年次会合である。筆者は2006年に初めて東アジアで開かれた東京会合に出席したが、まさに、「世界の頭脳、東京で開発・援助で論戦」であった。ホームページで主な内容は視聴可能である。

　2006年5月29日（月）と30日（火）に東京で、財務省と共催で開催されたプログラムによれば、全体会合として「成長のためのインフラ」、「持続可能な開発とインフラ：気候変動、クリーンエネルギー、エネルギー効率性」、「地方インフラと農業開発」、「インフラと（国際）地域協力」がある。地域協力については、フィリピン・マニラ、トルコ・イスタンブール、北海道の地方政府の首長が出席した。

　テーマ全体については、インフラを中心にすえているものの、途上国の開発問題を網羅的に扱う。朝食セッションが5回、分科会3シリーズで14回のワークショップが開かれ、インフラの他に、貿易、農業（JBIC開催）、防災（JICA）、中国とインドの途上国への影響、中国の民間セクター、国連ミレニアム開発目標（MDG）、アフリカ経済見通しなど幅広いトピックが議論された。いずれにおいても、学術的な議論、最近の政策課題の討論が行われた。

　基調講演でスピーチしたのは、カベルカ・アフリカ開発銀行総裁、緒方貞子国際協力機構（JICA）理事長、スティグリッツ米コロンビア大学教授（ノーベル経済学賞受賞者）。スペシャルセッションとして、経済協力開発機構（OECD）開発援助委員会（DAC）のマニング議長であった。

登録1300人で、出席800人超の盛会であった。
　最後に、世銀は、世銀内部での知的な「テーマ別ネットワーク」を1997年から形成している。専門職員の多くが、実際の業務と平行して下記の知的ネットワークに所属している。[28]

環境的・社会的に持続可能な開発ネットワーク
Environmentally and socially sustainable development network
金融部門ネットワーク Financial sector network
人間開発ネットワーク Human development network
貧困削減・経済管理　ネットワーク
Poverty reduction and economic management network
民間部門・インフラ（PSI）ネットワーク Private sector and infrastructure network

　他に事務的な部局も、情報ソリューション・ネットワーク（Information solutions network）と業務方針・国別サービス・ネットワーク（Operations policy and country services network）を構築している。

4-3-2　政策の展開
(1)　新しいフレームワーク
　世界銀行は構造調整融資という国際収支支援融資を行うが、IMFとの役割分担としてはセクター以下の構造調整を推進してきた。1980年から構造調整計画を主導したが、その後の政策への批判、またアフリカを中心とする低所得国での不況の継続を直視して、主に低所得国を対象として新しい戦略を展開した。
　まずウォルフェンソンが、世銀総裁就任後の1998年に被融資国の採るべき開発戦略としての「包括的な開発フレームワーク」（Comprehensive Development Framework: CDF）を打ち出した。CDFは、長期的、包括的、戦略的なアプローチであり、その特徴は、マクロ政策やその他経済政策の対象と同水準で、構造的、社会的、人間的な側面を扱うことである。また、裨益者の住民や第三者の市民社会を含むすべての関係者による政策立案からの参画を求めている。モデル国として、アフリカからタンザニア、アジアではベトナムが挙がっている。
　その背景としては、1980年代までの経済偏重による不満足な成果を反省し、1990年代の制度・社会・環境などの側面にも配慮した新しい開発アプローチへの動きに対応したことが挙げられる。

次に、構造調整政策については、その導入当初からマクロ、セクター（部門）、サブ・セクター（小部門ないし産業）、そしてミクロ（プロジェクトや個別企業・組織）のすべての水準の間で整合性があるような体系となっていた。

そして、1990年代後半からは、マクロに代わって、サブ・セクターないしセクターを対象として、部門投資計画（Sector Investment Program: SIP）ないしセクター・ワイド・アプローチ（Sector Wide Approach: SWAP）が打ち出された。これは、援助の改革にもつながる枠組みとなり、その後英国や北欧諸国などの支援も加わってさらに進められるが、元々は世銀の枠組みに含まれていたものであった。

CDFは国全体を対象としているのに対して、SIPやSWAPはサブ・セクターないしセクターの水準の政策である。構造調整に関して、マクロ・レベルやセクター・レベルの調整がかなり終了した後を受けて、下位の水準でより徹底した調整を行うということである。

SIPの特徴は表4-8の通りである。まず対象のサブ・セクターないしセクター全体をみた開発戦略が立てられ、必要な政策手段が整合性あるように組み立てられている。また、その開発に関わるすべてのアクターを立案段階から参画させる。そして、援助側については、同じく整合性のある援助計画が企図され、実施面で政府側への業務上の負担を軽減し、また自助努力を損なわないように現地の専門家をより使おうということである。従来多かった長期の専門家派遣は極力少なくして、短期の外国人専門家の活用に限るということになっている。オランダ政府は、長期専門家の派遣を取りやめた。

これは構造調整の深化ともいうべきもので、アフリカを中心とする低所得国においては、部門投資計画（SIP）に対応して、援助側の共通予算（コモン・バスケット・ファンド）が導入されてきている（4-5-1項参照）。

具体的な進め方としては、セクター・レベルの会合を世銀のみが主宰するのではなく、主に他のドナー国の調整に委ねるようになった。ただし、政策の内容では、IMF・世銀主導のマクロ・レベルの論理をセクターで貫徹している。国によっては、文書に署名して強制力を持たせようとしている。

（2） 政策内容の改革

4-3-1項で説明した構造調整政策のレビューを踏まえて、その後の新たな展開として、2004年8月10日、世銀はSALなど調整融資（Adjustment Lending:

AL）は、開発政策融資（Development Policy Lending: DPL）に取って代わられると発表した。[29] これは過去20年間の経験を踏まえたもので、2年以上にわたる全ての関係者との協議の結果である。

その主な特徴として、被融資国側のオーナーシップ（所有）を重視している。すなわち、「すべての国に対応する青写真（blueprint）が1つということはない。〈中略〉多くのアプローチの仕方があることを学んだ。」（世銀ホームページ）多くの被融資国や識者が、IMF・世銀の政策パッケージは画一的であると批判してきた。それに対応したものであると同時に、政府の改革立案に、市民社会を含む幅広い参画が必要と強調している。また、政府条件（conditionality）は、共通のコミットメントとすべきとしている。

しかし、政策内容としては、民間重視は経済成長にとって最も重要な要素であることを強調しており、それまでの経済自由化に対する信奉に揺らぎはないと考えられる。また、民間セクターの活動の範囲を広げ、法治向上と司法権の保障が重要事項として挙げられている。

そして、重要な視点として、経済的歪みの除去より、中間の構造面、機構（institutional）を重視している。そのために、長期間かけたステップ毎のアプローチを提案している。また、新しい提案として、援助ないし融資の不足というstop-goを避けるために、低所得国への財政支援（budget support）が上がっている。これが、英国などの支援で進むことになる（4-5節参照、コメント後掲）。

表4-9に開発政策融資の対象地域を示した。2004-06年における融資総額（コミットメント・ベース）の約3割がDPLとなっているが、件数では90-120の総数に対して20件前後となっている。

最後に、ウォルフォウィッツは、2005年に総裁就任後、途上国の反腐敗キャンペーンを打ち出したが、全般的な進め方に対する反発も影響して、EU諸国からキャンペーンが被融資国の貧困削減などに役立たないと批判された。もっとも、腐敗防止は同氏着任前から既に世銀が進めていた業務ではある。同氏は、私的なスキャンダルで、2007年に引責辞任した。

表4-8 部門投資計画（SIP）の特徴

1. 対象セクターの全体をカバーしている、公的支出と政策のすべてを含む。
2. 明確で整合性のあるセクター戦略。
3. 現地関係者が策定の中心となる。政府のみならずNGO（Non-Governmental Organization）や住民も含む。
4. すべての主要ドナーがプログラムに署名して、協調融資を行う。
5. 実施上の取極めが、可能な限りすべてのドナーに共通化されている。
6. 長期の技術協力は最小限に止める。

出所：World Bank, *Best Practice in Sector Investment Programs*, Findings, December 1996.

表4-9 世銀の開発政策融資

(2002-2006)

地域	2002 金額(百万ドル)	比率(%)	2003 金額(百万ドル)	比率(%)	2004 金額(百万ドル)	比率(%)	2005 金額(百万ドル)	比率(%)	2006 金額(百万ドル)	比率(%)
サハラ以南アフリカ	1,437	15	789	13	925	15	1,085	17	1,342	18
東アジア・太平洋	17		100	2	104	2	415	6	509	7
ヨーロッパ、中央アジア	4,743	48	710	12	1,620	26	538	8	1,061	14
ラテン・アメリカ、カリブ	2,517	26	3,639	60	3,022	49	3,022	46	2,614	36
中東・北アフリカ	263	3	165	3			400	6	820	11
南アジア	850	9	615	10	480	8	1,105	17	985	13
合計	9,826	100	6,018	100	6,151	100	6,565	100	7,330	100
全融資に占める比率(%)		50		33		31		29		31

注：2002-2003年は調整融資。
出所：World Bank, *Annual Report* 2006.

4－4 世界貿易機関（WTO）との関係

　IMFと世界銀行の構造調整計画（SAP）は、途上地域において各国ベースで貿易や投資の自由化を急激に進めることとなった。そこで、世界規模で貿易や投資の自由化を進める世界貿易機関（WTO）の会合の進捗との関連を論じる必要がある。4－4－1項では、IMF・世銀との関係を述べて、4－4－2項で貿易自由化について論じることにする。

4-4-1 WTOを含めた体制

本書では1944年のブレトンウッズ協定によって設立されたIMFと世界銀行を扱っているが、今日の国際経済体制を考える場合に世界貿易機関（World Trade Organization: WTO）の存在も考慮しなければならない。「IMFは金融、世銀は開発、そしてWTOは貿易」という役割分担、トロイカ体制である。

WTOは1995年1月から業務を開始したので、上述のトロイカ体制はまだ10年程度しかたっていないことになる。ところが、こうした体制の確立は、第二次世界大戦後ブレトンウッズ協定の策定過程で議論されていたのである。事実、WTOのような組織として、国際貿易機関（International Trade Organization: ITO）の設立が目指されていたのである。ITOの設立はアメリカの反対で実現しなかった。当時の政権が内向きの政策をとっており、性急な貿易自由化によってアメリカの既得権が失われることを恐れたのである。

その後、貿易については、1960年に「関税および貿易に関する一般協定」（General Agreement on Tariffs and Trade: GATT）がITOの代替物としてジュネーブに設立された。GATTは東京ラウンド、ウルグアイ・ラウンドなどの関税一括交渉を行い、1995年のWTO設立となった。

GATTとの違いは、財の貿易のみならず、サービス貿易、知的所有権、貿易関連投資措置などへの分野拡大、その他の付随サービスを対象としていることである。また、貿易を巡る国際的訴訟の申し立てを受け入れ、審判を下す。

役割分担については、SAPの枠組みでそれぞれの途上国の貿易自由化を進めるIMFに対して、WTOは世界規模での貿易自由化を全加盟国が共同で実施し、より自由な貿易体制を監視する。

一方、WTOに加盟するために対外的な取引制度や国内経済構造の改革が求められているが、本書で扱った広範な自由化や民営化が今日の途上国に課されている。中国などIMF・世銀の経済全般にわたる政策条件を受けてこなかった国々も、両機関が多くの途上国に課してきた政策を遵守することが求められたのである。[30]

また、本来WTO協定で認められている途上国の特別措置も今日では容易に認められなくなっている。[31] 貿易論で積極的な輸入保護政策として評価されてきた幼稚産業育成も、今日の途上国にとっては困難になっているのである。

このように、世界規模での自由化はWTOの場で討議されてきたが、IMFは途上国に対してのみ政策を勧告するのではなく、その設立の趣旨から、1980年代の構造調整実施の過程でも米国や欧州諸国の保護主義に対する反対を表明してきている。例えば、ブッシュ政権下の農産物に対する保護に対しても反対の立場をとってきている。

4-4-2 貿易自由化

　WTOの活動の進捗をみると、新しい貿易自由化交渉であるドーハ・ラウンドは2001年11月にカタールのドーハにおける閣僚級会議で開始された。本来は、1999年12月にシアトルで開かれた会議で新しいラウンドを開始する予定であったが、1994年に合意されたウルグアイ・ラウンドで積み残された農産物輸出などの進め方で合意が得られず、2001年まで持ち越したのである。シアトルの会議では反自由貿易の活動家が多数終結し、反グローバル化の大きな騒乱が起こった初めての会議となった。

　ドーハ・ラウンドの当初の予定では、2005年12月に香港で開かれるWTO閣僚会議で自由化方式の枠組みの合意を目指していたが、その後交渉が難航してきている。

　これまでの経緯を説明すると、2003年9月、メキシコ、カンクンでの閣僚会議は、さらなる貿易自由化で合意できず、失敗に終わった。農業分野で決裂した原因は、事前に米欧が日本を取り残す形で共闘を組んで国内的な補助金や助成措置のある程度の削減を示して交渉を進めようとした。[32] それに対して、ブラジルやインドを中心とした途上国が団結して、農産物貿易の保護の水準が高い先進工業国側により大幅な削減・撤廃を求めたのである。[33]

　その後、2005年12月の香港での閣僚会議も失敗に終わる。2006年1月末の世界経済フォーラム（World Economic Forum: WEF）の定例会議の時に、WTOの非公式閣僚会議が開催され、ドーハ・ラウンドの最終目標を2006年12月末に延期することが合意された。

　しかし、その後の会議で目立った進展はない。2007年1月のWEFの同会議でも非公式会議が開かれて、再開のタイミングが議論された。しかし、その後の年央での会議では、米欧とブラジル・インドの間で物別れに終わった。そして、

2007年11月時点では、同年内での大幅合意断念が発表された。

　ドーハ・ラウンドの交渉がうまく進まない理由としては、IMF指導により比較的自由化の進んだ途上国の側が、農産物を中心に自由化が進んでいない先進工業国に譲歩を求めるという対立があることが挙げられる。また、それまでの長期にわたる先進国主導の GATT 交渉への反発から、交渉の主導権を巡る争いもあるようである。そして、農産物貿易自由化を中心とした政策内容について、途上国側がより多くの譲歩を求めるようになったのである。

　また、IMF が個別の途上国に貿易の自由化を課した結果、多くの国で貿易自由化が進んだが、自由化が国内レベル、世界レベルで貧困格差を拡大させるのではないかという議論が強くなっている。これについては、上記シアトルでの事件以降、IMF・世銀の会合、G7/G8 の会合が開催される都度に、NGO などが会場近くに集結し、激しい反対行動を行なってきた。2005年12月の香港での閣僚会議では、日本と同様にコメ自由化に反対する韓国人農民が 1,000 人以上集結し、会場近くまで接近して、関係者は船で移動せざるをえなかった。

　いずれにしても、WTO での対立があるが、根本的には 80 年代からの長期にわたる IMF と世界銀行が進めた自由化による世界経済のグローバル化が、貧困格差を大きくしているとの批判ともなっている。

　このように、IMF・世銀と、WTO 交渉における先進国に対する反対は、交渉の当事者である政府機関のみならず、NGO など関係者の間で根強いものがある。両機関は NGO などとの対話に力を入れており、今日においては、両機関の春季総会や年次総会でも民間団体が招かれている。

4-5　貧困削減と援助協調

4-5-1　急速な開発・援助枠組みの変革

　構造調整計画（SAP）は、少なくとも貧困国における対外債務構築という点では不十分な結果に終わった。一方、1990 年代後半から貧困国に対する開発と援助の枠組みが急展開した。まず OECD 開発援助委員会（DAC）が 1996 年に発表した新開発戦略においては、2015 年までに世界の絶対貧困層を半減すること

などが大目標とされた。その背景として、SAPの不成功と、冷戦後の援助効果の重視が挙げられよう。

そして、2000年の国連ミレニアム開発目標でも同様の目標が掲げられ（表4-3参照）、アフリカや南アジアが最重要地域となった。対象は、1日1USドル未満で暮らす絶対貧困層であり、その上の2ドル未満の層も含められる。

そして、その間、G7諸国を中心に、先進工業国は貧困国が多いアフリカの開発問題に取り組んできた。まず80年代後半から公的債務を扱うパリ・クラブで債務軽減が図られる。96年にはアフリカを中心とした重債務貧困国（HIPC）債務削減イニシアティブ（4-1-3項で既述）が開始された。

1999年のケルン・サミットでは、アフリカを中心とする重債務貧困国（HIPC）の債務の100％削減が合意され、2001年のアフリカ政府作成の「アフリカ開発のための新しいパートナーシップ（NEPAD）」に対するG8アフリカ行動計画が2002年のカナダ・カナナスキス・サミットで採択された。

セクターの優先順位についても、貧困重視の流れから、欧州諸国を中心に援助は社会開発部門へという考えが強くなった。貧困国の主要部門である農業部門については、アメリカを含めて直接生産部門はなるべく民間主導で行うべきとの立場がとられている。こうしたことから、部門投資計画（SIP）においても、社会セクターが多く、農業など生産セクターは少ない。債務返済能力のなさからアフリカに対しては大規模なインフラ・プロジェクトは実施できない。加えて、制度的な側面が持続的な開発に不可欠との認識から、グッド・ガバナンス（良き統治）が重要であると言われている。

このように、債務帳消しを機にアフリカの開発と援助の体制の改革が行われてきているが、IMF・世銀に加えて英国などドナー急進派が引っ張る形で、アフリカを中心とする低所得国において貧困削減を大目標に徹底した構造改革と援助改革が進められる。すなわち、セクター、サブ・セクター水準で改革を実施すべく部門投資計画（SIP）や単一の共通予算（コモン・バスケット・ファンド）が導入されてきている。

共通予算は、従来各ドナーがそれぞれの予算を持っていたのを、あるセクターなどの開発のためにファンドにプールするものである。アフリカの場合、教育、保健、農業、道路の分野でSIPとファンドが策定されている。援助の共通予算は

さらに進められて、英国などが、プロジェクト支援でなく、直接の財政への支援に切り替えている。

また、援助の実施面では、後発開発途上国を対象にして、OECDの開発援助委員会（DAC）でアンタイド化（援助資金を供与国の資材や業者に限定しないこと）が進められて、その波は無償資金協力や技術協力にも及んでいる（序章IV参照）。

また、調達など手続きや文書の欧州化までの徹底が主張されている。そして、2005年にパリ合意に至っている。これらの一連の援助面での動きは、SAP実施期間中にプロジェクト（個別事業）の乱立による援助の効率や効果が発現しなかったことが原因とされている（筆者の反論は、4-7節）。

さらには、援助改革の最先端のタンザニアでは、全体的な援助政策の共通化まで打ち出され、独自性を出したい日本は対応に苦慮してきた。急激な援助改革が強制的に進められることに対して、一時、日本援助はタンザニアから撤退せざるをえないところまで追い込まれたという。

●エピソード6　イギリス国際開発省課長との激論●

筆者は2001年にイギリスを訪問して、同国政府国際開発省（Department for International Development：Dfid）のアフリカ課長と厳しい意見交換をしたことがある。そのやりとりは、以下のようであった。

> 筆者「英国主導の援助協調の中で、日本の独自性を発揮できない」
> 課長「過去のアフリカ援助がうまくいかなかった理由が、各国の援助がばらばらに行われたことにある。一致団結して協調すべきである」
> 筆者「『1つの援助計画に1つの援助予算（コモン・バスケット・ファンド）を』というのは画一的すぎる」
> 課長「援助予算が削減され、援助の効果に対する納税者の目が厳しくなる中で、限られた予算を使って世界で最も優秀な専門家を雇い、最も廉価で品質がいい事業者（企業）を選ぶべきだ」
> 筆者「そうした国際入札が導入されると、日本の顔がみえる援助ができなくなる」
> 課長「どのような援助をしてもらいたいかは被援助国が決めるのである。日本のために援助するというのであってはいけない」（英国は「旗を降ろした援助」でキャンペーン）
> 筆者「援助資金は日本国民の税金に拠っており、日本人や日本の企業が参画できないの

であれば、支持を得られない」

　援助額では世界最大級でありながら、専門家の能力のレベルなどでは先進国でない日本は援助ビジネスから駆逐される可能性がある。欧米主導の協調枠組みが早く進めば、援助額は減らざるを得ないであろう。
　ロジックとしては上記課長の意見は正しい。EUの統合に伴い、フランスやドイツなど援助大国も同意している。日本としては、その方向は不可避として、対応せざるをえないだろう。日本経済のあらゆる部門が国際競争にさらされる中で、援助分野の人材も企業も伍していけるように努力していかなければならないであろう。
　序章「Ⅳ　国際舞台での日本叩き―英国による『恐竜（日本）』批判―」と本文「4-5　貧困削減と援助協調」参照。

4-5-2　識者の反論

　こうした構造調整計画をベースとしつつ行われた開発と援助の枠組みの大きな変革に対して、欧米の識者の多くは否定的な見解を持っている。まず1999年導入の貧困削減戦略ペーパー（PRSP）に関して、批判的な専門家達は、さらなる政策条件の強制だと断じている。[34]

　経緯を説明すると、21世紀を迎えるに当たって、2000年を「大聖年」としてのキリスト教団体の債務削減キャンペーンが功を奏した形で、先進工業国主導で債務の削減とそれに対応した援助の改革が行われたのである。99年のケルン・サミットで2国間債務の100%削減、同年の貧困削減ペーパー（PRSP）導入となったが、債務削減のための条件としてPRSP作成が義務付けられて、多くの国ぐにで住民参加も含めて短期間で作成されたのである。またも、外部主導の内政干渉という批判である。

　また、2005年に世銀は政策条件のレビューを行ったが、招待されたコーエベルレ（2005）は「コンディショナリティある限り自助努力なし」と手厳しい批判をしている。[35] 途上国側にオーナーシップは実現しないという指摘である。

　また、上記世銀の政策条件レビューの中で、本問題の第一人者である英国海外開発研究所（ODI）のキリック（Killick）は、「疑問のある（援助の）効果改善策」であると述べて、「多額の援助の無駄に終わる」と結論づけている。[36]

　また、キリック（Killick）は、近著の最後で、未解決の問題として以下を挙げている。

① 新しい開発・援助枠組みで政府の独自性がどれだけとれるようになったか。コンディショナリティの量はどれだけ変化したか。
② 被援助側のオーナーシップが高まったといえるか。IMF 改革の勧告を十分に反映しているか。
③ 被援助側が選択的にどれだけ政策を行使できるようになったか。

そして、IMF その他の政策が抜本的に変わっていないことを憂えている。[37]

また、欧州の穏健な専門家のサーベイによれば、IMF と世銀の貸付が再度増加しているが、政策条件は以前とあまり変わらず、90年代までの失敗を繰り返す恐れがある、と指摘している。[38]

そして、ダボス会議で有名な世界経済フォーラム（WEF）の2004年の「グローバル競争力レポート」で援助の効果について特別の分析が行われ、援助が途上国の開発に貢献しなかった結果が示されている（ハーバード大学教授が総括）。

途上国側のリアクションについては、筆者が東京のJICA研修であったケニア官僚は「マスクが変わっただけ」との厳しい見解であった。また、2005年4月に会ったタンザニアの農村開発局長は「これから、ドナーの指示にしたがって28のアクションプランを作成しなければならない」と述べ、その現実性に疑問を投げかけていた。過大な政策要求によるオーナーシップ欠如の問題が続いているようである。

4-6　紛争国への関与

2001年同時多発テロ以降、テロ撲滅のために紛争国に対する関与が増加した。米国と英国の主導で進められ、またテロの温床の根絶のための名目とはいえ、貧困削減重視がリンクされることとなった。3-1節の最後で述べたが、ベルリンの壁の崩壊後に、アメリカが政治の民主化を経済自由化に追加して課したことも重要な背景である。

世銀は、2002年にこれらの国にかかわる報告書を発表した。対象となる国々は、Low Income Countries under Stress（LICUS）と名づけられた。当時、

表4-10 紛争国の経済指標

アフリカLICUS諸国（17か国）	1人当たりGNI (US$、2001)	HIPC 2002	紛争終結国 2001	債務分類	1999 債務残高の現在価値/輸出(%)	1999 債務残高の現在価値/GNP(%)	2ドル未満の人口（全人口に占める比率、%）
コアLICUS							
1 アフガニスタン							
○ 2 アンゴラ	500	×	×	重	178	244	
○ 3 ブルンジ	100	×	×	重	850	80	
○ 4 チャド	200	×		一般	189	42	
○ 5 コンゴ（民主）		×	×	重	717	226	
○ 6 ジブチ	890			軽	82	36	
○ 7 ギニアビサウ	160	×		重	1,508	327	
8 ハイチ	480			一般	150	19	
9 ラオス	310	×		重	295	96	73.2
○ 10 リベリア		×	×	重	…	…	
11 ミャンマー		×	×	重	251	31	
○ 12 シエラレオネ	140	×	×	重	1,157	124	74.5
○ 13 ソマリア		×	×	重	…	…	
○ 14 スーダン		×	×	軽	2,113	166	
15 タジキスタン	170			軽	96	40	
16 ウズベキスタン	550			軽	131	…	26.5
○ 17 ジンバブエ	480			一般	148	63	64.2
マージナルLICUS							
18 アゼルバイジャン	650			軽	63	19	9.6
19 カンボジア	270			一般	191	62	
○ 20 カメルーン	570	×		重	271	77	64.4
○ 21 中央アフリカ	270	×	×	重	357	55	84.0
22 コモロ	380	×		重	297	68	
○ 23 コンゴ（共和国）	700	×	×	重	280	327	
24 キルギス	280			重	201	82	
○ 25 ナイジェリア	290			重	188	90	90.8
26 パプアニューギニア	580			一般	107	82	
○ 27 トーゴ	270	×		一般	209	79	
28 イエメン	460	×		一般	100	58	45.2

注：LICUS: Low Income Countries Under Stress
出所：World Bank, "Briefing Review: Low Income Countries under Stress, A Difficult but Critical Challenge for the Development Community",
World Bank Task Force on Low-Income Countries Under Stress, March 11, 2002.
World Bank, World Development Report 2003.
IMF and World Bank, Assistance to Post-Conflict Countries and the HIPC Framework, 2001.
World Bank, Global Development Finance 2001.

英国国際開発省の大臣であるショート女史も、IMF・世銀合同の開発委員会でこれらの国に対する支援を強調している（序章Ⅳ参照）。

そして、今日では、LICUSではなくて、紛争終結国（Fragile State）と呼ばれた国々が援助の対象となっており、表4-10に対象国を示した。

序章で述べたが、イラクについても、IMF・世銀主導で経済の回復・復興が行われている。小泉政権時代に米国と親密な関係を構築した日本も積極的に支援してきた。

4-7 問題点と課題

これまでのIMF・世銀や英国などのドナーの改革と識者のサーベイを踏まえて、90年代後半から今日に至る改革や発展に対して、主な論調に言及しながら、筆者が重要な問題点や課題と考えるところは以下の通りである。

4-7-1 開発の枠組みと政策
（1） 開発政策の対象

筆者として特に強調したい点は、部門投資計画（SIP）、援助協調などドナー主導の改革は、実は80年代当初からの両機関の構造調整計画に枠組みとして含まれていたということである。

まず政策の対象として、90年代後半から今日まで、貧困削減との関連で、援助改革の骨子としてプロジェクトからセクターを対象としたプログラムへの移行が必要であると言われている。しかし、歴史的趨勢からみて、それは1980年のSAL導入時に導入されたことがよく認識されていない。「マクロ面のプログラム支援→セクター面のプログラム支援」という流れ（カントリー・アプローチ）が歴史であり、マクロ面の改革がかなり進んでから、プロジェクトの効果的実施のためにセクター水準のプログラム支援が強調されたとの認識がベースであるべきである。

そうであれば、有効なプログラム支援のためには、当該セクターを取り巻くマクロ面との整合性が留意されるべきである。セクター水準以下でのいろいろなプ

ログラムなどの取組みが、IMF・世銀の全体の枠組みと整合性があるか、当初からの枠組みであるマクロ、ミクロ（プロジェクト）と、セクターの政策や対策が統合化されているか、がチェックされるべきである。

タンザニアなどで多くの試みがなされているが、セクター、プロジェクト面での多くの試みの中でそれぞれの試み、施策の間の整合性に問題があり、それらの効果発現も確たるものがないようである。これは、英国海外開発研究所のキリックなどが指摘している点でもある。

（2） 開発への接近方法（アプローチ）

次に、「プロジェクト志向からプログラム志向へ」、そうすることによってプロジェクトの乱立をなくすという論が横行しているが、そうではないことをまず強調したい。

開発へのアプローチとして、図2-1で明らかなように「プロジェクト・アプローチ」から「カントリー・アプローチ」への転換は既に行われていたのである。「カントリー（国別）・アプローチ」は「マクロ→セクター→プロジェクト」という順でプロジェクトの絞り込みを行う体制である。

プロジェクトの乱立が解消しないということは事実かもしれないが、その原因は引き続くマクロ不安定と冷戦下の援助競争にあり、また両機関の開発・政策モデルが実行されなかっただけである。

（3） 政策の目標と手段

「IMF・世銀主導の経済自由化は当該国の経済回復をもたらさず失敗に終わったので貧困削減を」と言われるが、そうではない。「自由化が終わったから、貧困削減」である。96年のOECD・DACの新開発戦略、そして2000年の国連開発目標（UNMDGs）で打ち出された貧困削減は、冷戦後に改めて援助を見直すというところから出発しているように言われるが、[39]IMF・世銀の当事者からすればそうではないだろう。自由化そのものが大幅に進展し、逆戻りできない状況に至っての貧困重視である。短中期の経済自由化は山を越えて長期の開発の方向付けとして、絶対貧困層を主な対象とした戦略を打ち出しているということである。

マクロ面での問題、特に債務の重しがなくなった中で、つまり短期の問題が解決した後を受けて、長期の観点からの構造的な問題の改善が重点課題となったのである。

昨今、グローバル化、つまり世界規模での自由化と格差拡大ないし貧困増大といった文脈で対立があるが、既に前者は山を越した状況にあるとの認識が必要である。また、各国が外国投資誘致に代表されるように原則自由化で進んでいる現況下で、自由化からの大幅な逆戻りは現実ありえないと考えるべきである。相対的な格差拡大はある程度許容せざるをえず、貧困の絶対的な水準の削減、貧困者の生活水準の向上が満たされるかということだけが当面の重要課題であろう。
　1999年に導入された貧困削減戦略ペーパー（PRSP）は、SAPの名称変更である。貧困削減が加わっているが、マクロ、セクター、サブ・セクター、プロジェクトの政策からなる。内容は以前と基本的に同じである。自由化は堅持しつつ、貧困削減に付加的に対応ということである。[40]

（4）　重点セクター（部門）

　社会セクター重視はIMF・世銀と欧州主導のニーズに即したものであり、対象は絶対貧困層である。諸条件がきわめて悪く、また現地の状況に大きく影響を受けている貧困層に対してどれだけ外からの援助が対応できるのだろうか。
　援助の対象部門ないし分野として、貧困削減に大きく関わる社会セクター（インフラ・サービス）以外に、経済インフラ・サービスと直接生産部門がある。日本の開発思想の中心は自助努力であり、過去においては経済インフラと直接生産部門に注力してきた。これら2部門とのバランスをとる必要があるし、社会セクター支援とはいえ、外からの援助の対象はもっと活力のある貧困層ではないのか。

（5）　政策の整合性

　当該国の国内の政策間のみならず、当該国にとって国際環境と捉えられる政策との整合性が検討されなければならない。例えば、世界中の国で関税の抜本的な引き下げが行われ、近隣国などと競争して外資優遇措置が採られている。4－1－4項で述べたように、IMFが、これらの政策は政府の税収の減少を生じさせているし、各国が同じ政策を採ることにより効果もあまり期待できないとみている。
　また、それらの自由化の最終段階の実施が、本当に途上国にとって有益なのかの検討が必要である。その点で、新しい政策の総合的な分析が必要であるし、日本の識者が主張する産業政策の重要性も再検討されなければならないだろう（4－8－3項参照）。

4-7-2 援助の枠組みと政策
（1） 債務帳消しに至った失敗の総括
　構造調整計画は規制緩和や民営化など多くの政策を含むが、大目標は対外債務返済能力の構築である。結局、多くの貧困国が債務帳消しに終わったということの総括はない。主要政策の実績だけでなく、債務分析などノン・プロジェクト評価を含む計画全体の分析が十分に行われていないし、帳消しに終わった面での反省が公表されていないようである。
（2） 過去の援助の成果の評価
　90年代の中頃からの援助協調については、その導入の背景としてプロジェクト（個別事業）の乱立による援助の失敗が挙げられる。それでは援助の失敗の原因は何だったのだろうか。以下の原因が挙げられる。
　第1に、債務負担大というマクロ経済環境悪化の継続によってプロジェクトが失敗した面が大きい。
　第2に、80年代から援助協調が実効的に行われなかったのは、冷戦下でバイのドナーが、東側ブロックとの援助競争もあって援助調整を履行しなかったことにある。
　第3に、被融資国政府が政策条件となっている改革政策を十分に実施しなかった、あるいは実施できなかった。また、両機関以外の援助国・機関の融資額が不十分であった、または拠出が遅れた。
　そこで、90年代中頃から議論され、実施されている援助協調ないし援助改革は、東側ブロック崩壊によって援助競争をする必要がなくなったことに加えて、EUの結束で欧州の主要ドナー（フランスやドイツ）が自国政策のみを追求することが難しくなったことによると考えられる。
　むしろ重要なことは、プロジェクトの乱立に対する反省と援助協調は、1980年の世銀SALの導入からであるが、外からの強制という形で援助が依然として行われてきていることである。上記での識者の批判にあるように、その点で以前と変わっていないといえるだろう。援助枠組みの再考なくして、途上国側の自立が実現しないのではないか。また、IMF・世銀の政策、それを土台とした英国などの政策の再検討が必要ではないだろうか。

(3) 総合的な見方の必要性

分野別の優先順位を変えるということで、PRSP導入後貧困対策、社会セクター重視で多くの試みがなされていて、関係者の関心がそちらに集中している。一方で経済自由化による輸入や外国投資の障壁削減は進んでおり、経済全体でみて当該国の開発に有益な枠組みとなっているか、開発・援助資源が有効に使われているか、ということを注視しなければならない。

具体的には、援助を社会セクターに大幅に注入する一方で、自由化により当該国の貴重な資源や資金が外国の資本の手に渡っているのではないか。全体的な資金の流れ（Resource flow）の変化に注目しなければならない（援助によるオランダ病を含めて 8-2 節のタンザニア参照）。

日本でも金融自由化が進んだお陰で多くの外国金融機関が活動するようになっているが、シティバンクやスイス系銀行ですら、非合法な資金操作を行なったとして金融庁から厳重な注意を受けている。途上国では官僚機構が日本の金融庁のようなことをする能力はない。[41]

(4) IMFと世銀の役割分担

調整融資（AL）は世銀の国際収支支援のいわゆるノン・プロジェクト融資であり、それは IMF が主導的に供与するものである。世銀はプロジェクト融資により特化することが必要であり、1980 年代の中頃からの役割分担の明確化により、それは本来の姿に戻ったことになる。1980 年代半ばからその動きは始まっている。

一方、世銀の調整融資に代えた「開発政策融資」（DPL）は、低所得国に対して従来と同じく IMF の融資を補完するものである。

両機関の役割分担は、90 年代よりは進んでいると考えられるが、2007 年時点でも業務の調整などが議題に上がっている。

(5) 政策内容

新しい政策の内容を、下記の（a）-（c）で検討する。

(a) 政策条件（コンディショナリティ）

4-5-2 項で識者が批判しているように、DPL においても融資の条件としての政策条件は依然として同じである。被融資国とドナー、そして市民社会の参画をうたっているが、国内政策への介入について基本的に変わりはない。

そこで、引き続きオーナーシップと実施能力の問題がある。
（b）　実施計画

　政策の実施スケジュールが性急なものでないか注視する必要がある。相手国の実施能力を見てからというものの、融資期間は3〜4年であり、その期間にどれだけの政策が被融資国の納得の下に行われているのか検討が必要である。

　表2-5の政策分類のうち、経済開放政策や国内規制緩和政策がかなり進んでいるが、公的部門改革政策が比較的遅れているという改革の順序に留意する必要がある。

（c）　貧困への影響

　社会面の影響軽減のためのセーフティネットが、有効なものかチェックが必要である。1980年代後半にSAPの悪影響を軽減するプログラムが世銀によって導入されたが、人的面、資金面で実施がうまくいかなかった。

4-8　日本の対応

4-8-1　IMF・世銀に対する過去の協力方針

　経済大国であり、サミット（主要国首脳会議）のメンバーたる日本の基本的立場は、両ブレトンウッズ機関に協力するというものである。サミットで両機関の基本方針や機構改革に関する取決めが共同声明として出され、より詳細を決めるG7ないしG8にも長年参加してきている。

　1章で述べたように、日本は両機関でアメリカに次ぐ出資国であり、常任理事となっている。IMFにおける業務上のトップの事務理事に次ぐ副事務理事3人のうち1人は日本人である。

　1980年代の構造調整（経済自由化）に関して、両機関は、被融資国のファイナンス・ギャップを埋めるために、他のドナーに対して支援を要請してきた。日本政府の協力が始まったのは、世銀と協調するIMFが、1986年にSAF、1987年にESAFを創設して、世銀のSALと同様な中期で低利の対低所得国向け融資を開始した頃である。世銀は80年代中頃から、既に日本に協調融資を要請して

いた。

　日本政府は従来から途上国に対してこのような国際収支支援のノン・プロジェクト融資を行ってきたが、構造調整支援の融資に踏み切ったのは、1985年である。[42] 同年、世銀IDA「アフリカ開発基金」の枠組みで総額447億円にのぼる特別協調融資を行っている。2国間では、翌年（1986）アフリカのマラウイの第3次構造調整計画、ブルンジの第1次構造調整計画に対するIDAとの協調融資が世界で最初の供与となった。交換文（L/Aベース）で、それぞれ53億円と16億円である。そして、その後、日本は構造調整計画に対する最大の支援国のひとつとなった。

　日本政府が協調融資に踏み切った理由は、第1に上記のようにIMFと世銀が協調して途上国を支援する枠組みができて、他のドナーと同様に協力しようとしたことが挙げられる。当然のことながら、経済危機に陥った途上国を救済するためであって、その枠組みが構造調整計画（SAP）となったのである。プロジェクト・ローンが成果をあげるために、まず経済全体を建て直すために、直接的には国際収支赤字を補填するために、ノン・プロジェクト型融資で外資を供給しようというIMF・世銀の援助方針に従ったものであった。

　しかし、重要な点は、このSAPの枠組みと政策内容は米国や欧州のドナー国主導でできたものであり、日本はそれに従わざるを得なかったのではないかということである。

　第2に、日本側の事情として、債務危機に陥った低所得国に対して通常のプロジェクト・ローンとしての円借款を供与できなくなったことが挙げられる。債務支払いが滞り債務支払いの繰延べ（リスケジュール）が行われると、新規のローンは出せない。

　第3に、日本の貿易黒字の還流という側面もあった。1989年から日米構造協議、93年から日米包括経済協議が行われ、日本の膨大な黒字の還流が求められた。1987年の資金還流計画と1988年のODA第4次中期目標に基づいて、アンタイド・ローンと円借款が大々的に供与されることになった。これらの融資はSAP支援の協調融資として供与されたわけである（4−8−2項で詳述）。

　米国との上記協議の中で、米国との協調が謳われていた。途上国の構造調整支援に関して、対米国の政治的な配慮が働いたと見ることもできよう。

日本は、新規融資のみならず、債務負担の軽減の努力も行った。3−4節で説明したように、1980年代後半からサミットやパリ・クラブで次々と救済措置が出されたが、日本は最大の協力国であった。

　しかし、他のドナーが債務削減の政策をとった中で、2002年まで債務支払いの繰り延べを長期間延長し債務支払いを求めるが、返済額と同額の債務救済無償を供与することにした。これは、1988年のトロント・サミットで表明したものである。

　日本政府の見解は以下の通りであった。「公的債務については、懸命に返済の努力を行っている債務国に悪影響を与えたり（モラル・ハザード）、公的資金の円滑なフローを阻害することにもなるため、慎重な対応が必要である」[43]

　追加措置として、債務繰延べ（リスケ）国には新規円借款を出せないために、1987年からノン・プロジェクト無償資金協力を開始した（4−8−2項で詳述）。

　その後、90年代後半から今日までの期間についても、新規融資と債務負担軽減の面で日本政府は大きな貢献をしてきた。しかし、重債務貧困国（HIPC）については、それまでの債務繰延べでなく、2003年以降債務の免除が行われることとなった。[44]

4−8−2　協力の実績と成果

　過去の実績は所得グループごとに異なるので、以下に分けて説明する。そして、最後にまとめる。

（1）　中所得国

　民間市場から資金調達できる経済力を持っているので、構造調整計画（SAP）全体を取り仕切るのがIMFである。アジア通貨危機でも、所得レベルの高い国ぐにに対するSAPの主役はIMFであった。

　これらの国に対する協調融資については、日本は、経済協力の中の「その他政府資金（OOF）」でも対応した。1999年までは日本輸出入銀行、その後は国際協力銀行の金融業務部のアンタイド・ローンの供与である。ただし、低中所得国に対しては、1999年まで海外経済協力基金（OECF）が、それ以降国際協力銀行の開発業務部がODA資金としての円借款を供与した。[45]

　機関別にみると、IMF・世銀主導で構造改革が進む中で、日本政府はIMFと

協調して中所得国を支援してきた。IMFの通常の融資であるスタンドバイ信用と拡大信用供与ファシリティ（EFF）に対応した協調融資である。また、為替レートの大幅な切り下げで一人当たり所得（ドル建て）が大幅に下がったパキスタンやスリランカに対しては、低所得国対象の基金である1987年導入の拡大構造調整ファシリティ（ESAF）と、1999年にそれを代替した貧困削減・成長ファシリティ（PRGF）の供与と協調した。

世銀とは協調融資という形式をとり、世界中の途上国に支援してきた。中所得国に対する世銀の融資の多くは、低所得国対象の国際開発協会（IDA）融資ではなく、国際復興開発銀行（IBRD）融資であったので、同行との協調融資は日本輸出入銀行のアンタイド・ローンか海外経済協力基金の円借款であった。

筆者が評価に関わったフィリピンの金融部門構造調整支援のように、世銀による部門調整融資（SECAL）との協調融資も行われた。表7-4によれば、89年11月にOECF円借款（3億ドル）が供与され、同月輸銀のアンタイド・ローン（3億9千100万ドル）も供与された。

債務救済については、2003年のG8とエビアン・サミットで合意されたエビアン・アプローチのもと、非HIPC諸国の債務持続性を支援するために、各国の債務状況に即した個別の措置がとられてきた。翌年、2004年には、ケニア、ドミニカ共和国、ガボンに適用された。債務の繰延べ措置である。

2005年5月にセルビア・モンテネグロ、同9月にはドミニカ共和国、キルギス、同11月にはイラク、同12月にはガボン、さらには2006年2月にナイジェリア、同3月にはケニアに対して債務救済を行っている。

これらを説明すると、冒頭の序章で挙げたイラクは、エビアン・アプローチのもと、2004年11月のパリ・クラブで公的債務残高の80%削減が合意されていた。ナイジェリアはアフリカ最大の産油国である。ケニアは石油輸入国であり日本の主要援助国であるが、HIPC措置による債務免除を求めない旨表明してきた。

（2）**低所得国**

IMF・世銀主導で構造改革が進む中で、日本政府はIMFと協調して低所得国も支援してきた。IMFの通常の融資は日本だけでなくすべての加盟国が拠出する出資金からのものであるが、1987年導入の拡大構造調整ファシリティ（ESAF）と、貧困削減・成長ファシリティ（PRGF）は特別の基金という形式を

取った。ESAFが創設された設立当初においては、総資金の4割が日本によるものであった。ESAFは1999年秋に貧困削減・成長ファシリティ（PRGF）となった。

　世銀とも協調してノン・プロジェクト融資を行ってきた。日本の対アフリカ協調融資の多くは、世銀のSALやSECALに対応したものである。1985年に世銀「アフリカ特別基金」へ協調融資を行い、1986年に世界で初めて2国間協調融資としてアフリカのマラウイとブルンジに供与された。構造調整計画の先頭グループのケニアに対しては、1988年度に農業部門調整融資（SECAL）と工業部門調整融資、1991年度に金融部門調整融資が供与されている（交換公文ベース）。

　重債務低所得国に対しては、80年代初めから対外債務返済の困難に直面した多くのアフリカ諸国は返済繰延べを実施することになった。その結果、円借款を供与できなくなった。そこで、他のドナーと違って債務返済額と同額の債務救済無償資金協力（ODA）が供与されることとなった（トロント・サミットで表明）。具体的には、相手国が債務を返済すると同時に、同額を債務救済無償で供与し、見返り資金の社会開発への支出を義務付けた。[46]

　一方、1987年から始まったノン・プロジェクト無償資金協力は、円借款に代わって、世銀などの構造調整支援融資を新規の融資でサポートしようとするものである。1987年に始めてケニアに供与された（35億円）。金額は小さいが、多くの国へ供与され、国によっては複数回供与されている。

　最貧国の債務負担の軽減に関しては、ODA白書2006年版によれば、日本は、拡大HIPCイニシアティブ適用の29か国に対して、G7全体の債務免除額（約259億ドル）の約5分の1にあたる約54億ドルの貢献をしている。最大級の貢献である。[47]ボリビアに対しても74億円のODAでない公的債権[48]の免除を実施した。さらに、南アジアの主要援助国のバングラデシュについては、2003年に1,581億円の債務免除が行われた。

（3）成　果

　上記の世銀とIMFの融資の結果は、日本にとってそれほど芳しいものではなかった。中所得国については、3-4節でみたように、債務危機から脱却することができた。しかし、低所得国の多くがHIPC対象国となったのであり、結局貸

表4-11　重債務貧困国（HIPC）への日本の債務免除

(2003-2005)（単位：億円）

	2003	2004	2005	繰延・免除除く2000年までの円借款
ボリビア	533.79		73.98	470.26
ガイアナ				
ホンジュラス			465.00	
ニカラグア		12.11		
ウガンダ	62.47			72.55
ガーナ		1046.78		1250.91
ギニア		81.75		
ザンビア		52.70	740.10	494.97
シエラレオネ		7.60		
セネガル		98.04		145.60
タンザニア	121.07		9.60	206.27
トーゴ		17.90		
ニジェール		25.34		
ブルンジ		12.38		
ベナン	37.69			
マダガスカル			174.90	
マラウイ		282.25		331.49
マリ	78.34			
モーリタニア	79.56			
ルワンダ			1.68	14.55

出所：外務省国際協力局『政府開発援助ODA国別データブック』各年版。

し倒れに至ったのである。バンカーとしては、融資金を回収できなくなったのである。[49]

　具体的に、被融資国の債務残高の構成をみると、欧米のドナーが2国間債務を帳消しにしているので、多くの国々で世銀が最大の債権国になっている（アフリカについては表8-5参照）。国によっては、3割、4割が世銀融資残高である。そして、2国間援助国の多くが債務棒引きに応じた中で、世銀などの要請に応じて融資した日本が、第2の債権国となっているのである。

　SAPに対する評価としては、世銀に一任して各ドナーが援助してきたわけで、日本は世銀の失敗の影響をもろにかぶっている。そして、債務免除に協力的でない立場をとっていると非難され、2000年の大聖年を巡って帳消しに応じないと、キリスト教徒団体から批判されることとなった。

　結局、本書でこれまで分析してきたように、重債務貧困国（HIPC）の多くは

債務返済能力を再構築することができず、SAP実施中は日本の資金協力は当該国の経済に大きな影響を与えたが、最終的には2国間債権と国際機関を通じる日本の支援がすべて債務帳消しという形で終わったのである。表4-11に2003-05年の債務免除の実績を示した。

4-8-3　現状と今後の方向
（1）知的貢献

日本政府は1980年代中頃からSAPに協調融資を行い、また独自にノン・プロジェクト無償資金協力で支援をしてきた。さらに、債務負担軽減で最大限の努力を行い、最終的には債務免除にも応じた。

このような資金面の貢献とは裏腹に、IMF・世銀の自由化政策に対しては懐疑的な意見を持つ者がいたと思われる。両方の機関のカウンターパートである大蔵省ないし財務省は別であろうが、東アジアと東南アジアの開発経験の成功をベースに、IMF・世銀主導の経済自由化政策や貧困削減政策に関して批判的な識者や実務者は多いと思われる。

今後にもつながる知的な貢献として、1992年のOECFの研究会のプロポーザルがある。[50] 世銀主導のSAPに対して有効なコメントをしたものであるが、その骨子は次の4点である。

① 長期の観点から経済発展を実現するためには、政府の介入が必要である。
② 急激な輸入自由化は国内産業の淘汰を招くので、望ましくない。
③ 中小企業に対しては、市場金利ではなく、政府の補助金による低金利の融資が望ましい。
④ 急激な民営化は、国内資本が少ない途上国においては、外資による買収という結果になる。自国の経済発展を担う産業が育つのを損なうことになる。

①については、英国の識者も同時期に、同様な意見を述べている。[51] 当該国の開発に責任を持つのは、国を選べる多国籍企業でなくて、当該政府であるということである。また、10年後、20年後の輸出産業育成といった長期間でみた施策は、政府の正当な介入として擁護されるということである。

OECFにとってとりわけ問題となっていたのは、③の「市場金利か低金利か」ということである。価格による資源配分の効率化を進める世銀にとって、低金利はそうした機構（金融市場）を歪めるとみて、世界中でOECF融資と対立していたのである。日本側は過去の開発経験を踏まえて、政策金利の重要性から低金利の融資を続けている。今日では、両行の金利差は縮まってはいるが。

　また、IMF理事会で、中央アジアに対する政策に対して、日本理事が批判を行ったことがある。

　また、外務省の第三者評価（2005）は以下のような批判を行っている。すなわち、「マクロ経済成長が貧困削減に寄与するのかという批判は、「理論的視点からの批判：新古典派経済学の基本前提が途上国の現実から乖離している」に通ずるものである。トリックル・ダウン（波及効果）の考え方のみでは貧困層に裨益できないことは、過去の援助経験が物語っている。そこで、政策、制度、ガバナンス面での改革、社会的弱者支援策の充実を導入しているが、これらとマクロ経済政策がうまく融合するか、あるいは相乗効果をもたらすのかは未知である」[52]

　要点は、市場を整えれば経済が動くというものではなくて、政府の一定の介入による経済開発や産業育成が必要であるということである。日本を含む政府主導のアジアの成功経験をベースにしたものである。

　さらに、アジア通貨危機後、IMFにおける意思決定がより世界の各地域・国を反映するべきであるとの意見を日本が主張し、2006年9月にIMF総務会が4か国クオータの上昇を勧告した（4-2-2項参照）。

（2）提　案

　貧困削減に関しては、まず昨今の「貧困削減が21世紀の最重要目標」と言われる中で、筆者が強調したいのは、貧困問題は根本的に当該国の国内問題であって、国際問題ではないということである。根本的に、海外からとやかく言う筋合いのものではないということである。

　翻って我が国のこれまでの開発経験をみると、貧困問題は基本的にその関係する社会の内部で解決されてきたのではないか。貧困者の救済を外部世界に助けて下さいというのは恥ずかしいこと、貧困者自身も恥ずかしくて人様の前に出られない、そして何とか経済全体を動かし、そして社会全体の余剰を回して社会内で解決したということではなかったのか。貧困者自身とその社会の自助努力こそが

日本の開発経験であり、開発思想ではないだろうか。IMF・世銀主導の貧困削減戦略ペーパー（PRSP）を政策条件とした融資は、80年からの構造調整と同様の国内政策への介入である。4-5-2項で挙げた欧米識者が述べたように「コンディショナリティある限り自助努力なし」であろう。

次に、欧米や世界銀行などが最重点対象としているのは、1日1USドル未満で暮らす絶対貧困層である。日本の開発モデルは、ODA大綱にも中期政策にもあるように、自助努力である。

よって、援助の対象者としては、貧困削減を欧米ドナーが主張しても、それは日本の得意とする分野でない。しかも、多くがサハラ以南アフリカ諸国（48か国）であって、歴史的な意義もないし、我が国に知見があるわけではないことを伝えるべきだろう。

日本としては、その上の貧困層を対象とするとの認識を持って、どう対処するか考えなければならない。日本が援助で真に対応できるのは、小規模の篤農家や中小企業、やる気のある労働者ということになる。また、生産活動を支援することが必要であるし、債務負担増加になるとして批判が強かったが、アジアの経済発展で効果を発揮したインフラ支援も重要である。[53]　経済協力の3セクターのどれを支援するかという視点でみるべきである。

次に、援助の具体的手段（モダリティ）としては、我が国のみ有償資金協力が多いが、資金的な余裕がある優位性も考慮して、また何よりも自助努力を全面に打ち出して、無償資金協力重視の考え方を改めてもらう必要があるのではないか。

さらに、援助協調については、現行の貧困削減のやり方とも関係するが、一定の距離を置いて対応する方が賢明ではないだろうか。既に述べたように、欧米の多くの識者が新しい援助のあり方に疑問を投げかけている（4-5-2項にサーベイ結果）。

また、最大の債権国であった日本が債務を帳消しにしたのであるが、債務免除した国に対して無償資金協力であれ、英国が主張している250億ドルもの対アフリカ援助の増額に積極的に対応するべきなのだろうか。[54]

表4-12は貧困削減の長期予測（世銀）を示したものである。1990年の貧困層の数を2015年に半減することがUNMDGsなどの目標となっているが、既に世銀はアフリカでは半減どころか増加すると予測しているのである。英国が主張し

ているように、2015年に間に合わせるべく性急に大規模な援助で対処するのは賢明ではないだろう。後でタンザニアのところでみるように、新たな支援策としての財政支援も現地政府の自助努力を損なう可能性が高いのではないだろうか。

以上、現行の政策にコメントしたが、基本方針としては、その方向は不可避として、ある程度援助の計画や予算の策定に参加した方がよいだろう。また、重要な視点として、構造調整計画は、なるべく民間主導で途上国支援をすることを教えてきた。この点で、政府ベースの援助の総額は少なくあるべきで、公的援助はアフリカなど貧困国へという基本原則はしっかり堅持されなければならない。

また、援助の目的としては、新しいHIV/AIDSの惨禍、マラリアなどの疾病の拡大などで脆弱性がより増したアフリカなどに対して、人道的な見地からの支援は必要である。紛争終結国に対する支援もこの部類に含まれる。

最後に、長期的観点から、日本経済のあらゆる部門が国際競争にさらされる中で、援助に関わる知見を蓄え、また人材育成に努力していかなければならないであろう。

表4-12 絶対貧困層の地域別予測
(1990-2015)（単位：100万人）

	1990	2001	2015
東アジア	472	271	19
中　国	375	212	16
その他	97	60	2
南アジア	462	431	216
サハラ以南アフリカ	227	313	340
世界	1,218	1,089	622
中国を除く	844	877	606

出所：World Bank, *Global Economic Prospects* 2005.

注
1) アフリカ開発銀行の譲許的融資であるアフリカ開発基金の債務も100%削減されることとなった。
2) 世界銀行の世界開発報告や世界開発金融報告に分類表がある（付録参照）。世界開発報告2007年版の分類は以下。2005年の一人当たり国民総所得（GNI）が875ドル以下が低所得国。876-10725ドルが中所得国で、3,465ドルで上位と下位に分ける。

3) 筆者が90年代初めに世界銀行のラテンアメリカ局を訪問したとき、面会者は「ラテン・アメリカにおける開発レジームが変わり、(自由化が)既に定着した」と述べた。まるで「勝利宣言」のように思った。
4) ホームページで記者会見のビデオを視聴できるし、議事録もある。本書の「ネット・トーク1」も参照。
5) Williamson (2003).
6) Kuczynski and Williamson (2003), After the Washington Consensus: Restarting Growth and Reform in Latin America.
7) 会合後の記者会見で、合意に成功したブラウン英財務相は「歴史的な行動だ」と称賛し、それに呼応するようにスノー米財務長官も合意を高く評価する声明を出した。
8) これは、「アフリカ支援が最大の目玉」とするホスト、英国の勝利である。BBCはイラク戦争協力の功労によるものであり、イラク戦争で失った民意を取り戻す政府の政策と報じた。
9) 英国の政策はかなりリベラルで、そのパッケージの中に、EUを含む先進工業国の農産物保護削減と国内補助金削減を含んでおり、フランスなどと対立している。
10) 英国は年間500億ドルの援助増額を目指して開発資金調達制度 (IFF) を、イタリアは予防接種などのミニIFF、フランスは援助税導入を提案している。米国は政治経済の自由化を条件とするミレニアム挑戦会計 (MCA) を04年から開始している。日本は、対アフリカ援助の3年間の倍増と、中小企業育成基金の創設などを提案した。
11) ガーナは構造調整計画の優等生として日本も多額の協調融資を行ってきたが、2001年の政権交代で英国のアドバイスにしたがって債務帳消しを申請したのではないかと言われる。最大の債権者である日本政府はケニアと同様に申請しないことを希望していただろう。
12) 当時の筆頭副専務理事のスタンレー・フィッシャー教授は、IMFは情報をもっと公開すべきであったとの批判に対する回答として、それはできないとして2つの理由を挙げている。第1に、秘密性を保持するがゆえに当該国政府と重要な政策について協議できる、第2に仮にIMFがある程度の政策を公開したとして、むしろ経済を悪化させていたであろう。
13) いずれも分厚い本で、著者が所属する学部でも必修科目で使用しているが、学生諸君が苦労している。
14) 2003年末にハーバード大学に戻っている。2003年10月にはG7とIMF・世銀合同の年次総会が同時にセットで開催されているが、Rogoff局長による『世界経済見通し』発表と記者会見の模様がインターネットで視聴できる。筆者(坂元)は、本書「ネット・トーク1 ワシントンでの記者会見—世界経済を取り仕切る人々—」で利用方法を説明している。
15) 経済学界で極めて著名な学者である。2007年にはイスラエル中央銀行総裁。
16) Fischer, S., "Exchange Rate Regimes: Is the Bipolar View Correct?," *Finance and Development*, June 2001.
17) 2007年9月7日の日本国際経済学会において、IMFアジア太平洋事務所長は私見として、理由を2つ挙げている。第1に、融資申込みが国の信頼性を損なうと考えられたこと。第2に、事前審査が行われるので、経済状況が悪くなってからの審査でよいと判断されたこと。
18) IMF, IMF quota reform plan moves into second phase, IMF Survey, February 26,

2007, pp.52-53.
19) 1994 年度にアフリカ地域について構造調整政策条件のレビューを行っている。
20) Mosley (1991), *AID AND POWER*. Wold Bank, *Adjustment in Africa*, 1994.
21) 貸付の結果は『構造調整再考』4 ページ。
22) 『構造調整再考』4 ページ。
23) 『構造調整再考』21 ページ。下記に、世銀の評価水準の説明がある。
   IEG: Country Assistance Evaluations (CAEs)
   Guide to IEG's Country Evaluation Rating Methodology
   http://www.worldbank.org/ieg/countries/cae/cae_methodology.html
   (2007 年 3 月 23 日)
24) 6 段階の下から 2 番目
25) 『構造調整再考』26-27 ページ。
26) 『構造調整再考』80 ページ。
27) 同「レビュー」39 ページ。
28) 世界銀行『世界銀行ガイド』2003 年版。
29) 2004 年 8 月 10 日発表 (Dev News Media Center on 30 August, 2004)
30) 大野 (2002) は、「WTO 加盟条件が明文化されていないために、既加盟国からの要求がエスカレートする傾向がある。〈中略〉、実際に交渉国は WTO 協定範囲外の項目について約束させられるという事態が日常的に発生している。これを「WTO プラス」の要求と呼び、たとえば価格自由化、国有企業の民営化、輸出税の削減などがそれにあたる」(7 ページ) これらは、各国別に IMF・世銀が課す政策にすべて含まれている。
31) 特別措置として、以下の 3 つが挙げられる。1) 産業育成ないし国際収支圧力を理由とする関税・輸入制限 (GATT 協定 18 条)、2) 途上国の主要輸出品に対する先進国輸入障壁の除去 (GATT 協定第 4 部)、3) 途上国輸出に対する特恵関税 (GSP)。1) は WTO が認める緊急輸入制限措置 (セーフガード) であり、たとえば、2001 年日本が中国から輸入されるネギなど 3 品目に同暫定措置を発動した。全体的な自由化を維持しつつ、貿易による短期的な悪影響を例外的に認める政策も扱っているのである。
32) Oyejide (2000) によれば、EU の農産物に対する関税率は 20% であるが、アフリカは 13% の水準である。同会議で、アメリカは 25% を上限とするように関税率の水準を下げようとしたが、同国の農業に対する補助金に対する反発も大きかった。コメの関税の水準が 700% の日本としては、決裂で救われた格好となった。
33) このカンクンの会議の際、アフリカ連合 (Africa Union) の高官は、「WTO からの離脱も検討」との見解を示した。その後に、ブラジルがアメリカの綿花に対する補助金の違法性を提訴したが、これは西アフリカの綿花にも影響することであった。
34) Gould, J. (ed.) (2005).
35) Koeberle, S.,Conditionality: Under What Conditions?, Review of World Bank Conditionality, 2005. (世銀ホームページ)
36) Killick, T, Did Conditionality Streamlining Succeed?, Review of World Bank

Conditionality, 2005.（世銀ホームページ）
37) Killick, Conditionality and IMF flexibility, *The IMF, World Bank and Policy Reform*（ed. by Paloni), Routledge, 2006, p.262.
38) White (2003), p.550. 筆者は 1995 年に White が主宰するプログラム支援のサーベイと、ハーグのセミナーに参加した。
39) EU が SAP の失敗の打開のために債務帳消しに応じたのは、2000 年を目指したキリスト教団体も交えた帳消しキャンペーンによるものであるとの見方もある。
40) 筆者は以前、毎年 JICA 集団研修コース 3-5 本で構造調整について講義をしていたが、アフリカ人官僚の多くは、SAP から PRSP へ変わっても、内容に変更はないとの意見を持つ者が多かった。
41) 千葉大学主催のアフリカ・セミナーでアフリカ開発銀行のエコノミストのペーパーにコメントしたことがある。彼のペーパーでは、いかに多くの国で鉱物採掘の多国籍企業が環境破壊をしているか明らかにされた。
42) 従来は商品借款であり、政策条件をつけた構造調整支援融資が新たに加わることとなった。
43) 外務省『我が国の政府開発援助』1991 年版、p.357。
44) 2002 年 12 月 10 日に円借款の債権放棄が発表された。
45) 1999 年 10 月に、日本輸出入銀行と海外経済協力基金は統合されて、国際協力銀行が発足した。2008 年には同行は解体されて、円借款部門が JICA と合併する。
46) 日本の資金供与による外貨を市場に出す見返りに中央銀行などが受け取る内貨を見返り資金と呼ぶ。その積み立てと社会セクターへの支出が義務付けられたのである。
47) ODA 白書 2006 年版、p.109。
48) 付保商業債権のことで、日本の企業の貿易にかける貿易保険が代表的で、ODA ではなく「その他政府資金 (OOF)」に分類される。パリ・クラブでも取り扱う。
49) 世銀元局長曰く「世銀アフリカ局スタッフは全員討ち死に」。
50) OECF 調査季報、1992 年 2 月。OECF スタッフに、当時の堀内行雄東京大学教授、柳原透法政大学教授らが加わった研究会の成果である。
51) Mosley et al. (1991).
52) 外務省 (2005)『調整融資のレビュー』、p.43。
53) 坂元（筆者）「日本の援助を真のアフリカ開発のために」『世界週報』2003 年 10 月 7 日号参照。
54) 表 4-11 に挙げたセネガルについては、2004 年に債務免除された後に、翌年に新規円借款が供与されている。低中所得国のバングラデシュに対しても、2003 年度に 1,580 億 9 千万円の免除が行われ、翌年に新規の円借款も供与されている。

5章

地域別・国別サーベイ

　前章までのサーベイに加えて、国別・地域別の詳細な事例分析が必要である。この章では世界全体を対象としてサーベイを行うが、次章で注目を集める新興市場経済を対象とする。そして、中所得国フィリピンの詳しい事例研究の成果は7章、低所得地域・国であるアフリカ地域とタンザニアに関わる分析は8章で扱う。

5-1　アジア諸国の実績

5-1-1　東アジア

　アフリカやラテン・アメリカと違って、IMFと世界銀行主導の構造調整計画(SAP)の経験が長い国は少ない。SAPの経験が長いのはフィリピンとインドネシアのみである。90年代にインドシナ諸国が加わる。1997年からのアジア通貨危機時もマレーシアとシンガポールはIMFに依存しなかった。

　1997-98年のアジア通貨危機前のSAPの主要国はフィリピンとインドネシアである。フィリピンは、ケニアと同じく、世界で最も早く、1980年からSAPを開始した。旧宗主国アメリカの影響力が大きく、早くから導入したようである。また、近年まで経済状況が悪く、常に対外債務問題を抱えていた（7章で国別に詳細分析）。

　インドネシアは同地域における日本援助の最大の受益国のひとつであるが、石油価格の変動による経済悪化でIMF融資を受けることがあった。また、80年代において継続的に世銀主導のSAPを実施した。同地域における大国であり、アメリカ人アドバイザーも政府に常駐した。

タイは80年代初頭にSAPを受入れたことがあったが、その後の経済の回復、加えて日本からの援助と投資の増加によって、97年のアジア通貨危機まで支援を仰がなかった。

インドシナ3国は低所得国グループに属し、アフリカの低所得国と同様に、IMF・世銀の重点国である。政治的問題で開始が遅れた。

カンボジアとラオスは忠実な実施国であるが、ベトナムは政策内容をめぐってIMFと決裂したことがある。ベトナムは社会主義体制を維持しており、公企業の民営化や外資導入などで対立した。

政治的に問題のあるミャンマーは未実施国である。

5-1-2 アジア通貨危機
(1) 経　緯

1996年まで、東南アジア地域の主要国は、見事な経済成長を遂げた。世銀は1993年に『東アジアの奇跡』を発行し、ある程度の政府の介入を認めながらも、市場志向の政策が高度成長を導いたと結論付けた。

ところが、1997年7月にタイをバーツ暴落が襲った。その年の前半から、固定相場のバーツに対する外資の売りが生じており、それに対処して7月2日に変動相場制度に移行したのが発端である。その後、外国資本が急激にタイから流出を始めて、経済の悪化が急速に進んだ。

タイの危機は近隣国に波及して、各国の通貨が売りあびせられることになった。当時、巨大資本（ヘッジ・ファンド）による通貨への投機と資本引き揚げが指摘されており、マレーシアのマハティール首相がクォンタム・ファンドを率いる国際投資家ジョージ・ソロス氏を名指しで批判した。[1] その後、東南アジア地域の各国が瞬く間に経済不況に陥った。

インドネシアにおいては、1998年、IMF勧告に従う補助金削減による生活必需品の価格高騰に対して暴動が起こった。同国は、日本最大級の援助国、投資国であって、首都ジャカルタに火の手が上がる写真が日本の各紙の第一面に掲載された。当時の橋本首相が陣頭指揮をとって、日本人の救出、資産の保護にあたった（序章参照）。

IMFの指導下に入ったのは、タイ、インドネシア、韓国であった。アジア通貨

危機時のIMFの対応として、1997年8月にタイに対してスタンドバイ信用が供与された。1997年11月にはインドネシアが、12月には韓国がIMFのスタンドバイ信用を受けて、構造調整を実施することになった。

自国通貨買い支えで外貨準備が払底した韓国までIMF融資を求めることとなったが、東南アジアの危機は東アジア、そして他の地域の新興市場経済国にも波及し、最後はアメリカの株式の売りに発展したのである。

政策内容はこれまで論じてきたことと同じで、総需要抑制政策と為替レート切り下げによる国際経常収支赤字の削減と経済の広汎な自由化であった。固定為替相場の変動相場制度への移行も行われた。資本勘定における自由な取引は継続された。

3か国のうち、経済不況が最も深刻であったインドネシアにおいては、IMFの勧告にしたがって、ナショナル・プロジェクトであった航空産業、自動車産業の自国製品製造プロジェクトが取りやめとなった。経済不況を契機とする社会不安で、スハルト大統領が1998年に退陣に追い込まれた。

アジア通貨危機に対して国際的な支援が行われ、1997年から1998年にかけての当初の国際的な公的金融支援の総額、そしてIMF、世銀、日本の融資額は以下の通りである。タイ172億ドル（うち、IMF 40億ドル、世銀15億ドル、日本40億ドル）、インドネシア343億ドル（IMF101億ドル、世銀45億ドル、日本50億ドル）、韓国 580億ドル（IMF 210億、世銀100億ドル、日本100億ドル）。IMFにとって、史上最高の融資となった。

（2） IMF批判と危機の原因

アジアの経済危機打開のために採られたIMFの政策は厳しい批判にさらされることになった。直接的には、インドネシアにおける政府の補助金削減による生活必需品の価格高騰に対して起こった暴動にある。政府赤字の是正のために勧告されたIMF政策の代表的なものである。

しかし、IMFに対するより重要な批判は、IMFが勧告した政策が東南アジアを中心とする地域全体に不況をもたらしたことによる。通貨の大幅な下落を防ぐには、政府支出の削減など短期的に不況政策を採って、輸入を減少させて、国際収支の改善や外資の獲得が必要であった。この総需要抑制がIMFの代表的な政策であったが、各国で厳しい不況政策を強いたことが、国際的な波及を通じて当

該国と地域の経済を更に悪化させたと批判された。

　このようなIMFへの批判を整理すると、国際収支表の2つの勘定、すなわち経常勘定（current account）と資本勘定（capital and financial account）のどちらに問題があったのかということになる。経常勘定の問題とは、基本的に貿易収支（輸出マイナス輸入）の悪化である。資本勘定についても投資収支の悪化が中心であるが、勘定内の項目のうち証券投資など短期資本の流出が問題とみる。

　1998年に筆者がフィリピン訪問時に会った一流銀行の取締役クラスの中国人が、アジア危機の原因は支払能力（solvency）ではなく、流動性（liquidity）であると述べたが、前者が経常収支に、後者が資本収支に対応する。輸出による外貨獲得能力がないという構造的な問題なのか、一時的に外貨がなくなった一過性のものなのか、あるいは流動性の問題なのか、ということである。

　アジア経済の問題は、構造的に外資を稼ぐ能力がないということではなくて、外国人投資家による資本の引き揚げ、すなわち一時的な外資不足によるものであって、IMFの政策は間違えているとの批判であった。

　すなわち、支払能力に問題がないのに厳しい総需要抑制により輸入減少を図り、各国に深刻な経済不況を起こしたというものであった。そして、各国の総需要抑制が地域全体の不況を深刻化させたのである。

　日本及び世界の有識者の多くは上述のような見解を持っているが、筆者は次の2点を挙げたい。第1に、支払い能力の問題もあったとみる。タイの経常収支赤字のGDPに占める比率は1995年と1996年において－8％台と大きくなっていた。[2)] この間、タイ・バーツは固定相場を維持していた。為替レートが経済の実勢と乖離して割高になっているのを狙って、投資家が売り注文を出していたのである。本来は赤字により通貨が切り下げられなければならなかったわけである。同様のことは、1994年のメキシコの通貨危機でも起こった。つまり、経済悪化にもかかわらず割高な水準で為替レートは維持されており、売り注文が大量に発生し、また投機に発展したのである。

　第2に、1994年に中国の通貨、元が大幅に切り下げられて、中国の輸出品の国際競争力が高まり、また海外からの中国への投資が増大した。つまり、東南アジア諸国の国際競争力が中国の通貨切下げで大きく損なわれたのである。1995

年以降の直接投資の動向をみると、中国では激増したのに対して、東南アジアの主要国では軒並み低下したのであった。この投資減も輸出産業の競争力の低下、ひいては国及び地域の競争力の低下に結びついたのであろう。

そうした状況を観察していた外国資本は、タイ・バーツが割高であると認識していたであろうし、危機開始後のさらなる資本流出が必要と見ていたであろう。

この２点に対処するという意味では、IMFの総需要抑制と為替レート切り下げの政策は、短期的には正しい処方箋であったと言える。

ただし、筆者は、多くの識者が批判するように、経済危機の深刻化の原因として流動性の問題が大きかったことも認めるものである。危機以前の性急な短期資本自由化が膨大な資金流入とそれに伴う不動産投機を中心とするバブル経済を引き起こしていたのである。日本のバブルの経験と同じくその終焉後の反動が大きかったのであり、タイの金融機関は多額の不良債権を抱えていた。

また、一国のレベルでのIMF処方箋に基づく強烈な需要引き締めが及ぼす国際的な影響が見過ごされたという点は重要である。問題は、引き締め政策の程度が大きすぎたということであろう。

重要な点は、SAPの主要政策である国際金融の自由化による負の面が出たということであり、一国レベルの危機が容易に他の国や地域にすばやく波及したということである。当時のカムドゥシュIMF専務理事が呼んだ、まさしく「21世紀型の危機」であった。

●エピソード７　アジア通貨危機の処方箋―「拝啓　マレーシア首相殿」―●

1997年のアジア通貨危機において、タイ、インドネシア、韓国は未曾有の経済危機に見舞われて、IMFプログラムを受けざるをえず、その処方箋としての急激な自由化ないし構造改革を実施した。そうした中で、IMFと真っ向対立する政策を採ったのがマレーシアである。

同国は、タイなどがIMFの政策にしたがって変動相場制度への移行と国際金融取引の自由化を実施したのに対し、急激な資本流失に対処すべく、1998年9月に為替管理を導入した。具体的には、通貨ringgitをUSドルとの固定相場とすること、そして為替取引と資本取引の管理の強化である。

これらの措置がとられた際、IMFを中心とする国際金融界は厳しく批判した。自由化に反する政策は、最終的には外資に敬遠されて経済回復につながらないとの意見が大部分であった。

この措置に対して、マハティール首相にアドバイスを試みたのが、当時アメリカのマサチューセッツ工科（MIT）大学教授であった高名な学者、クルーグマンであった。1998年9

月1日にかれのホームページで、AN OPEN LETTER TO PRIME MINISTER MAHATHIR を発表、その手紙は「Dear Dr. Mahathir」で始まる。マレーシアのマハティール首相に当てたものである。[3] その内容は米国 FORTUNE 誌で取り上げられ、筆者が所有するシンガポールの代表紙 The Straits Times 9月3日号に全文掲載された。この論説のタイトルも「Dear Dr. Mahathir」である。

同教授は、その小論で、以下の4点をアドバイスした。
① 一連の管理は最小限にとどめること。渡航者の持出し額制限など細かいところまで介入するな。
② 為替管理は、経済回復のための一時的措置とみなすこと。3年あるいはそれ以内に同措置をいつまでに取り止めるとの声明を出すことも有益。
③ 為替レートが過大にならないようにすること。輸出に悪影響を与えてしまう。
④ 構造改革を怠らないこと。管理は不良債権処理など改革のための支援であって、代替策であるとみなさないこと。

その後、この政策が功を奏して、マレーシア国内で景気刺激策が採用されて経済が回復した。タイの GDP が 20% も下落したのとは対照的である。

今日では、IMF も資本のグローバル化に抗するために一定の政府の介入を認めている。マレーシアのケースについては、IMF は、外資流入の規模がそれ程大きくなかったこと、為替管理は経済が最悪のタイミングを脱したときに実施されたことを指摘している。[4] すなわち、政府介入の経済へのインパクトの小ささを挙げて、タイ等への措置は正しかったと述べているのである。

ところが、マレーシア政府はその後も為替管理を続けて、2006年4月時点でも固定相場制度を維持している。米国や IMF が主唱する変動相場制度に見事に反旗を翻して、勝利を得たようである。

5-1-3　その他のアジア諸国

(1) 中央アジア

旧ソ連圏の中央アジア諸国は低所得国であり、1991年末のソ連邦崩壊の後に、IMF・世銀主導の SAP が一斉に始まっている。たとえば、キルギス共和国は構造調整計画の強力推進国であるが、タジキスタンは政情が不安で改革が進まなかった。

ついでながら、東アジアに位置するが、近隣国モンゴルでも市場経済化が急速に進んでいる。

（2） 南アジア

パキスタンでは債務地獄が続き、長期間にわたる SAP 実施国である。人口1億人の大国でありながら、相次ぐ為替レート切下げで一人当たり所得が下がり、PRGF の供与を受けてきた。しかし、その後債務の大幅な削減が行われ、2007年には同国は英国エコノミスト誌の新興市場国に入れられている（4-1-2 項参照）。インドに対抗する姿勢から、またアフガニスタンなど中東情勢に影響されて、米国の支援を受けてきた。

バングラデシュ、スリランカ、そしてネパールは、90年代前半までに SAP を終了している。しかし、スリランカは国内政情の不安定により民間投資が惹起されず、PRGF や EFF の21世紀までの被融資国である。

インドは、短期的な国際収支難に対応した短期的なスタンドバイ信用の借り入れ国にとどまった。

5-2　ラテン・アメリカ地域の実績

他の途上地域に較べて所得水準が高いために（2005年の一人当たり GNI が4000ドル）、民間資金の役割が大きい。サハラ以南アフリカと同様に、1980年代は「失われた10年」と言われたが、同地域においては民間債務の比重が大きかった。ラテン・アメリカの金融危機は、地勢的な位置もあり、アメリカ経済にも影響を与えた。

歴史的には、1982年のメキシコ危機から構造調整が始まった。同国は1994年に再度経済危機に見舞われた。97年のタイと同じく、固定為替相場と経済悪化の乖離を突いてアメリカ金融資本が一斉に引き上げ、為替レートが暴落した。このときはアメリカ、東アジアなどへの波及が懸念されて、アメリカは素早く日本を含む各国に支援要請をして、多額の援助のとりまとめを行った。

表5-1でまず地域全体をみると、多くの国が90年代初めまでに構造改革を実施しているのがわかる。次にグループ別に見ると、早期改革国としてアルゼンチン、チリ、ジャマイカが挙げられる。改革が遅れている国が多く、主要国はブラジル、メキシコ、ベネズエラである。ボリビアは、1980年から世銀の構造調整

支援融資を受けているが、90年代前半に集中的に改革が行われた。

そして、既出の表3-5に関連して、2000年までに、ボリビア、エルサルバドル、ニカラグアにおいて国際資本取引の自由化が進んでいる。加えて2005年には、チリ、ペルーも同じ自由化グループに入っている。

以下に地域別・国別にみると、中央アメリカ・カリブ海地域については、メキシコに加えて、ジャマイカの経験は長かった。今日では融資を受けていない。

南米については、経済的なポテンシャルの低い内陸国ボリビアは、長期のSAP実施国である。世銀の重点国で、SAPの短期的な悪影響を是正するために導入された社会開発資金（social fund）適用の拠点国である。

アルゼンチンは比較的長期間IMFの融資を受けてきたが、アメリカの同時多発テロ後、2001年末に経済危機に遭遇した。その後長く経済が回復せず、IMFと緊張した関係が続いていた。後述するように、2001年のアルゼンチンの危機が、新興市場国に影響を与えて、ブラジルやトルコに波及した。しかし、2006年に債務完済し、再度国際金融資本にとって有望な投資先となっている。

ブラジルも伝統的にIMF・世銀融資の大口受益国であり、1999年と2002年に大きな金融危機に見舞われた。

チリはSAPの優等生と言われる。[5] 新古典派の中のマネタリストの代表的な学者であるフリードマンのシカゴ学派で学んだエコノミストが同国の自由化を率いた。いわゆる「シカゴ・ボーイズ」の経済政策によって、常に経済パフォーマンスは良好である。

結局、地域全体で見ると、経済自由化の程度はかなり高く、国内金融市場が世界市場にオープンになっている。

しかし、国内の貧困格差が最大の問題で、構造調整政策の弱者、貧困者への悪影響が選挙のたびに喧伝され、政権交代の度にその進捗が滞ることがしばしば起こった。2006年に誕生したボリビアの左派政権は、民営化された天然ガスや石油資源の再国有化を宣言し、同じ路線をとるベネズエラなどと共闘している。ベネズエラは石油が豊富であるが、1989年にはIMF勧告の緊縮政策に反発する大規模な暴動が発生し、300人が死亡した。

表5-1 ラテン・アメリカ諸国の改革

	構造改革インデックス 1985	構造改革インデックス 1995	主要な改革が行われた時期	改革の進展による国分類
アルゼンチン	0.367	0.679	1988-1990	早期改革
ボリビア	0.343	0.721	1993-1995	短期集中改革
ブラジル	0.348	0.584	1987-1989	改革の遅れている国
チリ	0.489	0.628	1984-1986	早期改革
コロンビア	0.443	0.590	1990-1992	漸進的改革
コスタリカ	0.309	0.512	1986-1988	改革の遅れている国
ドミニカ共和国	0.361	0.638	1989-1991	
エクアドル	0.325	0.580	1990-1992	改革の遅れている国
エルサルバドル	0.386	0.671	1988-1990	短期集中改革
グアテマラ	0.309	0.596	1989-1991	改革の遅れている国
ホンジュラス	0.402	0.548	1990-1992	改革の遅れている国
ジャマイカ	0.426	0.684	1985-1987	早期改革
メキシコ	0.328	0.563	1989-1991	改革の遅れている国
ニカラグア	0.216	0.643	1991-1993	短期集中改革
パラグアイ	0.336	0.625	1988-1990	短期集中改革
ペルー	0.232	0.712	1989-1991	短期集中改革
トリニダート・トバゴ	0.425	0.715	1988-1990	
ウルグアイ	0.486	0.577	1991-1993	漸進的改革
ベネズエラ	0.304	0.457	1987-1989	改革の遅れている国
平均 (a)	0.360	0.617	1988-1991 (b)	

注：構造改革インデックスは、0は最も低く、1は最も高い水準を示す。(a)はボリビアを除く。(b) この間8か国において主要な改革が行われている。
出所：細野昭雄 (2002) の表3と表5を利用して、筆者作成。

5-3 アフリカを除く他の地域の実績

(1) 東欧・旧ソ連（中央アジアを除く）

1989年のベルリンの壁崩壊後に多くの東欧諸国が、1991年末のソ連邦崩壊で各旧共和国が、一斉に構造調整計画（SAP）を開始した。社会主義体制からの「移行経済」と言われたが、内容はSAPと同じである。

所得レベルの高いこれらの国々は、政府開発援助（ODA）の対象ではなく、一般の途上国とは別のグループとみなされている。

地域別に主要国をあげると以下の通りである。

① 東欧：1989年以前の社会主義政権下である程度自由化政策を導入したハンガリー、そしてエジプトと一緒に特例で債務棒引きされたポーランド、工業化のレベルが高かったチェコ・スロバキアが、早々とIMF・世銀のSAPを卒業した。ポーランドは、1991年のパリ・クラブの会議で、公的債務残高の免除が行われた。

　　ルーマニアやアルバニアでは政情不安などでSAP開始が遅れて、IMF政策が引き金となった暴動が発生した。

② ロシア：91年末のソ連邦崩壊後、IMFの厳しい管理下におかれたが、経済自由化はなかなか進まず、IMFと対立した。その後資源ブームによって管理からは外れているが、経済の改革の程度は芳しくない。

（2）中東・北アフリカ

産油国のほとんどはSAPを実施していない。地域別に主要国をあげると以下の通りである。

① 中東：中東地域ではヨルダンが忠実に改革を進めてきているが、1996年に食糧補助金の削減によるパン価格高騰が引き金となり、低所得層が多い地域で暴動が起こり全国に波及した。200人が逮捕された。

　　トルコは1980年にSAPを開始した最も長い経験国のひとつであり、2002年には深刻な危機に見舞われた。2007年でIMFの支援を受けている唯一の経済大国である（表4-1も参照）。経済の自由化はかなり進展している。

② 北アフリカ：チュニジアはIMF・世銀主導のSAPの成功例である。エジプトもSAPの主要実施国であったが、1991年にポーランドと一緒に特例で公的債務残高の削減が合意された。理由は、中東戦争による後遺症の清算であったと言われる。

注
1) 2006年に両者は面会して、マハティール氏の指摘は誤解があったとして、両者は和解した。
2) 国際協力事業団（JICA）（1996）『マクロ経済指標マニュアル』によれば-8%は中進国の危機水準である。
3) 全文は以下のHPにある。http://web.mit.edu/krugman/www/mahathir.html
クルーグマン The Official Paul Krugman Web Page. http://web.mit.edu/krugman/www/
4) Olin Liu (IMF Asia and Pacific Department), "Malaysia fashions own path to recovery, looks to strengthen growth" *IMF Survey August* 28, 2000.
5) Krueger, A. (First Deputy Managing Director of IMF), 'Macroeconomic Situation and External Debt in Latin America,' Remarks on Conference on Debt Swaps for Education, February 1, 2006.

6章
新興市場経済

1997-98年のアジア危機については上記で触れたので、ここではそれ以降を主な対象とする。また、上記で既に主な国別の分析結果は示したので、ここでは新興市場経済を全体的にみる。

6-1 対象国・地域

新興市場経済（Emerging market economies）は、世界経済に占める比重が高まった途上国や移行経済を指す。それは、国だけでなく、香港などの地域も指す。IMF、世界銀行主導の自由化のお蔭で、投融資先として重要性が高まった国々、地域である。具体的には、先進工業国を中心とする製造業など投資家、国際金融関係者、特に短期投資家が注目する国々である。

国別競争力や各国の国債のレーティングが発表されているが、重要なチェックポイントは経済自由化を中心とするSAPないし構造改革の程度である。例えば、世界経済フォーラム（WEF）が、「グローバル競争力レポート」を毎年刊行しているが、競争力を測る基準として、特に技術力、マクロ経済安定、経済自由化、ガバナンス（良き統治）が挙げられている。技術力を除いて、IMFと世界銀行の構造改革が大きく影響している。

そして、両機関の政策を直接的に受けていない国々、例えば中国やシンガポールなども両機関が進める世界規模の自由化などに大きく影響を受けているので、ここではこれらの国々も扱うことにする。

IMFと世銀は特に新興市場経済として特定の国をグループ化していない。IMFの『世界経済見通し』では、アフリカの多くの国も含めて「新興経済」とし

ている。両機関の自由化を中心とする構造改革で、世界経済ないし世界市場に新たに参入しているとして多くの国が挙げられている。

狭義の新興市場経済の具体的な例としては、英国 Economist（エコノミスト誌、隔週刊）の最終面で、以前「Emerging Market Indicators」で取り上げられた国ぐにがある。現在では、最終面に先進工業国と一緒に、主要経済指標の一覧表がある。表 6-1 に主要国を挙げたが、常時掲載される新興市場経済は、26 か国・地域（アジア 11、ラ米 7、中東・アフリカ 4、東欧・旧ソ連 4）である。

国グループ別には、60 年代に既に頭角をあらわし、今日アジアを中心として重要な投資国に成長した新興工業経済群（NIES）がある。アジアでは、欧米で four dragons あるいは gang of four と揶揄された香港、シンガポール、台湾、そして韓国である。ラテン・アメリカでは、ブラジルやメキシコが挙げられるであろう。そして、これらの国々に続くのが、上記 Economist 誌に載っている他の国であり、主に東欧諸国や ASEAN4[1)]である。後者は、1997-98 のアジア通貨危機の舞台となった国々である。

世界銀行は 21 世紀の世界経済を主導する大きな途上国として、中国、インド、インドネシア、ブラジルなどを挙げている。ロシアは 1991 年 12 月のソ連邦崩壊後経済が混迷したが、石油価格の高騰による資源ブームで経済が回復した。構造面、自由化の程度の面での評価は低い。

国際金融関係者の間で有名なのは、ゴールドマン・サックス（Goldman Sachs）証券が 2003 年 10 月に発表した報告書である。同報告書で、昨今、国際投信の対象として脚光を浴びている BRICs が命名された。すなわち、ブラジル、ロシア、インド、中国である。その予測によれば、BRICs は、2040 年にはカナダを除く G6 の経済規模を追い抜く。また、中国は 2015 年に日本を、2040 年にアメリカを追い抜くと予想している。表 6-2 で、同社の予想と、IMF・世銀の予想を比較した。最近の高度成長が続くという仮定による予測である。

2005 年 12 月に、同社は、BRICs に続いて経済的に成長すると予想した 11 か国を、N-11（next 11、ネクストイレブン）として挙げている。すなわち、バングラデシュ、エジプト、インドネシア、イラン、韓国、メキシコ、ナイジェリア、パキスタン、フィリピン、トルコ、ベトナムである。

また、その他のグルーピングとしては、米国国際経済研究所は LEMs（巨大新

興市場経済) を挙げている。すなわち、BRICsに加えて、南アフリカ共和国 (South Africa)、アルゼンチン、インドネシア、韓国、メキシコ、サウジアラビア、トルコである。

さらに、大和證券は、これから注目される「VISTA」として、ベトナム、インドネシア、南アフリカ共和国、トルコ、アルゼンチンが高成長のための条件を備えた有力新興国として、投資信託を販売している。

表6-1 新興市場経済の主要指標

	国際経常収支／GDP、%（2007）	財政収支／GDP、%（2007）	金利（3か月分）、%、最新値	株式指数（2005年12月30日に対する年間増加率、US$ベース）、%
中国	7.0	−1.6	3.60	202.5
インド	−2.7	−4.3	8.08	53.8
インドネシア	1.2	−0.9	9.04	69.5
韓国	0.1	1.1	4.95	13.2
タイ	1.3	−1.2	4.97	13.3
ハンガリー	−5.2	−7.1	8.15	28.9
ポーランド	−2.3	2.6	4.19	69.4
ロシア	6.2	6.0	10.50	69.3
アルゼンチン	2.3	1.0	9.50	39.2
ブラジル	0.7	−2.2	12.94	54.5
チリ	1.0	4.3	4.92	37.2
メキシコ	−0.5	−0.4	7.03	56.0
トルコ	−7.0	−2.4	18.80	5.0
エジプト	1.4	−8.0	8.47	17.1
南アフリカ	−5.3	−2.0	9.30	29.3
参考				
米国	−6.1	−2.2	5.17	18.9
日本	3.8	−4.9	0.45	8.5
ユーロ圏	−0.1	−1.5	3.84	35.5

出所：*The Economist* February 24th 2007、を利用して筆者作成。

表6-2 ゴールドマン・サックス（GS）社のBRICs予測との比較

新興市場経済	人口（百万人）2005	GDP（10億US$）2005		GDP実質成長率（％）					
				実績		予測		予測	
				2005	2006	2007	2008	2008-30	2031-50
ラテンアメリカ・カリブ	551	2,456	IMF・世銀	4.6	5.5	4.9	4.2	3.0	
ブラジル	186	794	IMF (2007年4月)	2.9	3.7	4.4	4.2		
			GS					3.9	3.6
ヨーロッパ・中央アジア	473	2,191	IMF・世銀					2.7	
ロシア	143	764	IMF	6.4	6.7	6.4	5.9		
			GS					3.6	2.4
東アジア（日本を除く）			世銀					5.1	
中国	1,305	2,229	IMF	10.4	10.7	10.0	9.5		
			GS					5.0	3.5
南アジア	1,470	996	IMF・世銀					4.7	
インド	1,095	785	IMF	9.2	9.2	8.4	7.8		
			GS					5.8	5.7
米国	296	12,455	IMF	2.2	2.3	1.2	1.7		
			GS					2.3	0.9
日本	128	4,506	IMF	1.9	2.2	2.3	1.9		
			GS					1.1	0.7
世界	6,438	44,385	IMF	4.9	5.4	4.9	4.9	2.9	
			GS						

出所：IMF, *World Ecomoic Outlook*, April 2007, World Bank, *Global Economic Prospects* 2007, Dec. 2006, Goldman Sachs (2003), *Dreaming with BRICS: The path to* 2050, *Global Economics* Paper No:99、を利用して筆者作成。

6-2 構造改革の進捗と成果

6-2-1 構造改革の動向

既に述べたように、1997-98年のアジア通貨危機に続いて、1998年ロシア、1999年のブラジルの通貨・経済危機と、新興市場経済の不安定は繰り返されている。ロシアについては、91年末のソ連邦崩壊から同国はIMFの構造調整を受

け入れていたが、融資が不正に利用されたとの米議会での批判が代表するように、あまり構造改革は進まなかった。

1998年にロシア危機が起こったが、それで窮地に陥ったのが、ヘッジ・ファンドのLong-Term Capital Management（LTCM）社であった。同社の取り扱い額は、中国本土のGNPを超える規模であったと推定されている。このファンドが倒産すれば大変な悪影響が及ぶとして、アメリカ財務省が素早く救済策を取りまとめた。日本の大蔵省の金融市場保護を「護送船団方式」と厳しく非難していた財務省としては、異例の行動であった。

LTCMは1997年のノーベル経済学賞を受賞したショールズとマートンが所属していたが、ヘッジファンド特有の高度な金融工学と高性能のコンピュータに世界一の頭脳を加えても、破産する可能性があることが示された。

その後、2001年9月11日の同時多発テロ以降、中東の不安定化による石油価格の高騰により、ロシアは今日まで資源ブームで経済は好転している。しかし、IMFの構造調整が成功したわけではないのである。

深刻な金融不安は、2001年に再来した。すなわち、アルゼンチンが同年末事実上の債務不履行の状態になり、IMFの構造調整が始まる。高インフレに悩まされたこともあって、アジア通貨危機のタイのようにアメリカ・ドルとの固定相場制度を採用していたが、相場と経済の乖離を突かれて国際金融資本が引き上げる事態が起こった。その後、タイと同じく、IMFの勧告に従い、変動相場制度に移行することになる。

同国はIMF・世界銀行主導の構造調整計画の成功により、1998年末に国際金融市場に復帰した数少ない有望な新興市場経済であって、その後の構造調整の難航と経済不況の継続は、IMFにとっての難題として注目を浴びてきた。同国の災難は他人事でなく、日本の公的機関を含む投資家も同国の国債を購入しており、回収不能となった。

同国の経済危機の原因として、2001年9月11日のアメリカにおける同時多発テロが挙げられる。これを契機に世界経済がショックを受けると同時に、国際資本の動きが冷え込み、借入資本で経済を運営していた同国が債務破綻状態に陥ったというものである。

その経済状況を詳細にみると、1991年からの固定相場制度下で直接投資は順

調に伸びていた。当時のリーマン・ブラザーズなどのリスク調査では、2001年初において同国はハンガリーやポーランドと並んで最もリスクの低い国であったのである。

しかし、同国経済の深刻化（特に財政悪化）は2001年9月のアメリカ世界貿易センターへのテロ事件のかなり前に進んでおり、1998年末に国際金融市場に復帰した翌年から既に証券投資収支は純流出に転じていたのである。海外の投資家は既にこの国に一定の距離を置いていたのである。

同国政府とIMFとの交渉はかなり難航して、アルゼンチンの危機は2005年でも十分に解決されておらず、トンネルを抜けたのは2006年である。この年に対外債務支払い能力を回復し、前項で述べたように、2007年においては新たな投資先と見られている。

このよもやの経済危機は直接的には9月のテロ事件後の国際金融フローの低下によるものであるが、新興市場経済を取り巻く局面が大きく変化していたことを認識しなければならない（次項）。

●エピソード8　アルゼンチンでのサムライ債焦げ付き●
　2001年の年末から2002年の年始にかけて、連日アルゼンチンの経済危機が日刊各紙で報道された。2001年のワールド・カップ南米予選でダントツの強さを見せたアルゼンチンは、2002年の日韓合同のワールド・カップにおける優勝候補に挙げられていたが、2001年12月には2つの政権が崩壊し、スーパー略奪などの暴動も発生した。

　1868年に当時の途上国、日本が、明治維新を行って近代化を開始した時、南米の白人国家アルゼンチンは世界の先進国であった。1914年から1918年にかけての第一次世界大戦において穀物輸出を行った同国は、世界で最も外貨準備を有する国であった。

　この20世紀初頭の先進国は、その後の経済政策の誤りで途上国に転落する。過度な輸入代替工業化による効率の低下、急進的な社会保障制度の導入による財政赤字と自助努力の阻害などにより経済が疲弊して、国際収支赤字、年率100％を超えるインフレにより、1980年代に未曾有の危機に直面した。

　1980年代は中南米とアフリカにとって「失われた10年」と呼ばれる経済の低迷に見舞われた。しかし、IMF・世銀の構造調整計画の実施により、アルゼンチンでもそれ以降経済安定化と経済回復が達成された。

　しかるに、2001年9月の米国に対する同時多発テロにより国際金融資本の動きが滞る中で、最大の影響を受けたのがアルゼンチンであった。2001年末からの経済危機の特徴は、80年代のそれと同じく、1991年からのドルとの固定相場制を維持できなくなったことである。そ

の後 IMF との交渉は難航を極めることになる。

　同国の災難は他人事でなく、日本投資家も大手証券会社を介して同国の国債を購入していた。アルゼンチン政府発行の円建て外債、通称サムライ債であるが、総額1千億円が回収不履行となった。青森県の外郭団体が33億円、岩手県の農協団体が99億円と複数の公的機関も同国の債券を購入しており、その回収が困難となって事業運営に悪影響を及ぼした。加えて、スペイン大手銀のみならず、ドイツ銀行、ドレスナー銀行も大損失を被った。

6-2-2　直面する新たな局面

　新興市場経済が直面せざるをえない新たな局面とは、欧米諸国が過大なグローバル・スタンダードを途上国に課しているということである。先進工業国中心の基準に照らして、国際金融資本は資金を動かしているのである。

　既述の新興市場経済26か国・地域のうち6か国においては、ワシントン・コンセンサスの実施機関である IMF・世界銀行の指導により厳しいマクロ経済安定化と急速な自由化が、長期間実施されてきた。そして、これらがペース・セッターとなって、他の新興市場国も追随しており、同時にその他の小国や貧困国も両機関主導の構造調整を進めている。

　それでは、その目指す方向としてのグローバル・スタンダードとは何か。これらブレトンウッズ機関は政策の最終的なベンチマークを公表していないが、主要なマクロ指標の収斂する値のひとつとしてはユーロ加盟の条件が挙げられる。すなわち、ユーロ圏に入るためには、インフレ率2-3％、財政赤字の対GDP比率3％、公的債務残高の対GNP比率48％を最低基準として満たさなければならない。他のスタンダードとしては、世界の地域共同体が目標としている工業製品の関税率5％が挙げられるだろう。

　既述の新興市場経済のほとんどでは、インフレ率が年率で10％以下になっている。それが2桁で多い国は、インドネシア、ベネズエラ、トルコ、ロシアくらいである。

　重要なことは、新興市場経済が途上あるいは移行中の経済でありながら、先進国並みの経済的なスタンダードを強要されている局面に至っていることである。アルゼンチンの財政赤字の削減努力が足りないことが問題視されたが、1999年から2000年まで一度も−3％より縮小していないのである。既に述べたように、この状況をみた海外の投資家が1999年から同国内の資産の売却、資本流出を始

めていたのである。
　また、構造改革の進捗度が高い国では、IMF主導で短期間での財政黒字化が図られている。当然見返りとして、厳しい政策条件（コンディショナリティ）の実施を通じて、補助金削減による生活必需品価格の上昇、急激な歳出削減による経済不況、失業増大は甘受しなければならない。1998年に我が国の日刊紙のトップ記事を連日飾ったジャカルタの暴動に対して、当時の橋本首相が陣頭指揮をとって事態の収拾を図ったのは記憶に新しいところである。2001年末からのアルゼンチンにおいても、スーパーからの略奪など暴動が繰り返された。政治的に安定していないこれらの国々では容易に起こることである。
　その後、これらの国ぐにおいては経済自由化を中心とする厳しい構造改革が求められている。それが、今日世界貿易機関（WTO）加盟の条件となっている（4-4節参照）。[2] 先進工業国並みの広汎な自由化が求められているのである。
　ところが、最近のより重要な動きはコンディショナリティの非経済面への拡大である。
　2002年2月20日にアメリカ最大の公的基金、カリフォルニアの公務員退職年金（カルパース）が、ASEAN4（インドネシア、マレーシア、タイ、フィリピン）の投資資産売却の方針を発表した。その結果、アジア各国の株と通貨が下落した。
　カルパースの投資引き揚げは被融資国の公的ファンドを対象としたものであって、その理由は当該国が人権と経済の透明性などの面で「ベンチマークを満たさない」からであった。欧米側の要求は、人権に加えて、報道の自由、複数政党制の採用など政治面にも及んでいるのである。
　経済運営の不透明性については、政策の立案、実施、評価から会計基準、はては援助物資の調達基準までを含み、そのために欧米のシステムの採用を要求している。ガバナンス（良い統治）の名目の下に、政府機構の改革、公務員の能力向上まで欧米側がそのスタンダードを求めるのである。
　こうした局面の変化によって、途上国の国際競争力が影響を受けている。毎年5月にスイスのビジネススクール IMD が発表する World Competitiveness Yearbook によれば、インドネシアが最下位であった（WCYについて、ネット・トーク5参照）。

●ネット・トーク5　国別競争力ランキング●

　代表的なものは、World Competitiveness Yearbook（WCY）と Global Competitiveness Report（GCR）である。前者はスイスの著名なビジネス・スクール、Institute for Management Development（IMD）が毎年5月に発行するものであり、概要は日経などの日刊紙に出る。世界の主要国を対象に200以上の指標を使い、各国の識者や多国籍企業の経営者のアンケートの結果も利用して、指標毎に数量でランキングする。

　2004-2005年の総合ランキングをみると、長期の経済低迷もあって、日本は20番目に位置している。生産面、技術面ではトップ・クラスであるが、財政、企業経営者層の国際化の評価は低い。英語で講義をしていないせいか、大学教育は50か国中最下位である（授業で紹介すると、学生は苦笑していた）。

　ホームページについては、www.imd.or.sh.Yearbook のページで、ランキングの結果のみならず、分析方法、指標の説明、事例国の指標別ランキング結果などが示される。200以上の指標の分野別リストは、参考になる。事例国は1カ国で毎年異なる。

　2007年春発行の2007-2008年版の55の国・地域のランキングは、以下のアドレスで見れる。

http://www.imd.ch/research/publications/wcy/upload/scoreboard.pdf

　トップ3は、アメリカ、シンガポール、香港であり、日本の評価は24位といつも低い。中国は15位、最下位の55位は反米の旗手、ベネズエラである。

　GCRは世界経済フォーラム（World Economic Forum: WEF）が毎年10月ごろに発行する。WEFはスイスの非営利組織であり、世界中の政・官・財界のリーダーが世界のあらゆる問題を立場を離れて自由に議論するダボス会議を年1回開く。総数で500人以上が一同に会し、文字通りノーネクタイで議論する。日本でも各日刊紙が会議内容を大きく取上げる。ダボス会議以外にも臨時の会議を開くことがあり、アメリカ軍のイラク戦争開始後の2004年にヨルダンの死海近くで開催された会議では、アメリカの国務省のパウエル長官が激しい批判にさらされた。日本の執行役員は、ソニーの出井会長であった。

　WEFのホームページは、www.weforum.org/en/index.htm WEFのページではレポート全体をダウンロードできる。また、アフリカ諸国のランキングもある。

　そして、WEFの記者会見の模様をビデオでみることができる。2003-2004年版、2004-2005年版の両方について、3人のスピーカーが登場した。すなわち、WEFの担当者、ハーバード大教授、そしてコロンビア大教授。2004-2005年版では、WEFのGCR担当者のインタビューも見られ、発言要旨の英文もダウンロードできる。

　2004-2005年版の記者会見において、ハーバード大教授によると、援助の効果について分析したところほとんど効果がないことがわかったという。

　また、WEFの担当者は次の3つでランク付けしたとのことであった。すなわち、マクロ経

済安定、政府等の公的機関、そして科学技術の受容力（technological readiness）。マクロ経済の安定は引き続き重要とされているが、加えて経済自由化が進んだ後をうけて市場を監督する政府の役割の重要性が指摘されているのである。

日本は2003-2004年版の11位から、翌年は9位へランクが上がった。2007年10月31日に公表された2007-2008年版によれば、以下のようなランキングになっており、日本は8位である。

1. US 2. Switzerland 3. Denmark 4. Sweden 5. Germany 6. Finland
7. Singapore 8. Japan 9. UK 10. Netherlands

ホームページ上で、英語のみならず、仏語とスペイン語によるビデオを見ることができる。

6-3 最近の動向

世銀の『世界開発金融』2006年版によれば、2005年の実績として、途上国への国際民間資本（債券と株式）の流入が純額で4910億ドルと過去最高水準に達した。理由として、アジアやラテン・アメリカの現地通貨建て債券市場が、高利回りと為替差益による高収入をもたらしたことが挙げられている。

また公企業の民営化や国際的吸収・合併により外国直接投資（FDI）が大幅に伸びていることが報告されている。途上国間の南南フローは、特にFDIを中心に、今や南北フローを上回るペースで増えつつあることが挙げられている。

同2007年版によれば、途上国への純民間フローは前年の過去最高額を上回る6470億ドルとなった。中でも、ヨーロッパの新興市場経済への流入が大きく増えた（表3-9）。

6-4 課　題

こうした新興市場経済を取り巻く欧米主導の局面変化に対して、どう対処すべきであるか。既述のような政策条件の内容の変化を配慮すると同時に、その土台となる開発と援助の枠組みとその進化を理解する必要がある。

まず第1に、IMF・世界銀行主導の構造調整計画の政策体系を十分に把握しなければならない。すなわち、一国レベルでマクロ、セクター、サブ・セクター（小部門ないし産業）、ミクロ（プロジェクト・企業）のすべての水準が整合化された計画策定、すなわちカントリー・アプローチが採られており、そこで融資案件・開発事業の選定基準も明確化されている。

　第2に、構造調整計画の進捗を十分に踏まえて、どの分野ないし部門が自由化の対象であるかを把握しなければならない。具体的には、構造調整の3分野、対外開放、国内規制緩和、公的部門改革の中で、多くの新興市場経済で公的部門改革の多くはこれからである。これには金融部門改革も含まれる。

　一方、市場でみると、貿易財、国内財、サービスの順に最終生産物の市場自由化が進められてきており、今後は金融市場、インフラ・サービス市場、生産要素市場が自由化の対象となるだろう。

　第3に、上記のカントリー・アプローチを超える政策変化の動きを把握しなければならない。まず国際金融資本の制御のために、IMFは証券投資管理、為替相場の安定化へと舵をきっている。次に、世界銀行が1998年に導入した「包括的な開発フレームワーク」（CDF）ではNGOも含むすべての当事者の立案、実施などへの参画が促されている。そして、地域共同体強化の動きに呼応して、マクロ政策、関税、投資誘致措置も含む対外経済政策の近隣国との調和が求められている。

　最後に、今後の経済改革を左右するのは、経済面のみならず、行財政構造や民主化の成熟度、民族構成など各国の政治状況である。その際、欧米の政府や格付け会社、NGO、マスコミの国際的キャンペーンが、新興市場経済にとって重要なファクターであると認識しなければならない。

注
1) IMFのWorld Economic Outlookの経済予測で、特に取り上げられている。ASEAN加盟の10か国の中で経済規模の大きいインドネシア、タイ、フィリピン、そしてマレーシアである。
2) 大野（2002）によれば、「いま後発国は既存の国際システムへの速やかな統合―アメリカ型の価値・制度・ルールの受容―を要求されている。通常それは改革、自由化、対外開放、収斂、国際基準の採択といった形をとる。こうした圧力は過去にもあったが、今日ほど性急かつ包括的なものではなかった。」（4ページ）

7章
事例分析：フィリピン（中所得国）

　3章で途上国全体の構造調整計画の実績をサーベイした結果、事例を丹念に分析することが必要であると考えられる。5章で地域別・国別のサーベイを行なった。本章以降では、事例地域・国の詳しい分析を行い、定量的な統計を使った実証分析も行う。

　フィリピンについては、IMFのスタンドバイ信用が最後に供与された2000年まで[1]を中心として分析を行った。最後の節でその後の動向をまとめた。

7-1 はじめに

　フィリピンはIMF・世銀主導の構造調整計画を1980年と世界で最も早くから開始した国である。しかし、それ以前からの輸入代替工業化を中心とした経済の不効率の改善に長い期間を要し、近隣国が経済成長を遂げる中で、「アジアの病人」と呼ばれた。そして、2000年までの長期間にわたって両機関の支援を受けてきた。

　同国が抜本的な経済自由化を始めたのは、1986年のアキノ政権発足後であり、90年代の初めには東南アジアで最も規制が少ない経済となっていたと言われる。アジア通貨危機での悪影響の程度は少なかったが、大地主と貧農という大きな経済格差を抱えて貧困問題が解決されていない。フィリピンは、最も長期の経済自由化の経験を有し、一方貧困問題が深刻であり、事例研究として重要な国である。

　分析の対象期間は、データが揃う1977年から2000年までとする。国際収支の新分類のデータは1977年からしかない。そして、1985年までのマルコス大統領の在任からアジア通貨危機（1997-98）直後までが主な対象となる。そして、最後に最近までの動向を分析する。

7-2　フィリピンの概要

　まずフィリピン経済の与件としては、第2次世界大戦後経済開発を始めるにあたって、同国は能力ある経営主体と英語を話す高い教育水準の労働力が存在していた。政治的には、早くから多党制が導入され、内戦などの大きな騒乱はなかった。もっとも、軍事クーデタ未遂やミンダナオ島におけるイスラム教徒の分離独立の動きが、政治不信をもたらした。それを抑えるために、強い軍部の存在が重要であった。

　これまでの歴史を振り返ると、1946年7月4日に、アメリカから独立して、フィリピン共和国となる。すぐに輸入代替工業化を開始した。人口稀少な国土で土地拡大により農産物の生産と輸出が急増して、良好な国際価格も相俟って、それにより獲得された外貨を使い、1950年代には東南アジアの中で最も工業化が進んだ国となっていた。

　しかし、1960年代には土地の制約により経済成長は鈍化を始める。1965年にマルコス大統領が就任していたが、かれの政治に対する反対運動とミンダナオ島の分離独立の動きによる政情不安を抑えるために、1972年戒厳令が布告された（1981年まで）。経済面ではインセンティブが供与され、非伝統品輸出が増加し、工業化が進んだが、同時に債務が急増した。

　その後、第2次石油ショック後の先進工業国の不況が契機となって、マルコス政権の独裁的な性格と、それ以前の競争阻害的な政策がフィリピンに経済的な危機をもたらした。短期資本に依存していた銀行および政府は危機的な状況を迎えることとなった。

　マルコス政権は政治的にも70年代から不安定になっていたが、1983年8月の政敵アキノ氏の暗殺によって、急速に政情が悪化した。外国資本は短期の融資の継続を拒否して、結局1986年のマルコス失脚とアキノ夫人の政権樹立が実現することになる。

　1986年2月「ピープル革命」によりアキノ大統領が就任した。その後、1992年にラモス大統領、1998年にエストラーダ大統領、2001年に現在のアロヨ大統領が就任する。

経済の基本構造としては、東南アジアの躍進するマレーシアやタイと比べると大きな貧困層を抱えて、多くの国民が海外に出稼ぎに出ている。人口8千万に対して数百万人のフィリピン人が海外に在住していると言われる。国内における貧困ギャップは大きく、エリート、地主、政治家の富裕層と多数の貧者との格差があった。

セクター別にみると、農業では大地主制があり、プランテーションを経営する。製造業では、大企業と外資が支配している。サービス部門ではインフォーマルセクターが大きく、都市に大きなスラムが存在する。島嶼国で田舎でのインフラ不備もあり、都市化が進んだ。一方、都市の政府、大企業では欧米並みの社会保障を享受してきた。

最近のデータでみても、2002年の一人当たりGNIは1020ドルと、低所得国の分類基準である750ドル程度は上回るが、低位中所得国である。対外債務の負担度で見ると、一般（中位）債務国である。国際競争力という点で輸出構造をみると、2000年時点で工業製品輸出国のグループとなっている。

7-3 融資実績からみた全体的な進捗

フィリピンは1980年からIMF主導の構造調整計画を実施しており、世界で最も長い歴史を持っている。表7-1をみると、1976-79年の融資も入れると、2000年までに10件のスタンドバイ信用ないし拡大信用供与措置（EFF）が承認され、総額は43億5100万SDRにのぼった。一方、世界銀行の国際収支支援の融資も供与され、また対外債務のリスケジュールも行われた。そして、後述するように日本を中心とする経済協力が大きな貢献をした。

長い期間構造調整計画を実施したとはいえ、フィリピンは1980年代の半ばまではマルコス大統領の独裁政治と民主化を巡る政治の不安定が続いた。同国が急速な経済自由化を始めたのは、1986年のアキノ政権発足後であるが、同政権下でも政治の不安定、政権のリーダーシップの不足が生じた。

同国が磐石の経済発展を始めるのは1992年のラモス政権樹立以降である。表7-1と後述の経済協力のデータ（表7-2）にみるように、IMF・世銀とその他の

7章　事例分析：フィリピン（中所得国）　179

表7-1　IMF・世銀の融資

IMFの融資				世界銀行調整融資			多国間（公的）債務救済協定	
理事会承認 年　月	融資の種類	金額 (百万SDR)	金額 (百万ドル)	理事会承認 年　月　日	融資名	金額 (百万ドル)	合意日 年月日	金額 (百万ドル)
1976.4-1979.4	拡大信用供与措置（EFF）	217	251					
1979.6-1979.12	スタンドバイ信用	105	136					
1980.2-1981.12	スタンドバイ信用	410	534	1980.9.16	構造調整融資	200		
1983.2-1984.2	スタンドバイ信用	315	337	1983.4.26	第2次構造調整融資	302		
1984.12-1986.6	スタンドバイ信用	(1) 615	630				1984.12.21	757
1986.10-1988.8	スタンドバイ信用	198	232	1987.3.17	経済復興	300	1987.1.22	862
1989.5-1992.5	EFF	(2) 661	847	1989.5.4	金融部門調整プログラム	300	1989.5.26	1850
1991.2-1993.3	スタンドバイ信用	(3) 334	457	1991.6.25	環境・天然資源部門調整プログラム	66	1991.6.20	1096
				1992.12.10	経済統合プログラム	200		
1994.6-1997.6	EFF	475	1385				1994.7.19	586
1998.8-2000.3	スタンドバイ信用	1021	680	1998.12.3	銀行改革プロジェクト	300		
合計		4351	5489					

注：(1)　1986年6月に取り消し。
　　(2)　1991年2月から延長。1992年5月に取り消し。
　　(3)　1992年8月から2回延長。
出所：IMF, *Annual Report*, various issues. 世界銀行ワシントン本部『世界銀行年次報告書』各年版。World Bank, *Global Development Finance* 2003。

ドナーは、同国の構造調整を支援するべく国際収支補填のための融資を中心とした多くの協力を行った。

7-4　先行文献のサーベイ

　フィリピンの構造調整については、IMF・世銀が評価レポートを作成しているが、それ以外ではこのテーマを総合的に分析した文献は少ない。[2]
　まず計画の設計について、Mosley（1991）は、著書 *Aid and Power* の事例としてフィリピンの論文を発表した。世銀の内部文書も使っており、本研究を行う場合に詳しい政策条件が参考になる。
　1980年9月の第1次構造調整融資（SAL）の政策条件としては、輸入保護の削減とセクター間の関税率の平準化、輸入ライセンスの自由化、輸出振興策の実施、11の工業プロジェクトの査定（大統領関係者の事業のチェック）、貿易産業省の機構改革を挙げている。
　また、1983年4月に調印された第2次SALの政策条件として、以下を挙げている。間接税の保護的影響を除く法制化、工業インセンティブ・システムの改革、低関税率の上方修正と輸入禁止措置のさらなる除去、輸入ライセンスのさらなる自由化、エネルギー政策改革プログラム。
　1987年2月からの経済回復融資の政策条件としては、フィリピン開発銀行と国立銀行の機構改革、税制改革（GNP比率を1987年の11%、1988年の12%へ）、進行中の貿易自由化の完結、世銀との公共投資計画の合意とモニタリング体制の確立。
　総じて言えば、筆者が作成した表2-5の政策体系に対応した政策手段がとられていることがわかる。つまり、国際的規制緩和政策が比較的早く導入され、その後国内規制緩和政策が実施され、そして後半に公的部門改革政策が挙げられている。
　次に、実績についてみると、フィリピンの経済実績を表す象徴的な文献は、1993年に世銀が発行した『東アジアの奇跡』である。この報告書で取り上げた高度パフォーマンス国にフィリピンは含まれなかったという意味で、その実績が芳しくなかったことが浮き彫りにされたのである。しかし、1980年代後半から

の経済改革により、1990年代に経済成長率は加速することになる。[3]

　また、IMF（1999）の分析によれば、1975-80年に経済成長率は6％であった。しかし、公的部門拡大のファイナンスのために対外債務が急増した。民間企業も大量に借入れ、第2次世界大戦後からの輸入代替工業化戦略が競争力をそいだ。さらに、ガバナンスが問題で「クローニー・キャピタリズム」（大統領関係者の縁故を中心とした腐敗）が発生した。

　同様に、IMFのRodlauer（2000）によれば、経済政策の誤り、対外ショック、天災、政治的不安定が1980年代に2回の経済的後退を招いたとし、このような経済実績について、「アジアの虎たち」に対比して、「アジアの病人」と呼ばれた、と述べている。

　しかし、その後の構造調整計画の実績として、彼によれば、マルコス政権後の1986年からの経済改革と回復は目覚しく、フィリピンは長い期間の低成長と経済不均衡から90年代初めによみがえったということ、そしてその後他国と比べて「アジア危機」の難をのがれたという点で近年俄然注目を浴びている。これは1980年代末からの改革、90年代に加速した改革が巧みな危機管理と相俟って成果を上げていることを示唆している。フィリピンの最近の経験は、新興市場経済の危機の予防と管理にとって〈中略〉多くの教訓を含んでいる。[4]

　IMFがアジア通貨危機で浴びた批判に答えるという面もあったが、独立の評価局を2001年に設立して作成したのが『長引いたIMF融資国』に関する評価である。「利用国」リストを表4-5に示したが、IMFのファシリティの最も長引いた利用国（prolonged user）がフィリピンである。1971年から2000年までの51か国をサーベイした結果、フィリピンが25年間もIMFとのプログラム締結の状態にあり、その間16のプログラムがあった。フィリピンに続くのがパナマの21年、パキスタン、ハイチ、セネガルの20年である。

　一方、原（2001）は、貧困問題を解決しなかった経済開発の例としてフィリピンを挙げている。スペインの植民地時代からの政治経済構造の分析を通して、大地主と輸入代替工業化において保護された経済エリート、そして政治エリートが形成したクローニー・キャピタリズムと、土地なし層に代表される農民と中小企業の差別を浮き彫りにして、構造調整政策に限界があると述べている。[5]

　こうした文献サーベイの結果、1986年のアキノ政権からの構造調整と目覚し

表7-2 経済協力と援助

(単位：百万USドル)

	1977	1978	1979	1980	1981	1982	1983	1984	1985	1986	1987	1988
経済協力（純額）												
DAC加盟国												
日本	122.1	460.9	331.6	262.6	297.6	337.2	341.2	201.0	113.7	462.4	409.4	493.8
U.S.A	260.0	166.0	425.0	116.0	86.0	121.0	232.0	266.0	37.0	438.0	170.0	603.0
合計	565.8	848.4	812.0	615.7	696.7	612.4	785.1	576.2	386.2	933.7	670.4	1204.5
国際機関												
アジア開発銀行	28.3	-6.7	69.7	79.0	107.8	105.7	166.4	147.2	82.0	103.0	88.3	105.8
世界銀行（IBRD）	90.8	142.6	185.4	195.5	403.0	188.7	527.6	185.5	123.2	19.5	43.2	-25.0
世銀・国際開発協会	1.9	0.9	2.5	1.7	7.1	7.7	12.5	10.0	13.0	7.7	7.3	2.0
合計	150.0	212.8	338.0	352.1	547.0	343.1	758.0	370.1	249.6	158.4	178.1	106.2
総計	715.8	1061.3	1153.0	975.2	1243.7	957.0	1542.6	945.9	635.2	1091.8	848.0	1310.5
援助（純額）												
DAC加盟国												
日本	30.6	66.5	89.2	94.4	210.1	136.4	147.0	160.1	240.0	438.0	379.4	534.7
U.S.A	86.0	67.0	54.0	50.0	51.0	58.0	138.0	129.0	135.0	367.0	230.0	121.0
合計	143.9	164.7	170.4	205.4	331.0	276.3	358.5	355.8	437.6	886.8	703.1	789.3
国際機関												
アジア開発銀行	2.1	0.0	0.5	7.0	2.8	6.5	7.7	4.0	3.8	29.9	35.3	40.9
世界銀行（IBRD）	3.2	2.8	6.0	8.2	6.3	2.6	2.9	0.6				
世銀・国際開発協会	1.9	0.9	2.5	1.7	7.1	7.7	12.5	10.0	13.0	7.7	7.3	2.0
合計	38.8	84.7	94.0	90.8	45.1	55.5	71.0	41.5	49.3	69.3	67.5	65.1
総計	182.7	249.3	267.4	303.6	376.1	333.4	429.0	396.9	486.2	955.8	770.2	854.3
ODA贈与（純額）												
DAC加盟国												
日本	16.8	41.3	57.3	58.7	165.1	91.3	85.1	102.4	170.3	357.6	267.6	403.6
U.S.A	31.0	38.0	28.0	19.0	18.0	22.0	19.0	7.0	39.0	24.0	-1.0	11.0
合計	52.6	84.9	83.1	102.8	211.2	151.0	131.3	126.4	224.2	402.7	270.3	421.6
国際機関	26.0	71.0	69.6	70.0	18.6	17.7	39.7	15.1	18.2	37.7	39.3	30.4
総計	78.6	156.0	155.7	180.2	229.8	170.1	170.4	140.8	241.5	439.9	309.0	451.7
ODA融資（総額）												
DAC加盟国												
日本	19.9	48.1	68.4	73.9	185.2	114.9	112.1	132.4	173.4	479.7	282.0	536.4
U.S.A	36.0	40.0	37.0	22.0	26.0	29.0	27.0	15.0	48.0	38.0	—	30.0
合計	62.1	95.9	106.0	123.6	241.6	183.1	167.4	166.6	245.8	542.7	290.3	580.1
国際機関	26.2	71.2	69.8	70.5	19.5	18.4	40.8	16.1	19.7	40.7	43.3	37.2
総計	88.3	167.1	178.9	201.5	261.9	203.6	208.4	182.8	265.4	583.4	333.6	617.5

7章　事例分析：フィリピン（中所得国）　*183*

経済協力（純額）													
DAC 加盟国													
日本	701.3	886.3	826.3	-10.2	2258.8	806.5	1777.0	874.8	1476.2	1245.3	2218.5	1742.4
U.S.A	5.0	233.0	289.0	541.0	167.0	760.0	1168.0	1955.0	2578.0	1511.5	2152.6	-339.5
合計	922.6	1309.8	1295.3	907.7	2744.1	2681.1	3238.9	4600.8	5423.7	3944.1	6720.6	1626.1
国際機関												
アジア開発銀行	141.3	319.4	215.3	201.4	204.1	181.5	-1.4	78.6	200.7	180.1	-84.3	16.1
世銀・IBRD	195.0	205.0	44.0	220.7	332.8	-57.8	-20.6	17.7	-112.1	-94.8	-227.0	-197.5
世銀・国際開発協会		-1.0	-1.0	33.0	33.1	0.5	2.9	8.1	13.1	7.6	6.5	3.2	7.2
合計	281.7	666.6	370.5	530.7	599.0	228.3	75.4	176.5	154.9	162.4	-150.4	-125.9
総計	1204.5	1976.8	1665.7	1441.5	3343.7	2913.2	3315.8	4776.5	5601.7	4181.6	6621.0	1508.5
援助（純額）												
DAC 加盟国												
日本	403.8	647.5	458.9	1030.7	758.4	591.6	416.1	414.5	319.0	297.6	413.0	304.5
U.S.A	192.0	248.0	224.0	229.0	270.0	116.0	112.0	46.0	15.0	27.3	72.7	75.5
合計	757.7	1105.1	860.1	1538.7	1335.2	942.6	748.8	748.2	567.3	528.0	616.0	502.3
国際機関												
アジア開発銀行	49.3	127.5	100.5	83.1	100.2	55.0	54.8	47.2	49.0	21.3	23.7	22.3
世銀・IBRD		-1.0	33.0	33.1	0.5	2.9	8.1	13.1	7.6	6.5	3.2	
世銀・国際開発協会	67.3	171.9	193.6	174.8	154.8	110.8	132.6	131.7	123.2	92.3	79.1	72.2
合計	825.3	1277.4	1053.6	1716.6	1490.7	1057.2	882.9	879.2	695.7	632.3	696.5	577.7
ODA 贈与（純額）												
DAC 加盟国												
日本	176.1	153.1	173.6	185.7	245.4	248.8	235.5	185.5	157.5	159.0	174.3	157.1
U.S.A	207.0	232.0	235.0	241.0	270.0	123.0	148.0	69.0	48.0	49.7	83.8	62.9
合計	522.9	544.4	559.4	610.5	669.5	555.8	580.9	454.4	380.7	359.5	380.3	338.0
国際機関	46.8	61.0	65.9	64.1	59.1	56.9	75.9	69.6	65.1	66.3	49.4	42.2
合計	570.2	605.8	625.3	675.6	729.2	613.1	656.9	524.0	446.9	426.8	430.9	383.6
ODA 融資（総額）												
DAC 加盟国												
日本	256.3	617.0	333.4	1200.1	799.0	586.9	604.5	571.3	512.7	466.9	579.5	584.6
U.S.A	-1.0	21.0	17.0	21.0	20.0	15.0		10.0	7.0	10.0	13.0	33.5
合計	277.4	697.9	379.5	1329.0	989.8	666.9	670.1	685.4	601.9	550.0	622.8	641.2
国際機関	46.2	124.0	134.7	116.7	100.9	61.5	64.8	70.6	67.3	37.2	44.8	47.5
総計	323.9	822.2	514.8	1448.9	1090.7	732.8	737.9	756.7	674.6	587.4	669.0	689.9

出所：OECD, *Geographical Distribution of Financial Flows to Developing Countries*, 各年版。

い経済の回復、そしてアジア通貨危機時の乗り切りにより、フィリピンの構造調整は成功したというのが大方の見方である。しかし、貧困という構造的な問題は依然として残っている。

　筆者のコメントとしては、構造調整計画の中心課題である自由化ではなくて、中長期の取り組みを必要とする本来の構造的問題が浮き彫りにされていると考えられる。

　そこで、IMF・世銀の分析で政策の効果が肯定的に捉えられていることに対して、本研究では以下に、政策実施を条件として供与される援助やその他海外投資など対外要因も含めた包括的な分析を行う。

7-5　構造調整計画の実績

　ここでは、フィリピンにおける構造調整計画の実績を分析する。世銀などの経済評価方法に準拠する。まず対外要因たる経済協力の効果を分析して、その後に構造調整計画の政策面の検討を行う。後者については、IMF・世銀の基本的なマクロ経済分析方法を踏襲して構造調整計画の実績の実証分析を行い、その後に主な政策毎の分析を行う。構造調整の中心課題が自由化であるのでその分析が大部分を占めるが、同国の大きな問題である貧困も必要に応じて扱うことにする。

7-5-1　経済協力の効果
(1)　経済協力と援助
　構造調整計画実施を条件として、その支援のための経済協力が行われる。経済協力は、OECDや日本政府の定義によれば、政府開発援助（ODA）、その他政府資金（OOF）、営利目的の民間資金、そして非営利目的の民間資金（ボランティアなど）の4つに分かれる。

　IMFの融資はファシリティと呼ばれるが、国際収支支援の融資ということになる。しかし、国際収支上は、総合収支をファイナンスする金融勘定に入れられる。したがって、厳密にはIMFの融資は経済協力に入れないが、実際は本質的に世銀や日本などからの融資と同じであるので、以下で国際収支表を使って分析

する場合には経済協力との関連で議論することにする。

　また、ODAは一般に2国間援助と国際機関への支援の2つに分かれるが、以下でODAを論じる場合2国間援助だけを扱っている。また、2国間援助は有償資金協力と無償資金協力に分かれるが、国際収支支援融資が含まれる有償資金協力を中心に扱う。また、日本の場合、OOFに含まれるアンタイド・ローンなども対象とする。アンタイド・ローンは経常黒字のリサイクルのために行った融資で、日本輸出入銀行、その後国際協力銀行が供与した。[6]

（2）　経済協力の実施状況と効果

　まず経済協力の実施状況をみると、表7-1にIMFのファシリティ（融資）と世界銀行の調整融資、そして多国間公的債務救済協定を示した。世界銀行の調整融資は国際収支支援の融資であり、世銀グループの国際復興開発銀行（IBRD）の融資は金利が高く、中所得国であるフィリピンには国際開発協会（IDA）からの国際収支支援融資はない。世界銀行は他に通常のプロジェクト融資を供与する。債務救済協定は、当該国がIMFと経済安定化計画を締結して初めて交渉されるものである。

　この表を全体的にみてわかることは、1980、1983、1986、1989、1992、1999の各年が構造調整計画の起点の年となっている。このうち、1980、1983、1989、1999の各年は、フィリピン経済が大きな危機に直面した年である（後述）。それ以外の1986年と1992年はアキノ政権とラモス政権がそれぞれ設立されて急速な経済自由化が始まった。

　このように融資が多いが、重要なことは、2000年をもってフィリピンはIMFからの融資を受けていないということである。これは、構造調整計画からの「卒業」を意味する。

　これら国際機関主導の支援に加えて、他のドナーの支援を表7-2でみた。表7-1に関して上記で指摘した年及び前後の年に、経済協力、援助、融資共に増加していることがわかる。また、アキノ政権とラモス政権の期間、特に後者の期間に、これらの海外からの支援が急激に増えていることがわかる。

　表7-2のデータをGDPデフレータで実質化してみると、経済協力の実質値の対前年比成長率は、1981-85年に年平均で-9.1%であったものが、1986-91年には19.0%、1992-96年には18.2%であった。

表 7-3 国際収支の動向

(単位: 100万USドル)

項目	1977	1978	1979	1980	1981	1982	1983	1984	1985	1986	1987	1988
経常収支	-754	-1094	-1496	-1917	-2096	-3212	-2771	-1294	-36	952	-444	-390
貿易収支	-764	-1307	-1541	-1939	-2224	-2646	-2482	-679	-482	-202	-1017	-1085
輸出	3151	3425	4601	5788	5722	5021	5005	5391	4629	4842	5720	7074
輸入	-3915	-4732	-6142	-7727	-7946	-7667	-7487	-6070	-5111	-5044	-6737	-8159
サービス収支	-123	13	-104	8	159	-19	75	448	1368	2016	1190	1105
所得収支	-125	-118	-206	-420	-503	-1021	-836	-1449	-1300	-1301	-1190	-1185
経常移転収支	258	318	355	434	472	474	472	386	378	439	573	775
資本収支	498	1742	1563	2684	2018	2847	-389	781	329	148	318	571
投資収支	497	1741	1563	2684	2018	2847	-389	781	328	146	318	571
直接投資	210	101	7	-106	172	16	105	9	12	127	307	936
証券投資	6	-1	13	4	3	1	7	-3	5	13	19	50
金融派生商品	—	—	—	—	—	—	—	—	—	—	—	—
その他投資	281	1641	1543	2786	1843	2830	-501	775	311	6	-8	-415
金融当局	109	13	377	781	-192	58	-69	-41	-969	—	—	—
政府	-45	525	972	477	1072	1957	176	629	2565	1277	-462	-68
銀行	337	934	626	708	496	460	-375	-249	-939	-250	402	321
その他	98	169	-432	820	467	355	-233	436	-346	-1021	52	-668
その他資本収支	1	1	—	—	—	—	—	—	1	2	—	—
誤差脱漏	210	112	249	124	-487	-364	-336	65	545	34	68	493
総合収支	-46	760	316	891	-565	-729	-3496	-448	838	1134	-58	674
外貨準備増減等	46	-760	-316	-891	565	729	3496	448	-838	-1134	58	-674
外貨準備増減	-56	-898	-462	-1163	151	792	1887	-49	98	-1124	249	-570
IMF融資	102	90	146	259	182	-75	155	-149	164	-10	-190	-104
特別融資	—	47	—	13	232	12	1455	647	-1100	—	—	—

7章 事例分析：フィリピン（中所得国） 187

項目	1989	1990	1991	1992	1993	1994	1995	1996	1997	1998	1999	2000
経常収支	-1456	-2695	-1034	-1000	-3016	-2950	-1980	-3953	-4351	1546	7910	8459
貿易収支	-2598	-4020	-3211	-4695	-6222	-7850	-8944	-11342	-11127	-28	4958	6918
輸出	7821	8186	8840	9824	11375	13483	17447	20543	25228	29496	34210	37295
輸入	-10419	-12206	-12051	-14519	-17597	-21333	-26391	-31885	-36355	-29524	-29252	-30377
サービス収支	1661	1483	1850	2434	1583	2114	2422	3518	1015	-2630	-2713	-2112
所得収支	-1349	-872	-500	445	924	1850	3662	3282	4681	3769	5171	3216
経常移転収支	830	714	827	816	699	936	880	589	1080	435	494	437
資本収支	1354	2057	2927	3209	3267	5120	5309	11277	6498	483	-944	-6459
投資収支	1354	2057	2927	3208	3267	5120	5309	11277	6498	483	-935	-6497
直接投資	563	530	544	228	1238	1591	1478	1517	1222	2287	573	1241
証券投資	280	-50	110	40	-52	269	1190	5317	591	-928	4816	-113
金融派生商品	—	—	—	—	—	—	—	—	—	—	—	—
その他投資	511	1577	2273	2940	2455	3562	3040	4625	4821	-716	-6383	-7732
金融当局	—	—	—	—	—	—	—	199	-98	5	75	61
政府	108	875	375	2731	1065	-1121	-408	-808	-218	-207	181	-125
銀行	370	307	473	1921	-229	1694	1648	3291	2093	-309	-2292	2075
その他	33	395	1425	-1712	1619	2989	1800	1943	3044	-205	-4347	-9743
その他資本収支	—	—	—	1	—	—	—	—	—	—	-9	38
誤差脱漏	402	593	-138	-520	85	157	-2094	-2986	-5241	-750	-3307	-2481
総合収支	300	-45	1755	1689	336	2327	1235	4338	-3094	1279	3659	-481
外貨準備増減等	-300	45	-1755	-1689	-336	-2327	-1235	-4338	3094	-1279	-3659	481
外貨準備増減	-408	388	-1937	-1746	-447	-2107	-873	-4037	2610	-1938	-3947	73
IMF融資	108	-343	182	58	111	-220	-362	-301	485	659	288	303
特別融資	—	—	—	—	—	—	—	—	—	—	—	105

出所：IMF, *International Financial Statistics (IFS) Yearbook 2002*, を利用して筆者作成。

それでは、表7-3の国際収支表で、これらの支援の効果をみていく。まず最初に期間全体で国際収支状況をみると、表7-2に関して説明したように1980、1983、1989、1999の各年及び前後の年に国際収支が悪化しているのがわかる。とりわけ、アキノ氏暗殺の年には商業銀行も短期融資を拒否したために、35億ドル弱の膨大な総合収支赤字が計上された。1999年は1997-98年のアジア通貨危機の直後である。

　そこで、まず総合収支をファイナンスする外貨準備増減等の内訳としてのIMF融資をみると、これらの4つの年にIMFの資金が赤字補填のために使われているのがわかる。とりわけ、1998年と1997年の融資額は合わせて11億ドルを超える。

　次に、国際収支全体と表7-2の経済協力などの金額を比較する。経常収支赤字を資本収支でどれだけカバーしているかという点で、経常勘定の赤字と、資本勘定に含まれる経済協力（「その他投資」の政府）の金額を比較できる。厳密には経常収支には経済協力の中の政府開発援助の無償資金協力の消費部分と非営利目的の民間資金が含まれるが、それを無視すると、全体的にみて経常収支のかなりの部分に匹敵する経済協力が行われていることがわかる。

　とりわけ、日本が経済協力の増加に大きく貢献している。すなわち、表7-2と表7-4でわかるように、経済協力、援助ともに、1986年と1992年の新政権樹立後に支援額の水準がかなり高く引き上げられている。また、表7-3で国際収支支援の融資などだけを見ても、1989年とその前後の年に過分なる融資と債務のリスケジュールが行われている。それ以外では、アジア通貨危機後の1999年に多大なる支援を行っている。

　さらに、全体的な海外直接投資だけみても、1986-91年と1992-96年の期間においては、経常収支赤字に比して投資純額の規模が半分をはるかに超えている（後述の表7-5B）。直接投資の増加は、経済の不均衡を是正する構造調整の期間から、経済改革を好感して海外からの投資が増えるという持続的成長の期間へ移行したということ示している。

　まとめると、IMF・世界銀行の政策アドバイスにしたがって構造調整を実施した1986年以降2000年まで、フィリピンは過分なる経済協力を受けていたことがわかる。国際収支改善と経済成長に大きく寄与したと言える。

7章 事例分析:フィリピン(中所得国) *189*

表7-4 日本の経済協力

(単位:100万USドル)

(貸付契約)	案件名	予算	金額
77.11.25	商品借款(第6次円借款)	ODA	19
78.11.9	商品借款(第7次円借款)	ODA	12
84.5.7	商品借款(12次円借款)	ODA	148
86.5.30	リスケジュール(第1次)	ODA	131
86.11.12	商品借款(特別円借款)	ODA	195
87.10.1	アンタイド・ローン(経済復興ローン)	OOF	300
87.12.17	商品借款	ODA	207
88.1.27	環境・天然資源セクター調整計画(特別円借款)	ODA	103
88.7.7	リスケジュール(第2次)	ODA	181
89.1.31	リスケジュール(第2次)	ODA	13
89.11.3	アンタイド・ローン(EFFとのパラレル融資)	OOF	391
89.11.23	金融セクター構造調整融資	ODA	300
90.4.27	アンタイド・ローン	OOF	332
90.12.21	地震復興緊急商品借款	ODA	195
90.12.21	リスケジュール(第3次)	ODA	168
90.12.24	リスケジュール(第3次)	ODA	174
90.12.24	リスケジュール(第4次)	ODA	214
91.3.22	アンタイド・ローン	OOF	91
92.6.25	アンタイド・ローン	OOF	162
93.3.11	経済統合ローン	OOF	225
94.12.22	アンタイド・ローン(EFFとのパラレル融資)	OOF	400
99.2.17	輸入関連資金	OOF	428
99.2.19	輸入関連資金	OOF	428

注:ODA(政府開発援助):有償資金協力(貸付契約ベース)
　　OOF(その他政府資金):輸銀ベース外国政府等・国際(金融)機関向け投資金額は、一部を除いて為替レートの平均値を使って計算した。
出所:通商産業省『経済協力の現状と問題点』各年版、国際協力銀行ホームページを利用して筆者作成。

7-5-2 マクロ経済分析

(1) 分析方法

　IMFのホームページで各国の構造調整計画に関わる政策文書を閲覧できるが、記者会見で発表される経済予測の指標は以下の通りである。すなわち、経済成長率、インフレ率、国際経常収支の対GDP比率、財政収支の対GDP比率、外貨

表 7-5 マクロ経済分析結果

A 経済実績(政策の実施状況)

	1977-80	1981-85	1986-91	1992-96	1997	1998	1999	2000
財政政策								
公共消費(対GDP比、%)	8.7	7.7	9.1	10.8	13.2	13.3	13.1	12.8
実質公共消費(対前年比増加率、%)	−0.5	−2.4	8.5	7.2	16.4	0.9	3.0	4.0
金融政策								
公定歩合(%)	6.4	8.9	11.5	10.9	14.6	12.4	7.9	13.8
実質公定歩合(%)	−6.9	−10.5	1.8	2.7	8.8	2.6	1.3	9.4
預金金利(%)	9.5	16.2	13.9	10.5	10.2	12.1	8.2	8.3
実質預金金利(%)	−3.8	−3.2	4.2	2.3	4.3	2.3	1.5	3.9
M2 (対前年比増加率、%)	21.3	23.1	17.5	23.0	23.1	8.6	16.9	8.1
為替レート政策								
実質実効為替レート(REER)(1995=100)		126.1	89.2	98.6	108.8	88.7	96.4	89.8
REER (対前年比変化率、%)		−1.3	−5.2	5.5	−0.5	−18.5	8.7	−6.8
為替レート(年平均、ペソ/USドル)	7.4	12.6	22.6	26.2	29.5	40.9	39.1	44.2
為替レート(対前年比変化率、%)	0.3	19.9	6.7	−0.9	12.4	38.8	−4.4	13.0

出所:IMF, *International Financial Statistics* (IFS) Yearbook 2002, を利用して筆者作成。

B 経済実績(政策の効果)

	1977-80	1981-85	1986-91	1992-96	1997	1998	1999	2000
実質GDP (対前年比成長率、%)	5.4	(1.3)	3.8	3.4	5.2	(0.5)	3.4	3.9
名目GDP (対前年比成長率、%)	18.4	18.3	12.6	11.7	11.7	9.8	11.7	10.9
国際経常収支(100万USドル)	(1314.5)	(1881.6)	(844.2)	(2579.8)	(4351.0)	1546.0	7910.0	8459.0
国際経常収支(対GDP比、%)	(4.7)	(5.1)	(1.8)	(3.9)	(5.3)	2.4	10.4	11.3
消費者物価指数(対前年比変化率、%)	13.2	18.6	9.5	8.2	5.9	9.8	6.6	4.4

	1977-80	1981-85	1986-91	1992-96	1997	1998	1999	2000
GDPデフレータ（対前年比変化率, %）	9.9	20.1	9.7	8.0	6.2	10.4	8.1	6.7
財政総合収支（対GDP比, %）	(1.1)	(2.8)	(3.0)	(0.1)	0.1	(1.9)	(3.8)	(4.1)
外貨準備高の輸入カバー率（月）	4.1	1.6	2.1	3.1	2.3	3.5	4.9	4.6
財・サービス輸出（対GDP比, %）	19.4	21.4	27.5	34.2	49.0	52.2	51.5	56.3
財・サービス輸入（対GDP比, %）	24.1	24.2	28.3	41.5	59.3	58.8	51.3	50.2
海外直接投資（純額, 100万USドル）	53.0	62.8	501.2	1461.8	1358.0	2447.0	514.0	1134.0
海外直接投資（対GDP比, %）	0.3	0.2	1.2	2.2	1.6	3.8	0.7	1.5
実質個人消費（対前年比増加率, %）	5.7	2.3	2.1	3.3	4.3	2.4	2.4	3.5
メモ								
一人当たり国民総所得（USドル）	552.3	677.4	650.7	978.4	1166.7	911.8	1073.3	1035.4
人口（対前年比増加率, %）	2.7	2.5	2.6	2.5	2.3	2.2	(0.5)	2.1

出所：IMF, *International Financial Statistics* (IFS) Yearbook 2002, を利用して筆者作成。

C 経済実績（持続可能性）

	1977-80	1981-85	1986-91	1992-96	1997	1998	1999	2000
設備投資（対GDP比, %）	42.6	33.7	25.2	27.3	24.4	21.1	19.1	18.1
国内貯蓄（対GDP比, %）	24.4	20.7	18.4	14.5	14.2	12.4	14.3	16.5
国内貯蓄（対設備投資比, %）	86.3	91.2	104.8	64.0	58.2	58.7	75.0	91.3
海外貯蓄（対設備投資比, %）	13.7	8.8	−4.8	36.0	41.8	41.3	25.0	8.7
対外債務残高（対輸出比, %）	212.7 ('80)	295.0	257.4	134.3	103.3	122.7	123.0	116.7

出所：IMF, *International Financial Statistics Yearbook 2002*, World Bank, *Global Development Finance*, various issues, を利用して筆者作成。

準備の輸入カバー率である。世界銀行のカントリー・エコノミストが作成する経済レポートやその他一般の構造調整評価報告書でも同様の指標が使われている。

そこで、IMF・世銀のマクロ経済分析の基本型にしたがって、マクロ経済分析を表7-5のように行った。対外要因の変化を示す表が作成されていないが、外的ショックを緩和するように政策がとられるわけで、大きな対外要因として経済協力については既に論じた。

最初の表で政策の実施状況を分析する。ただし、数量の変化が中心で、定性的な情報は除いてある（7－5－3項で分析）。2枚目の表に効果、3枚目に将来の経済の方向を占う持続可能性の指標を入れた。

統計数字としては、最後の表の対外債務に関わる指標以外は、IMF発行の *International Financial Statistics*（IFS）の国別統計を使って計算した。対外債務については、世銀の *Global Development Finance*（GDF）を使った。指標の分析上、JICAの『マクロ経済指標マニュアル』（1996）における経済指標の危機水準を参考にした。

対象期間としては、経済状況と大統領の任期などを勘案して、以下の期間に分けた。すなわち、1977-80、1981-85、1986-91、1992-96の各期間である。

（2） マクロ分析による実施状況と効果

まず、7－5－1項で述べたが、1980、1983、1986、1989、1992、1999の各年において、構造調整計画が始まっている。そのうち、1980、1983、1989、1999の各年は、表7-3の国際収支表で示したように、フィリピン経済が大きな危機に直面した年である。

アキノ政権樹立後の1986年からでは、1990年も経済危機であった。国際収支の対GDPは-6%に達しており、一般的な危機水準—8%に近い。[7] 外貨準備の輸入カバー率も0.8か月分、すなわち、24日分しかなかった。

こうした背景で、構造調整計画実施前の期間から2000年までの期間について、政策の実施状況と効果などを全体的にみてみる。まず表7-5Aをみると、マクロ経済政策は比較的健全である。すなわち、財政支出は増加したが、次の表7-5Bでみるように、財政収支赤字も一定の水準で抑えられている。実質金利が正であり望ましい水準にある。為替レートは既に変動相場制度になっており、アジア通貨危機以降を除けば比較的安定している。もっとも、世銀などが指摘する政

府の規模の問題の観点からみれば、政府の支出規模が大きいのが問題である。過大な財政支出は、財政赤字をもたらして過大な需要創造を通して国際収支赤字を引き起こし、また民間活動を金利上昇を通じてクラウディング・アウトして経済の効率を損なう可能性が高い。

効果の表をみると、1986年以降順調に経済が成長している。為替レートの安定もあってインフレ率は大体一桁の水準にとどまっている。成長に伴って国際収支の赤字は拡大したが、外貨準備の輸入カバー率は改善している。成長率を最も支えたのは輸出であるのがわかる。この間、製造業の生産は年率4％を超える増加率を示している（表7-6参照）。これは、構造調整に惹起された海外直接投資によるものであった。個人消費も経済成長率と比較して高い水準で、ひとびとの所得の上昇、生活の改善が読み取れる。

1997年にタイで始まったアジア通貨危機はフィリピンを襲ったが、98年の経済成長率がわずかに－0.5％とその影響は軽微であった。その後の経済状況もよい。IMFなどが自由な経済であった成果であると評価するところである。もっとも、他のアジア諸国に比べて政治・経済状況が悪かったために外国資本の金額はそれほど大きくなかったのが幸いした。1997年の商業銀行の不良債権は銀行資産のわずかに3.4％であった。

表7-5Cの3番目の表で持続可能性を分析すると、投資率は比較的高いが、貯蓄率が低いことがわかる。他の東南アジアの国よりもかなり低い（1995年のインドネシアは30.6％、タイは36.9％）。債務指標は、1990年から趨勢としてかなり改善している（7-5-3項で詳述）。フィリピンの今後の大きな課題は、どのように貯蓄率を高めて、外資依存の経済発展を自立的にするかということである。具体的な問題として、上述のように、貯蓄のうちの公的貯蓄が政府赤字であると、国際収支の赤字を通じて外国資本（援助を含む）に依存し続けることになり、経済の効率も向上しないことになる。

7-5-3 構造調整計画の期間別の実績

本項では、文献サーベイを行い、構造調整計画の全体的な進捗を期間別に分析する。実績として、政策の実施状況と効果があるが、本項では前者を中心とする。期間は大統領の在任期間が中心である。

表7-6 国内総生産（GDP）の部門別推移

(単位：対前年比成長率、%)

	1986-91	1992-96	1997	1998	1999	2000
GDP（1985年要素価格表示）	3.8	4.3	5.2	−0.6	3.4	6.0
農林水産業	2.5	2.4	3.1	−6.4	6.5	4.3
鉱業	−1.6	−1.4	1.7	2.8	−8.7	11.7
製造業	4.1	4.0	4.2	−1.1	1.6	5.6
電気・ガス・水道	3.7	9.4	4.8	3.3	3.2	4.0
建設業	3.3	8.7	16.2	−9.6	−1.5	26.2
商業	4.5	4.8	3.9	2.4	4.9	5.2
運輸・通信	4.5	5.4	8.2	6.5	5.2	10.5
金融	9.2	7.2	13.0	4.4	1.9	0.9
政府サービス	4.8	4.5	2.5	2.3	3.1	1.6
その他	3.9	3.8	4.4	3.3	3.5	2.8

出所：ADB, *Key Indicators* 2003、を利用して筆者作成。

そして、次項では主要な政策ごとに実施状況と効果の2分析（評価）項目を分析する。

（1） 全体的な進捗と成果

まず既述の計画の設計のところで述べたように、構造調整計画が対外債務返済能力をつけることが大目標であるとすると、全期間でみると、その目標は達成されたことになる。すなわち、マルコス退任時の対外債務負担度は深刻であり、1985年の債務残高の輸出に占める比率は335.6%であった（短期債務が多くを占めていた）。それが、2000年には116.7%まで低下した。債務残高の現在価値でみても、フィリピンは2000年時点で一般債務国である（表3-4参照）。

1992年にはフィリピンは国際資本市場へ復帰し、その後アジア通貨危機があったものの1999年には再度国際資本市場へ復帰して1,130百万ドルの資金調達を行った。その後1998年に着任したエストラーダ政権への不信が経済の信頼性を失わせたが、2001年と2002年には再度中央銀行が国際調達を行った。

表7-1で示したように、2000年をもってフィリピンはIMFからの融資を受けておらず、IMF・世銀主導の構造調整計画から「卒業」したのである。

（2） 期間別の進捗

　本研究の対象期間別にみると、まず既に述べたように、マルコス政権は1972年から1981年にかけて戒厳令を敷いて政治的な安定を図ったが、第2次石油危機後の先進工業国の不況と国際金利の高騰という外的なショックが引き金となって70年代末から経済が不況に陥った。そこで、顕在化したのが、政府介入の程度が大きく、しかも大統領の取り巻きの利益集団が経済を牛耳る「クローニー・キャピタリズム」（7−4節で既述）であった。

　1983年のアキノ氏暗殺によって政治のみならず経済も大打撃を受けて、短期資本による国際収支などの穴埋めに依存していたが、国際資本はその融資を拒否するに至り、既述のように膨大な赤字を計上することとなった。

　この間、マルコス政権は、為替管理と為替レート切り下げ、貸出の規制、金利引上げなどの緊縮政策をとった。また、マクロ経済政策に加えて、インセンティブを与える政策をとったが、それらの構造的な政策はマルコス政権の既得権益を侵すことになるので、実効性のある政策は実施されなかった。1970年代末からIMFの融資を受けていたが、1980年から政策の遅れ（policy slippages）が生じた。[8]

　マルコス氏失脚後の1986年当初に誕生したアキノ政権は、開放的、市場志向の改革に着手した。[9] 例えば、クローニー・キャピタリズムの富の源泉であったココナッツと砂糖の独占が廃止され、関連機関は民営化された。

　さらに、アキノ政権下では公企業の民営化も行われ、フィリピン国立銀行の株式の30％を民間へ売却し、国営航空会社の民営化も行われた。90年代の初めには東南アジアで最も規制が少ない経済となっていたと言われた。

　しかし、アキノ政権下では政治の不安が続き、しかもインフラ不足から海外からの投資も増加しなかった。

　フィリピンの構造調整が実を結んだのは、ラモス政権下である。まずもって政治が安定した。80年代後半からの日本の投資もこの国の経済成長に寄与したが、ラモス政権下では外資進出にとっての最大のネックであった電力供給の問題が解決された。

　経済への規制の撤廃は急速に行われた。すなわち、ほとんどすべての為替管理の撤廃も行われた。

　民営化も断行された。90年代半ばまでには水道など公益事業も民営化され、

電話、海運、内陸水運の独占の解体も行われた。また、外国銀行への45年間の活動制限の撤廃が実施された。さらに、石油の精製と販売、鉄鉱業といった直接生産部門の民営化も行われた。

政府の直接の経済への関与であったインフラ投資にBOTが導入された。また、道路建設や近郊鉄道会社へも民間の参入を促進した。

そして、アジア通貨危機時の1998年に誕生したエストラーダ政権は当初構造調整政策を継続したが、その後不整合な政策と腐敗により国内及び国外の投資家の不信を招いた。同大統領は2001年初めに辞任に追い込まれた。しかし、本項の（1）で述べたように、2001年と2002年に国際市場から資金調達ができたので、同国の信頼性が大きく揺らいだことにはならなかったと言えよう。

7-5-4 主な政策毎の実績

ここでは、筆者が作成した表2-5で分類した政策グループ、および個々の政策について、実績として実施状況と効果の2つを分析する。まず総論で主な政策の全体的な実施状況を中心に分析して、その後に政策グループ毎に個々の政策の実施状況と効果を併せて分析する。

（1）総論

表7-7に構造調整政策の実施状況を包括的に示した。ここでは、この表で政策グループを横断的にみることにする。マクロ経済政策については、為替レートは1970年に変動相場制度に移行しており、金利が1981-83年の期間に自由化された。マクロ経済安定化政策遂行上の制度として、1993年に中央銀行の独立性が確立した。[10]

次に狭義の構造調整政策を全体的にみると、対外取引の自由化である経済開放政策が多いのがわかる。国内市場規制緩和政策については、不十分な分野は生産要素市場の自由化である（後述）。最後に、公的部門改革政策については、多くの国で既得権益の抵抗があってなかなか進まないが、前項で説明したように公企業の民営化がかなり進んでいる。

（2）経済開放政策

表7-7でわかるように、1990年代初めからの為替、輸入、資本取引に対する規制の緩和や撤廃、公企業の民営化が行われた。そして、政策効果としては、外

資に対する優遇措置にも反応して、外国投資が急激に増加した。その内訳は、製造業より金融を中心とするサービス業が中心であった。証券投資も1994年より急激に増加した（表7-3参照）。

1995年末までしか比較可能な情報はないが、表3-5にみるように、フィリピンは他の東南アジアの国に比較して遜色ないほど経済開放は進んでいたことがわかる。

（3） 国内市場規制緩和政策

国内市場規制緩和政策は、市場が公企業に牛耳られていたという面で公的部門改革政策と関連するが、7-4節の文献サーベイで類推すると、製造業品の価格の自由化など構造調整計画実施前から導入されていた。1983年4月に調印された第2次SALの政策条件に工業インセンティブ・システムの改革が挙げられている。

一方、不十分な分野は生産要素市場の自由化である。IMFなどのモデルでは、最終生産物のみならず生産要素の市場の自由化が必須となっている。フィリピンの場合、土地の分配の不平等が大きく、こうした国内の大きな経済格差といった構造的な問題は依然として大きい。

1960年代から農地改革は打ち出されているが、地主層が政治的なエリートであることもあり、十分に実施されてきていない。1988年の農地改革法は全農地を対象とする画期的なものであったが、ラモス政権下である程度実施されたにとどまる。現在でも農地の約4割を大地主が保有している。

（4） 公的部門改革政策

表7-7でみるように、税収を増加する試みは実施された。一方、他の低所得国で行われた中期の支出管理計画は導入されなかったようである。しかし、表7-8にみるように、インフラ部門への政府支出は削減され、社会サービス部門の比重が高まっている。

政策の結果として、アジア開発銀行のデータを使って分析すると、税収のGDPに占める比率が構造調整期間に上昇している。すなわち、1977-80年11.5％、1981-85年10.1％、1986-91年12.8％、1992-96年16.1、1997年17％。特筆すべきは、経常勘定が黒字であったということである。すなわち、1977-80年3.0％、1981-85年2.6％、1986-91年0.3％、1992-96年1.9％、1997年1.7％。しかし、税収のGDPに占める比率は、ASEAN4の中で最も低い。

公企業改革については、表7-7と前項でみるように、民営化が進んでいる。直

表7-7 構造調整政策の実施状況

政策分野	実施年	政　策	該当（優先）部門	2000年までに未実施
経済安定化政策 ●財政政策				
●金融政策	1993	中央銀行が独立体に		
●為替レート政策	1993	中央銀行が独立体に		
狭義の構造調整政策 ●経済開放政策				
○為替管理制度	1970 1992 1995	変動為替相場制に移行 ほとんどすべての為替管理の撤廃 IMF8条国		
○輸入管理制度	1980 1995 1996 81-85 91-95 1995	870の輸入ライセンスの自由化 車両、同部品への輸入規制がなくなる 農産品への数量制限の一部を除去 第I期関税改革プログラム 第II期関税改革プログラム 1991年の関税改革計画の最終ラウンド ・300の資本財の関税率はゼロ ・工業製品への関税率16%に ・平均関税率28→19%	直接生産 直接生産 直接生産 直接生産	
	1995	資本財、繊維・衣服品に関する関税引下げ計画（1995-2000）が作成	直接生産	
○投資収益 ○資本取引	1993 1987 1991 1992 1992 1993 1994 1995 1995 1997 2000	利潤の本国送金への規制緩和 公益事業に外資参入40%可能に 外国投資法、100%出資分野が拡大 ポジションに自由度 通信分野もBOT法の対象に オフショア銀行の改革 外国銀行の参入の自由化 特別経済区法 国際航空産業への参入自由化指示 外貨預金単位銀行（FCDU）とオフショア部門の居住者への融資が認可制に 銀行への出資比率が100%に	公益事業 直接生産 金融 サービス 金融 金融 直接生産 サービス 金融 金融	2003年に小売業に外資参入を認める。
●国内市場規制緩和政策 ○（生産）財市場 ○サービス市場	1986- 1998	ココナッツと砂糖の独占廃止、民営化 川下石油産業規制緩和法 （公共サービスは下記の公企業改善を参照）	直接生産 直接生産	

○生産要素市場	1988	包括的農地改革法 (執行の多くはラモス政権期)	直接生産	不十分。大地主保有の40%が未対象
	1996	農地改革プロジェクト開始(世銀支援)	直接生産	2002年に第2次計画
○金融市場 ● 公的部門改革政策	81-83	金利自由化		
○中央政府 歳入	1986	包括税制改革		
経常支出 投資支出	1987 1987	1987-88年投資計画を世銀と合意 モニタリングシステムの導入		
直営事業 ○公企業	1987 1989 1990 1992 94-95	発電事業に民間参入許可 フィリピン国立銀行の民営化 BOT法、公益事業に民間企業導入 電力・水道、運輸の建設、運営に民間参入を認める。 国内運輸サービスの民営化	公益事業 金融 公益事業 公益事業 公共サービス	

出所：IMF, *Exchange Arrangements and Exchange Restrictions*, various issues、川中豪（2004）、奥田英信（2000）を利用して、表2-5を元に筆者が分類した。

接生産部門のみならず、インフラ関連分野でも実施されている。

7-6 IMFプログラム卒業年（2000年）までの総括

　フィリピンは1980年からIMF・世界銀行主導の構造調整計画を実施しており、世界で最も長い歴史を持っている国の1つである。分析方法としては、構造調整計画の実績として実施状況と効果の2つを分析対象とした。また、実績を論じる前に重要な外的要因である構造調整計画支援の経済協力の実績をまず分析した。そして、実績の分析として、大統領の在職年を中心とした期間別のマクロ経済分析と、政策グループ毎の分析を行った。

　政策面では、経済安定化は財政政策、金融政策、為替レート政策のそれぞれで、構造調整計画（狭義）は経済開放政策、国内規制緩和政策、公的部門改革政策の政策グループ別の分析を行った。1977-2000年についてフィリピンの事例を分析した。

表 7-8　中央政府歳出のセクター別内訳

(単位：総支出に占める比率、%)

	1981-85	1986-91	1992-96	1997	1998	1999	2000
経済サービス	35.9	23.2	25.0	26.8	24.1	24.0	24.5
農業・農地改革・天然資源	6.8	6.1	6.2	8.3	5.8	5.7	5.1
商業・工業	2.8	1.3	1.1	1.0	0.6	0.5	0.7
観光	0.3	0.1	0.2	0.2	0.2	0.1	0.2
電力・エネルギー	3.1	1.2	1.0	0.3	0.4	0.6	0.2
水質源・洪水対策	1.3	1.2	1.1	1.3	0.7	1.0	0.7
通信・道路・その他交通	14.8	9.0	10.1	9.9	10.8	9.4	11.1
その他経済サービス	6.8	4.0	0.9	0.7	0.5	0.8	0.7
地方政府への補助	0.0	0.3	4.4	5.1	5.0	5.7	5.9
社会サービス	21.7	22.1	25.2	32.3	32.6	33.2	31.2
教育・文化・人材育成	13.2	14.5	15.3	19.3	19.9	19.1	17.1
保健	4.4	3.6	2.7	2.9	2.5	2.6	2.1
社会保険・労働	0.9	0.9	1.6	4.1	4.2	4.3	3.9
農地配分	0.0	0.4	0.0	0.0	0.0	0.4	0.5
住宅・コミュニティ開発	2.4	0.5	0.7	0.5	0.5	0.7	1.2
その他社会サービス	0.8	2.1	0.2	0.2	0.1	0.1	0.1
地方政府への補助	0.0	0.1	4.6	5.3	5.3	6.1	6.2
国防	9.8	7.2	7.1	5.9	5.9	5.7	5.3
国内治安	9.8	7.2	7.1	5.9	5.9	5.7	5.3
一般公共サービス	16.1	13.3	17.7	18.8	18.8	18.2	18.0
一般行政	6.6	5.3	7.3	7.4	7.4	6.4	6.0
公共秩序	5.3	5.3	5.9	6.8	7.0	7.0	6.9
その他一般公共サービス	4.1	2.3	0.9	0.6	0.5	0.2	0.3
地方政府への補助	0.0	0.3	3.5	4.0	4.0	4.6	4.7
準貸出	4.3	5.0	1.0	0.3	0.1	0.6	0.4
利払い	12.2	29.3	24.0	15.9	18.6	18.3	20.6
総支出	100.0	100.0	100.0	100.0	100.0	100.0	100.0

出所：Department of Budget and Management, *Fiscal Statistics Handbook* 1981-2000、を利用して筆者作成。

経済協力の実績としては、同国が経済危機に陥ったとき、またアキノ政権とラモス政権がそれぞれ設立されて急速な経済自由化が始まった1986年と1992年以降多額の支援が実施された。とりわけ、日本が経済協力の増加に大きく貢献している。

次に、両機関のマクロ経済分析の基本型にしたがって全体的に分析すると、まずマクロ経済政策の実施状況をみると、おおむね健全である。為替レート制度は早くから伸縮的なものが導入され、金利の自由化も実施されている。その結果、為替レートやインフレ率は安定しており、また実質金利もプラスである。問題は、財政の規模が減少していないことである。国際収支赤字とクラウディング・アウトの問題を起こしていることになる。

次に効果については、1986年以降全体的には経済が回復しており、それを最も支えたのは輸出であり、構造調整に惹起された海外直接投資であった。この間、製造業の生産は年率4%を超える増加率を示している。個人消費も経済成長率と比較して高い水準で、ひとびとの所得の上昇、生活の改善が読み取れる。90年代の後半にはインフレ率が一桁となり、財政収支も黒字と改善している。しかし、持続可能性を分析すると、投資率は比較的高いが、貯蓄率が低いことがわかる。

政策面での実績については、IMF・世銀の評価方法にしたがって分析した。まず総論を述べると、フィリピン経済にとっての対外要因である債務の負担度は大幅に減少し、2000年をもってフィリピンはIMF・世銀主導の構造調整計画から「卒業」した。

構造調整政策を分類してみると、対外取引の自由化である経済開放政策が多いのがわかる。不十分な分野は生産要素市場の自由化(農地改革)である。これが貧困問題と大きく関わっている。国内の経済格差は依然として大きい。所得のみならず、インフラ、サービスなど多岐にわたっている。

要するに、同国はIMF・世銀主導の構造調整計画を1980年から実施して一定の成果があるが、国内経済の抜本的な構造改革が必要となっている。具体的には、これまでの外資に依存した経済発展から自立化できるか、貧困層がどれだけ削減できるかが重要である。具体的な処方箋としては、財政の規模の縮小と効率化が重要な課題となっている。

7-7 貧困を含む最近までの動向

本章では、IMF融資から卒業した2000年までの期間の構造調整計画の分析を行い、前節で総括した。そこで、本節では、IMFと世銀の最新の文書を使って、経済の概況と今後の政策を報告する。

(1) 経済の概況

まず2007年10月17日に発表されたIMFの『世界経済見通し』によれば、直近の経済成長率は2005年に4.9%、2006年に5.4%である。そして、2007年は6.3%、2008年が5.8%と予測されている。この間のASEAN4の成長率と比較すると、2005-2006年はほとんど同じで、2007-2008年の5.6%を上回っている。

それ以前の期間については、世界銀行の『世界開発指標2006年版』をみると、1990-2000年の年平均成長率3.4%と2000-2004年の3.9%と比較して、高い経済成長率が実現している。

対外債務の負担度については、債務残高の現在価値の対輸出比率の2002-2004年の平均は、124.2%である（世銀『世界開発金融2007年版』）。重債務貧困国の基準が132%以上になっているが、一般債務国と分類されている。（表3-3の国分類基準参照）。

また、直接投資の動向については、ASEAN4の中で、対内投資の水準はかなり少ない。例えば、2005年において、タイとマレーシアは約40億ドル、インドネシアが23億ドルであるのに対して、フィリピンは11億ドルに過ぎない。国際競争力の面で、未だ劣っているのである。日本の直接投資も格段に低い。

貧困に関して『世界開発指標2006年版』のデータをみると、1日1ドル未満で暮らす絶対貧困層は人口の15.5%を占める（2000年の調査）。同じく貧困層が多いインドネシアは7.5%、タイは2%未満である。

(2) 今後の政策

2007年6月28日の外国人記者クラブでの記者会見で、離任予定の世銀フィリピン事務所アームスバーグ所長が政策のレビューをしている。[11]

総論としては、着任当時ポテンシャルがあるにもかかわらず、経済発展で近隣

国に遅れをとったことを「フィリピン・パラドックス（逆説)」と形容した。そして、3年間の在任期間に最大の問題であったガバナンス（統治能力）で実績を上げ、同国を「Islands of Good Governance」と呼んで賞賛している。主な実績として、所長は以下を挙げている。

① 財政改革
　財政赤字と債務の減少により、低金利が実現し、投資環境の良化、マクロ経済の安定化に寄与した。
② 公共サービスの民間供与（delivery）
　・水供給の民営化により、マニラ首都圏（人口1千万以上）の住民に対して、初めて安全な上水道が供給されることとなった。
　・民営化された企業、Manilad Water Services の業務に関して透明性ある入札が行われた。
③ 司法改革
　最高裁の判事が、貧困地域や遠隔地へ出向くプログラムを導入した。
④ 調達手続きの改善
　・最安値の業者の入札。市民団体が透明性確保のため監視して、社会的説明責任が実現。
　・教育省により、教科書調達において競争原理と透明性を導入。平均価格が100ペソから40ペソに。
　・保健省により薬剤でも導入。
⑤ 地方の行政改革により、通信業の規制緩和がコールセンター設立を導く。雇用創出に寄与。

そして、事務所長は世銀の近著『東アジア再生への途』で他国に遅れをとらないための課題として、以下を挙げている。

① 経済の安定
　2006年に財政黒字（2004年は−4.9%）を目指すこと。歳入増加反対の政治的介入を除く。

② 投資環境の整備

　良き統治と腐敗防止が投資喚起。優先部門として、電力・海運・港湾・航空。

③ 社会的包容 (inclusion)

　ラテンアメリカと同様な地方における既得権益を排除すること。

　そして、2007年8月7日の世銀のプレスリリースによれば、2005年6月-2008年6月の世銀援助戦略 (Country Assistance Strategy: CAS) を2009年まで延長することが決定した。併せて、2007年に開発政策融資 (DPL)、2億5千万ドル供与が承認されたことが発表された。これは、過去8年間のうちでの最初の融資 (2003年まで世銀は調整融資と呼ぶ) である。

　CAS の主要目標は、上記事務所長の挙げた経済成長と社会的包容 (inclusion) であり、経済成長の貧困者への波及効果を期待している。主な政策としては、経済の安定が挙げられており、特に財政改革が重要課題となっている。

　フィリピンは2000年をもってIMFプログラムも終了しており、その後の経済状況は順調である。2007年の世銀の開発政策融資 (DPL) も保険のための融資と考えられる。しかし、貧困削減が大きな問題として残っている。

注
1) 1997-98年のアジア通貨危機後に、スタンドバイ信用が、1998年4月1日から2000年12月31日まで供与された (2007年11月3日現在)。
2) 坂井 (1990)、野沢 (1992) があるが、構造調整計画を総合的に実証的に分析した論文はあまりない。
3) International Monetary Fund, Philippines: Selected Issues, *IMF Staff Country Report* No. 99/92, August 1999, p.3.
4) Rodlauer, M.et al, *Philippines: Toward Sustainable and Rapid Growth Recent Developments and the Agenda Ahead*, International Monetary Fund, Washington DC 2000, p.1.
5) 原 (2001) によれば、「国民の大多数は、裸の労働力を売る以外に経済的権原を持ち得なかった [中略] 自作家族農が支配的であったタイの米作とは異なり、輸出増大からの利益は地主に独占された。[中略] フィリピンは、自由・民主・競争という形式的普遍主義原理の下での停滞というパラドックスを示してきた国である。歴史に規定されたこのフィリピン・パラドックスは、構造調整政策といった自由市場にむけての政策調整だけでは克服しがたいもの

である。」p.176-178.
6) 筆者は外務省の委託で、1989年に世銀と協調融資した金融部門調整融資の評価で、1999年にフィリピンで現地調査を行った。
7) JICA『マクロ経済指標マニュアル』
8) IMF（1999）.
9) IMF（1999）.
10) IMF（1999）、p.4でも記述。
11) 世界銀行ホームページのフィリピンの箇所で以下を参照。Remarks by Joachim von Amsberg, Outgoing Country Director, World Bank Philippines. FOCAP Monthly Meeting, Makati City, June 28, 2007.

8章

事例研究：低所得地域・国

　構造調整計画の成果が中所得国と低所得国と異なることから、本章では低所得国に関する事例研究の結果を示す。本章は2つの節からなる。8-1節ではサハラ以南アフリカ地域全体を、8-2節では開発・援助の枠組みが大きく変わっているタンザニアを扱う。

　本章の分析の目的は、日本に馴染みの薄いアフリカ諸国を全体的に捉えるとともに、構造調整（経済自由化）の主要国を明らかにし、そして実績を分析することである。

　対象期間については、アフリカ全体は構造調整が不成功に終わった2000年まで[1]を分析した。そして、最後の節でその後の動向をまとめた。タンザニアについては、2000年以降が対象である。

8-1　サハラ以南アフリカ

　本節ではサハラ以南アフリカ地域全体を対象とした構造調整計画（SAP）の実績を分析する。地理上のアフリカ地域の53か国から北アフリカの5か国を除くのがサハラ以南アフリカである。また、本節では経済大国である南アフリカ共和国を除いた分析が中心となる。以下では、特に断らない限り、アフリカと呼ぶ。

　8-1-8項までは対象期間は2000年程度までであり、1980年からの長期の構造調整計画の総括的な分析を行う。1999年に、それまでの長期の努力にもかかわらず、債務帳消しが決まったことに対応する。そして、最後の8-1-9項では2000年辺りから最新年までの動向を説明する。

　次の8-2節でタンザニアを扱うが、本節でも必要に応じて同国を含んでいる。

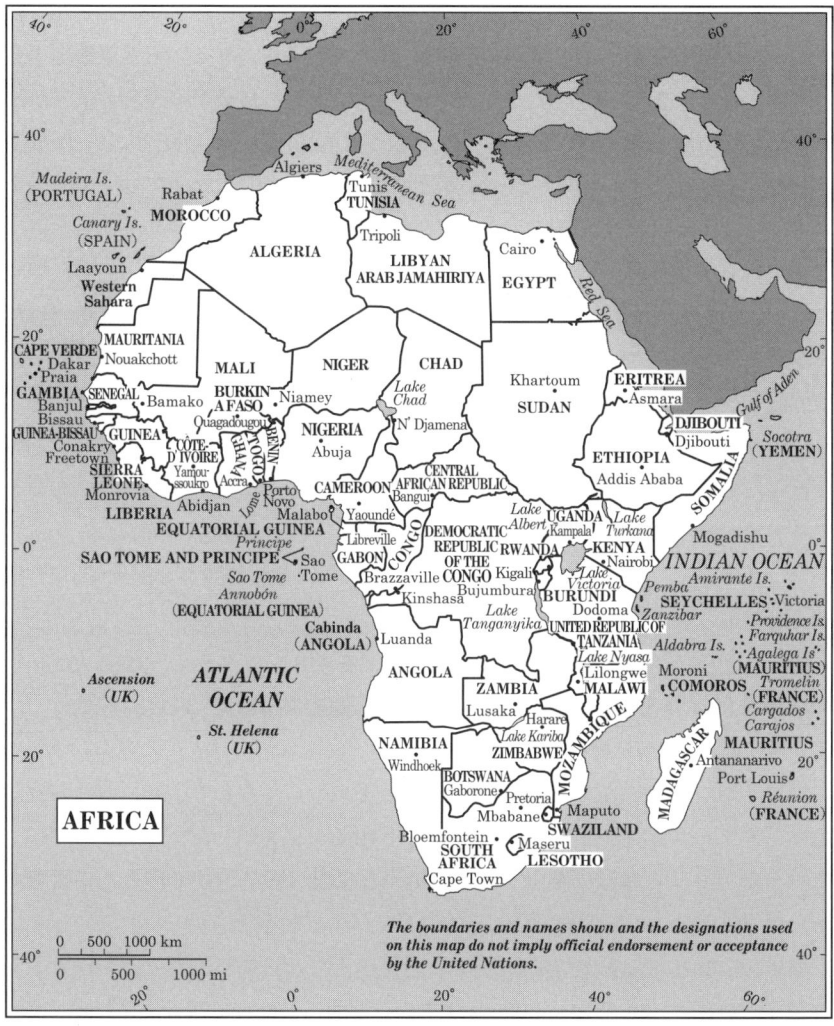

8章 事例研究：低所得地域・国　207

図8-1　アフリカ全図

8-1-1　融資実績から見た全体的な進捗

アフリカで、そして世界で最初に世銀の構造調整融資が供与されたのが 1980 年のケニアである。表 3-1 にみるように、同年 3 月 25 日に、ケニアとトルコに世銀の構造調整融資、スーダンに農業部門調整融資を供与することが世銀理事会で承認された。また、同年 12 月にはセネガルに対して構造調整融資の供与が決まった。その後 1980 年代はラテン・アメリカと同様に、多くの国で SAP が推進された。そして、ラテン・アメリカ諸国は経済危機を脱したが、アフリカ諸国の多くは今日においても IMF・世銀主導の構造調整の実施国である。

まず IMF の構造調整支援の融資の実績をみると、1980 年代当初の経済危機時には、比較的多くの国に高利の融資手段であるスタンドバイ信用と拡大信用供与ファシリティ（EFF）が供与されていたが、80 年代後半から低所得国向けの譲許的融資手段である構造調整ファシリティ（SAF）と拡大構造調整ファシリティ（ESAF）の供与が始まった。短期のスタンドバイ信用で対応できないとの認識に至ったのである。

そして、多くの国ぐにが融資を受けることになった。産油国のカメルーン、コンゴ（共和国）、コートジボワール、ガボンといった比較的豊かな国々も IMF 融資の受益国となった。

次に、2000 年当たりまでの世銀の融資状況を表 8-1 でみると、1980-2000 年の期間に 33 の主要国が経済全体を対象とする構造調整融資（SAL）を受けている。ほとんどが IMF の被融資国である。

アフリカについては、特別の融資措置がとられた。すなわち、1986-88 年度対象の「アフリカ特別基金」と 1988-1990 年対象の「特別プログラム」[2] である。これらはアフリカ諸国に融資する資金拠出を世銀が呼びかけて作った措置である。両方の基金への拠出額では、日本は最大級の貢献を行った。

結局、アフリカの多くの国が IMF と世銀の両方から構造調整支援の融資を受け続けており、1980 年から 2000 年までの長期間にわたって構造調整計画が実施されている。

表8-1 世銀の構造調整融資

(1980-2000)

		承　認　年
1	ベナン	1989年、1991年、1995年
2	ブルキナファソ	1991年、1994年、1999年
3	ブルンジ	1986年、1988年、1992年
4	カメルーン	1989年、1994年、1998年
5	中央アフリカ	1987年、1988年、1990年
6	チャド	1994年、1996年、1997年、1999年
7	コートジボワール	1982年、1984年、1986年、1987年、1995年
8	コンゴ（共和国）	1994年、1987年
9	エチオピア	1993年
10	ガボン	1988年、1994年
11	ガンビア	1987年、1989年
12	ガーナ	1987年、1989年、1991年、1995年、1998年
13	ギニア	1986年、1989年、1993年、1995年、1998年
14	ギニアビサウ	1987年、1989年
15	ケニア	1980年、1983年、1996年、1998年
16	マダガスカル	1997年、1999年
17	マラウイ	1981年、1983年、1984年、1985年、1986年、1992年、1996年、1999年
18	マリ	1991年、1994年、1996年
19	モーリタニア	1987年
20	モーリシャス	1981年、1984年
21	モザンビーク	1987年、1992年、1997年
22	ナイジェリア	1997年
23	ニジェール	1986年、1994年、1999年
24	ルワンダ	1991年、1999年
25	サントメ・プリンシペ	1987年、1988年、1990年
26	セネガル	1981年、1986年、1987年、1989年、1990年、1994年、1998年
27	シエラレオネ	1992年、1993年、1994年
28	タンザニア	1988年、1997年
29	トーゴ	1983年、1985年、1988年、1990年、1991年、1996年
30	ウガンダ	1987年、1990年、1992年、1994年、1997年
31	ザイール（コンゴ民主共和国）	1987年
32	ザンビア	1991年、1994年、1996年、1997年、1999年
33	ジンバブエ	1992年、1993年

注：『年次報告』の『マルチセクター』、「ノンプロジェクト」分類。セクター調整貸付（融資）、債務削減貸付、輸入復興貸付（融資）の各貸付（融資）と、構造調整融資の補完融資を除く。
出所：世界銀行『年次報告』各年版を利用して筆者作成。

8-1-2 実施状況による国分類

本節では、IMF・世銀の融資実績と政策の実施状況による国の分類を行う。アフリカには多くの国が存在し、またアフリカ全体の構造調整を対象としたものは少ないので、それを扱った坂元（筆者）(1994)の分析方法をベースとした結果を示す。1999-2000年までが対象であり、その時点を中心としての実績の分類ということになる。融資については、承認ベースである。

(1) 分類方法

多くの国を扱うため、入手が容易で、短い時間に利用・加工できる資料を使っている。分類方法としては、構造調整の「実施状況」を「実施期間の長さ」と「実施の程度」の2つに分けた。分類の手順は以下の通りである。

A. 実施期間の長さによる分類

まず既実施と未実施に分け、既実施は卒業、実施中、中断に分割した。実施中は長期継続、再開、新規開始にさらに分けた。具体的な手順は以下の通りである。

1) 既実施と未実施の分類は、世銀の年次報告書を使って調整融資（構造調整融資と部門調整融資）の融資実績をみた。また、IMFの中期の融資手段であるEFF、SAF、ESAFの実績も参照した。

2) 既実施国を卒業、実施中、中断に分けるためには、世銀とIMFの『年次報告』の承認年に着目し、終了年は承認年に2年を加えた年とした。それで、通常の3年の構造調整実施となる。卒業国と中断国の区別は、世銀のGlobal Development Financeの国分類によって重債務国であるかどうかで判断した。

3) 中断国と未実施国のグループ内の小分類については、民主化遅延による援助中断（例えば、1994年のナイジェリア）も政治不安定に含めた。政治不安定国以外は、上記のGlobal Development Financeの国分類を参照して、重債務国で構造調整が必要であるにもかかわらずこの分類に入る国を政策対話決裂国とした。その他は経済良好国と分類した。

4) 実施中の国は、1989年以前からの実施を長期継続、3年以上のブランクがある国を再開、1990年代からの実施を新規として、さらに分類した。再開国の世銀調整融資は、再開年からのものが重要とみなした。

B. 実施の程度による分類

実施中の国のうち、長期継続国を強力、中レベル、低レベルの3つの実施の程度に分けた。これは、世界銀行が intensively adjusting countries という用語を使っていることに対応したものである。その手順は以下の通り。

1) IMF主導の経済安定化については、IMF8条国（国際収支赤字を理由に為替制限を行わないとの公約）と変動相場制度への移行の2つでみた。IMFの International Financial Statistics の国一覧表を参考にした。固定相場制度を採用している国のうち、CFAフラン圏の国は特記した。

2) 世銀主導の構造調整（狭義）については、自由化対象の市場に着目して、部門調整融資の対象が貿易財、国内財から金融の市場に移行した国を、世銀『年次報告』で金融部門調整融資の承認状況で探した。

3) 強力実施国は、IMF8条国と変動為替制度への移行及び世銀の金融部門調整承認の3つを満たす国とした。中レベルの実施の国は、この3つの基準のうち2つに該当する国とした。それ以外は低レベルの国とした。実績も考慮した。

（2）分類結果

上記の分類方法にしたがって分類した結果は表8-2である。まず、アフリカ48か国の4分の3に当たる38か国が、世銀・IMF主導の構造調整の経験を持つ。そして、1999-2000年において30か国が実施中である。1989年以前からの長期継続国のうち、比較的強力に構造調整を実施している国はガーナ、ギニア、タンザニア、ウガンダのみである。構造調整の卒業国はモーリシャス、レソト、コモロにとどまる。

低レベルの実施国は7か国と多く、筆者が4年間駐在したマラウイが含まれる。

8-1-3 IMF・世銀の文献による国別の実施状況

本項では、両国際機関の文献サーベイを行い、構造調整の国別の実施状況を時系列でみる。まず世銀とUNDP（1989）によれば、1988年時点で世銀主導の構造調整の全面実施国は19か国であり、マラウイも同グループに分類されている（表8-3、3−2−1項参照）。

表 8-2　構造調整計画の国分類

(1999-2000 年時点)

	構造調整計画の実施状況		
	IMF8 条国 1999/11/30 現在	弾力的伸縮相場制度採用国（○）2000/3/31 現在	世銀・金融 SECAL 承認年
A　既実施国			
A-1　卒業国			
1　モーリシャス	1993 年 9 月	○	
2　レソト	1998 年 3 月		
3　コモロ	1996 年 6 月		
A-2　実施中の国			
A-2-1　長期継続国（89 年以前より）			
(1)　強力推進国			
4　ガーナ	1994 年 2 月	○	88,92
5　ギニア	1995 年 11 月	○	95
6　タンザニア	1996 年 7 月	○	92
7　ウガンダ	1994 年 4 月	○	93
(2)　中レベルの推進国			
8　コートジボワール	1996 年 6 月	CFA フラン	92
9　ケニア	1994 年 6 月	○	89,91
10　セネガル	1996 年 6 月	CFA フラン	90
(3)　低レベルの推進国			
11　ベナン	1996 年 6 月	CFA フラン	
12　中央アフリカ	1996 年 6 月	CFA フラン	
13　マラウイ	1995 年 12 月	○	
14　マリ	1996 年 6 月	CFA フラン	
15　モーリタニア	1999 年 7 月	○	
16　モザンビーク		○	
17　トーゴ	1996 年 6 月	CFA フラン	
A-2-2　再開国			
18　カメルーン	1996 年 6 月	CFA フラン	
19　チャド	1996 年 6 月	CFA フラン	89
20　コンゴ（共和国）	1996 年 6 月	CFA フラン	
21　ガボン	1996 年 6 月	CFA フラン	
22　ガンビア	1993 年 1 月	○	
23　ギニアビサウ	1997 年 1 月	CFA フラン	
24　マダガスカル	1996 年 9 月	○	
25　ニジェール	1996 年 6 月	CFA フラン	
26　シェラレオネ	1995 年 12 月	○	
27　ザンビア		○	
A-2-3　新規開始国（90 年代より）			
28　ブルキナファソ	1996 年 6 月	CFA フラン	
29　エチオピア		○	
30　ジンバブエ	1995 年 2 月		

A-3 中断国			
A-3-1 政策対話決裂国			
31 赤道ギニア	1996年 6月	CFAフラン	
32 サントメ・プリンシペ		○	
A-3-2 政治不安定国			
33 ナイジェリア		○	
34 ルワンダ	1998年12月	○	
35 ソマリア		○	
36 スーダン		○	
37 ザイール（コンゴ民主共和国）		○	
38 ブルンジ		○	
B 未実施国			
B-1 経済良好国			
39 ボツワナ	1995年11月		
40 カーボベルデ			
41 ジブチ	1980年 9月		
42 ナミビア	1996年 9月		
43 セイシェル	1978年 1月		
44 南アフリカ	1973年 9月	○	
45 スワジランド	1989年12月		
B-2 政治不安定国			
46 アンゴラ		○	
47 エリトリア		○	
48 リベリア		○	

出所：IMF、世銀『年次報告』各年版、IMF、*International Financial Statistics*、World Bank、*Global Development Finannce*、を利用して筆者作成。

　また、世銀の構造調整評価報告書（1994）に、1990-91年のマクロ経済政策のスタンスに関する世銀の評価結果がある。総合評価結果をみると、最も評価が高い「良好」な国はガーナだけである。次に評価される「公平」な国としては、ブルキナファソ、ブルンジ、ガボン、ガンビア、ケニア、マダガスカル、マラウイ、マリ、モーリタニア、ナイジェリア、セネガル、トーゴ、ウガンダである。

　以上の単年度のマクロ経済評価に部門レベルの構造調整も加えると、同報告書で世銀はガーナとガンビアを高く評価している。

　次に、IMFスタッフのペーパーであるSchadler（1993）はアフリカ15か国を含む19か国について、1992年半ばまでに実施されたSAFとESAFに関する評価を行なったが、同様にガーナとガンビアが高く評価されている。また、融資期間の長さでみると、これら2か国に加えて、ケニア、ウガンダ、マラウイが主

表8-3 構造調整計画実施状況による国分類

(1988)

実施状況	中所得国 産油国	中所得国 非産油国	低所得国（IDA適格国）
全面実施（19カ国）	コンゴ*、ナイジェリア*	コートジボワール、モーリシャス	ブルンジ*、中央アフリカ、ガンビア、ガーナ、ギニア、ギニアビサウ、ケニア、マダガスカル、マラウイ*、モーリタニア、ニジェール*、セネガル、タンザニア、トーゴ、ザイール（コンゴ民主共和国）
部分実施（12カ国）			ベナン、ブルキナファソ*、コモロ、赤道ギニア、エチオピア*、リベリア、マリ、シエラレオネ、ソマリア、スーダン*、ザンビア、ジンバブエ*
未実施（14カ国）	アンゴラ、カメルーン、ガボン	ボツワナ、セイシェル、スワジランド	カーボベルデ、チャド、ジブチ、レソト、モザンビーク、ルワンダ、サントメ・プリンシペ、ウガンダ

注：1988年時点の世銀による分類。ナミビアを除く。*の付いた国は気候や国際市場価格の変化など強い外的衝撃のあった国。
原資料：世界銀行・UNDP（1989）。
出所：坂元浩一（1991）「サハラ以南のアフリカにおける構造調整—その実績課題—」、国際開発センター『IDC Forum』

要国として挙げられる。

さらに、同じペーパーのGoldsbrough（1996）は、1970-93年を対象期間として、8か国について同様な分析を行なっているが、アフリカからはガーナとセネガルが取り上げられ、前者が成功例、後者が不成功例として挙げられている。

以上の文献によれば、人口規模が1,000千万程度以上の比較的大きな国については、ガーナ、ケニア、セネガル、マラウイが構造調整計画の主要実施国であるとみなすことができる。ガーナのみに対する評価が高い。

8-1-4 構造調整計画全体の評価

それでは、構造調整計画の90年代末までの全体的実績を、IMF・世銀の評価方法に準拠して概略的に述べる。そして、次節以降、主な政策グループ毎に分析する。

分析の方法論としては、世銀などの評価方法に従って実施状況と効果の2つを

実績の対象として分析した。その結果をまとめると以下のようになる。

  1） 政策グループ全体の実施状況

  IMFとの交渉決裂など紆余曲折があったとはいえ、過去20年間において経済自由化は進展した。世界で最も自由化が進んだグループに入る国が多く、WTO交渉を巡る交渉で分かったことは、アフリカ諸国の自由化の程度が先進国を上回っていることである（農業について8-1-6項参照）。

  2） 政策の効果

  賛否両論あるが、経済安定化と一定の経済成長率の実現は評価されるべきであろう。しかし、IMF・世銀も経済回復が期待した程でなかったことを1990年代前半に認めている[3]。

  また、SAPの貧困層に対する悪影響は1980年代半ばには大きな争点となり、ユニセフ（UNICEF）が『人間の顔をした構造調整』（1987）を刊行し、世銀を厳しく批判した（3-6-3項参照）。

  3） 持続可能性

  1996年から重債務貧困国（HIPC）債務削減イニシアティブが開始し、2000年を中心に遂に2国間債務を対象として対外債務帳消しの措置がとられている（HIPCについては、4-1節参照）。

  その結果、1999-2000年以降において、構造調整計画を早くから実施した国、強力実施国ないし経済力のある国は、重債務国から一般（中）債務国あるいは軽債務国になっている（表8-2と表8-4参照）。

  そして、主要低所得国の債務残高の構成をみると、国によっては多くの国々で世銀が最大の債権国になっている（表8-5参照）。3割、4割が世銀融資残高である。

  総じて言えば、多くのアフリカの国々が80年代から15年間から20年間にかけて長期の構造調整を実施したわけであるが、経済は回復せず、債務返済能力の再構築に失敗したのである。特に、アフリカの中で経済力の弱い国においては、この間の自由化の試み、開発・援助事業の多くが失敗に終わったのである。こうした結果を受けて、2005年7月のサミットにおいて、イギリス主導でIMF、世銀など国際機関の債務の帳消しが合意された（4-1節参照）。

表 8-4　主要国の債務

	1992-94年（年平均）		1999-2001年（年平均）		2002-04年
	債務残高の現在価値／輸出（%）	債務残高の現在価値／GNP（%）	債務残高の現在価値／輸出（%）	債務残高の現在価値／GNI（%）	国分類
ガーナ	242	52	161	68	軽債務
ケニア	225	84	154	41	一般債務
マラウイ	217	53	318	87	一般債務
セネガル	166	50	175	53	軽債務
タンザニア	719	228	101	15	軽債務
ウガンダ	733	56	172	20	一般債務
ザンビア	465	170	445	127	一般債務

出所：World Bank, *World Debt Tables* 1996, and *Global Development Finance* 2003 and 2006. を利用して筆者作成。

8-1-5　経済開放政策の実施状況と効果

本項以降では、表2-5に従って政策分野ごとに実績をみていく。まず経済開放政策を政策グループごとにみると、以下のようになる。

対外的な取引である貿易と為替の制度

表3-5をみると、アフリカ2か国のうちケニアでは、アジアの国に比べても遜色がない経済の自由化が行われている。社会主義志向の強かったガーナは、1995年以降に一段の政策転換を行っており、その後国際市場で資金調達ができるまでになった。

表8-6は外国為替に制限を加えない国のリストである。多くのアフリカ諸国がIMF8条国となっている。特に、1996年6月に多くの国が8条国となった。晴れて、国際的な取引の面で、国際的に信任を得ることになったのである。

表8-7は1999年の為替相場制度の一覧表である。多くの国が、弾力的伸縮相場制度を導入していることがわかる。フランスを代表とする欧州諸国が固定相場制度支持派であるが、フランスと特殊な関係にあるCFAフラン圏14か国を除くと、自由化が格段に進んでいるのである。これは、IMF主導の構造調整計画のひとつの大きな成果である。

CFAフランは1994年1月に切り下げられたが、その後も固定相場制度が続い

ている。その後ユーロの誕生にしたがって、同通貨にペッグ（固定）されている。いずれにしておも、ハードカレンシーとの固定相場制の維持は、加盟各国の輸出競争力に悪影響を与えてきた。近隣のフラン圏外の国が大幅な為替レート切り下げを行なっているためである。

表 8-5 債務構成

(1980-2001)

	1980	1990	1995	2000	2001
ガーナ					
①債務残高（100万US$）	1,402	3,881	5,936	6,657	6,759
②国民総所得（100万US$）	4,426	5,774	6,324	4,831	5,123
③財・サービス輸出（GNI、100万US$）	1,214	996	1,613	2,451	2,480
④国民総所得に占める輸出の比率（％）	27.4	17.2	25.5	50.7	48.4
⑤輸出に対する残高の比率（％）	115.5	389.7	368.1	271.1	272.6
⑥IDA残高（100万US$）	99	1,310	2,375	3,130	3,172
⑦債務残高に占めるIDA残高の比率（％）	7.1	33.8	40.0	47.0	46.9
セネガル					
①債務残高（100万US$）	1,473	3,736	3,841	3,372	3,461
②国民総所得（100万US$）	2,887	5,502	4,321	4,298	4,567
③財・サービス輸出（GNI、100万US$）	905	1,628	1,680	1,580	1,609
④国民総所得に占める輸出の比率（％）	31.3	29.6	38.9	36.8	35.2
⑤輸出に対する残高の比率（％）	162.7	229.5	228.7	213.4	215.1
⑥IDA残高（100万US$）	100	747	1,126	1,330	1,384
⑦債務残高に占めるIDA残高の比率（％）	6.8	20.0	29.3	39.4	40.0
タンザニア					
①債務残高（100万US$）	5,324	6,456	7,412	7,386	6,676
②国民総所得（100万US$）		4,072	5,131	8,990	9,285
③財・サービス輸出（GNI、100万US$）	762	544	1,297	1,340	1,480
④国民総所得に占める輸出の比率（％）		13.4	25.3	14.9	15.9
⑤輸出に対する残高の比率（％）	698.9	1,186.2	571.5	551.3	451.0
⑥IDA残高（100万US$）	242	1,250	2,182	2,593	2,588
⑦債務残高に占めるIDA残高の比率（％）	4.5	19.3	29.4	35.1	38.9

出所：World Bank, *Global Development Finance* 2003、を利用して筆者作成。

表 8-6 IMF8 条国

(1999)

加盟国	受入年月日	加盟国	受入年月日
ボツワナ	1995 年 11 月 17 日	モーリシャス	1993 年 9 月 29 日
ベナン	1996 年 6 月 1 日	モーリタニア	1999 年 7 月 19 日
ブルキナファソ	1996 年 6 月 1 日	ナミビア	1996 年 9 月 20 日
カメルーン	1996 年 6 月 1 日	ニジェール	1996 年 6 月 1 日
中央アフリカ	1996 年 6 月 1 日	ルワンダ	1998 年 12 月 10 日
コモロ	1996 年 6 月 1 日	セネガル	1996 年 6 月 1 日
コンゴ共和国	1996 年 6 月 1 日	セイシェル	1978 年 1 月 3 日
コートジボワール	1996 年 6 月 1 日	シェラレオネ	1995 年 12 月 14 日
ジブチ	1980 年 9 月 19 日	南アフリカ	1973 年 9 月 15 日
赤道ギニア	1996 年 6 月 1 日	スワジランド	1989 年 12 月 11 日
ガボン	1961 年 6 月 1 日	タンザニア	1996 年 7 月 15 日
ガンビア	1993 年 1 月 21 日	トーゴ	1996 年 6 月 1 日
ガーナ	1994 年 2 月 21 日	ウガンダ	1994 年 4 月 5 日
ギニア	1995 年 11 月 17 日	ジンバブエ	1995 年 2 月 3 日
ギニアビサウ	1997 年 1 月 1 日		
ケニア	1994 年 6 月 30 日	(アジア)	
レソト	1997 年 3 月 5 日	インドネシア	1988 年 5 月 7 日
マダガスカル	1996 年 9 月 18 日	マレーシア	1968 年 11 月 11 日
マラウイ	1995 年 12 月 7 日	フィリピン	1995 年 9 月 8 日
マリ	1996 年 6 月 1 日	タイ	1990 年 5 月 4 日

出所：IMF, *International Financial Statistics Yearbook* 2000.

貿 易

まずアフリカ全体でみると、1990 年代末において、OECD 諸国の農産物に関する輸入関税率が 20% であるのに対して、アフリカは 13% である[4]。

次に地域別にみると、IMF が支援した東・南部アフリカ地域のクロス・ボーダー・イニシアティブの関係国の貿易体制をまとめた（表 8-8 参照）。1988 年において、多くの国々の貿易の自由化が進んでいるのがわかる。構造調整計画を 1980 年代初めから導入したケニア、マラウイ、そして社会主義的政策志向だったタンザニア、ザンビアで、平均関税率は既に 20% 水準以下となっている。

表 8-7 為替相場制度による国分類
(2000 年 3 月 31 日)

固定相場
(先進工業国を含む世界：97 か国・地域、内アフリカ 23 か国)

CFA フラン圏 (14 カ国)

西部アフリカ経済・金融同盟 (8 カ国) (I) は IMF プログラム実施国

ベナン (I)	ブルキナファソ (I)	コートジボワール (I)
ギニアビサウ (I)	マリ (I)	ニジェール
セネガル (I)	トーゴ	

中部アフリカ経済・金融同盟 (6 カ国) (I) は IMF プログラム実施国

カメルーン (I)	中央アフリカ (I)	チャド (I)
コンゴ共和国	赤道ギニア	ガボン

その他の IMF プログラム等実施国

カーボベルデ	ジブチ	ジンバブエ

その他のアフリカ諸国

コモロ	レソト	ナミビア
スワジランド	ボツワナ	セイシェル

限定的伸縮相場
(先進工業国を含む世界：12 か国・地域、内アフリカ 0 か国)
(ボリビア)　　　(エジプト)　　　(ハンガリー)

弾力的伸縮相場
(先進工業国を含む世界：76 か国・地域、内アフリカ 25 か国)

IMF プログラム等実施国 (13 か国)

ガンビア	ガーナ	マダガスカル
モーリタニア	モザンビーク	ルワンダ
サントメ・プリンシペ	シエラレオネ	スーダン
タンザニア	ウガンダ	ザンビア
ギニア		

その他のアフリカ諸国 (12 か国)

コンゴ民主共和国	エチオピア	南アフリカ
ケニア	マラウイ	ナイジェリア

出所：IMF, *International Financial Statistics Yearbook* 2000、を利用して筆者作成。

表 8-8　東・南部アフリカ諸国の貿易体制

(1988 年)

国名（*は、日本の主要援助国）	輸出 数量制限	輸入 数量制限	国家の貿易独占	関税率（%） 最大	関税率（%） 平均
ブルンジ				100	35.4
コモロ			○	40	30.0
*ケニア				25	18.4
*マダガスカル				30	18.0
*マラウイ				30	15.8
モーリシャス			○	80	29.1
ナミビア		○	○	75	15.1
ルワンダ				40	11.3
セイシェル		○	○	200	28.0
スワジランド			○	75	15.1
*タンザニア			○	30	21.8
*ウガンダ				15	9.2
*ザンビア				25	13.6
*ジンバブエ	○			100	24.0

出所：IMF homepage on Cross Border Initiative (CBI). (9 Nov., 2004)
　　　Table9.CBI Countries：Status of Export Trade Regimes
　　　Table8.CBI Countries：Summary of Import Nontariff Barriers
　　　Table5.CBI Countries：Characteristics of Import Duty Structure
　　　以上の表を利用して、筆者作成。

　筆者がアフリカと他の地域の国々の輸入関税率をまとめたのが表 3-7 であるが、他の途上国と比較しても関税の水準は低い。

　総じて言えば、アフリカ諸国は他の地域の途上国と比較しても、経済の開放度においてかなり進んでいるということがいえる。

8-1-6　国内市場規制緩和政策の実施状況と効果（農業）

　本項では、国内市場規制緩和政策として農業政策を対象にして、アフリカ経済の土台である農業部門の構造調整の実績を論じる。表 2-5 の主要政策にしたがって、文献などのサーベイを実施し、一部実証分析を行う。

（1） 農業部門の構造調整の設計

まず文献のサーベイを行う。世銀の報告書[5]によれば、農業部門調整融資（AGSECALS）[6]の価格政策は以下の通りである。

① 補助金のない市場で決定された価格（投入と生産物）
② 国際価格、他の貿易可能な価格の考慮
③ 適切な為替レート
④ 経済的に中立的な課税
⑤ 価格が効率を反映するように市場を競争的にする
⑥ 政府が民間に対して自由に市場にアクセスできるようにする
（価格情報・法律・規定など）

競争的な市場の要諦である価格の自由化が図られている。①に関して、アフリカ諸国の多くにおいて、肥料などの投入財に対する補助が行われていたし、また都市の消費者のために生産者価格と消費者価格の逆ザヤ（日本でも行われた）を補填する補助金が拠出されていた。

次に、アフリカの主な主食作物であるメイズに対して多くの国で政策介入が行われた。Townsend, R. F.（2000）によれば、メイズ流通に対する共通の政策パッケージは以下の通りである。

① 国内生産者価格の国際価格水準への引き上げ
② 公示価格のタイムリーな発表
③ 最終的に価格を全面的に自由化
④ 地域間のメイズ流通規制及びその他の交易への制限を緩和
⑤ 流通公社の機構改革[7]

このリストと表8-9を全体的にみると、多くの国のメイズ流通を取り仕切る公的機関の改革として、農産物価格の市場を反映した設定が行われ、流通サービスの自由化、そして公的機関そのものの改革が行われたのである。

そして、表2-5を土台にして、前述の文献と、政策の実施状況の総括表（後掲

表 8-9 メイズ市場政策

(1984-1994)

国	改革前	改革後
タンザニア	1984年以前—生産者価格は協同組合、National Agricultural Products Boardの費用差し引き後に決定 —全国・前年の統一価格 1981年—州レベルの価格設定	1984年—メイズ粉の価格規則撤廃。作物の移動への制限を緩和 1985年—作物の価格規制撤廃 1986年—メイズ粉への補助金撤廃 1987年—公的生産者価格を協同組合の最低価格と同一水準とみなす。作物の移動への制限を撤廃。 1990年—取引業者へのすべての制限の撤廃
マラウイ	1987年以前—全国統一価格が北部地域の県の生産を促す。農業流通・開発公社（ADMARC）が生産者価格と肥料に補助金	1987年—主要取引所でのプレミアム設定。ADMARCのメイズ取引における損失ゼロ目標を設定。 1995年—価格設定の撤廃。しかし一定の価格帯設定。
ケニア	1988年以前—農業公社（NCPB）の購入価格引き上げ。 輸入メイズが補助金により安く売られるので、NPCBのマージンが圧縮。	1988年—NCPBのマージン圧縮。少数のライセンスなしの取引業者を認可。 1991年—県間取引への制限のさらなる緩和 1992年—NCPBが上限価格を守れなくなる。作物の移動への制限強化 1993年—下限価格を守れなくなる。 1994年—国内取引の自由化。国際貿易への制限の持続。
モザンビーク	1981年—Agricultural Marketing Enterprise（AGRICOM）が売買 —全国共通の価格設定。 1986-1999年で165%の生産増加	1994年—AGRICOM廃止。新会社が緊急用ストック保有、全国統一の最低価格設定。運営上の効率に問題。

出所：Townsend, R. F.（2000）, *Agricultural Incentives in Sub-Saharan Africa: Policy Challenges*, World Bank Technical Paper 444.

の表 8-11）を参照しながらまとめると、農業部門の構造調整政策は表 8-10 のようになる。

　主な政策改革は以下のようにまとめられる。すなわち、アフリカ農業は輸出作物と食糧作物に分かれており、これら最終生産物市場だけでなく、生産要素市場に関わる肥料政策なども対象とされた。また、生産要素市場については、土地の

表 8-10　農業部門の構造調整

(1990-1996/97)

	構造調整計画（SAP）実施前	SAP 実施後
マクロ経済政策		
為替相場制度	固定相場制度	変動相場制度
為替レート	割高なレート	市場レート
輸出	輸出管理	輸出管理の撤廃
輸入ライセンス	規制	自由化・透明化
外貨割当て	規制	自由化・透明化
数量割当て	規制	撤廃
関税	高関税率	低関税率
輸入価格	輸入品へ補助金	補助金撤廃
農業政策		
生産者主体	公社による購入独占	民間企業の参入。公社は緊急時のためにストック。
生産者価格	全国統一価格	市場価格の反映
消費者主体	公社による販売独占	民間企業の参入。公社は緊急時のためにストック。
消費者価格	全国統一価格	市場価格の反映
	公社／政府の補助金	補助金削減
肥料販売の主体	公社による販売独占	民間企業の参入。
肥料価格	全国統一価格	市場価格の反映
農産物運輸サービスの主体	公社による独占	民間企業の参入。

出所：筆者作成。

流動化も政策条件に入っている国がある。

　そして、政策手段の骨子に関して、構造調整計画全体を単純化すれば（経済・経営）安定化、規制緩和と民営化であるが（表 2-5）、農業部門にもそれらが貫徹するようになっている。すなわち、価格自由化と、公的機関の民営化ないし経営改革（安定化）と民間業者のサービス提供（市場参入）である。また、対外的には輸出志向となっている。

　結局、資源配分の効率化が農業部門においても目指されて、その政策目標実現のための自由化政策が実施されているのである。

（2） 農業部門の実績

まず全体的に政策の実施と関連付けて効果をみる。構造調整計画の主要実施国における農業部門全体の政策と政策の実施状況と効果は、表8-10と表8-11にまとめてある。後者の世銀の評価によれば、かなりの政策転換が行われたことがわかる。

効果に関しては、以下でみるように、生産性や生産の増加が大幅に改善したとは言えない。市場自由化のみで十分ではなく、もっと構造的な要因によって生産増加が阻害されていると考えられる。

次に、政策分野ごとに実施状況と効果をまとめると、以下のようになる。

1） マクロ経済政策（農業関連）

伝統的な農産物の輸出競争力を高めるために、為替レートが大幅に切り下げられた。1990年代において多くの国で輸出がGDPの伸びを上回っている（表8-12）。交易条件は悪化しているので、量の増加による輸出増加であって、切り下げの効果はあったと考えられよう。また、輸出の伸びが輸入のそれを上回っている。

為替レート切り下げなどの寄与により、プランテーション、食糧の双方の生産は一定の増加を示した（表8-13）。南アフリカを除くアフリカ全体の食糧生産は1985-89年に年平均で4.1%増加した。しかし90年代は3%以下に低下した。この間の3%程度の人口の成長率と比較すると伸びは小さい。

伝統的な農産物の輸出は増加したが、持続的でなかった。理由としては、国内要因として長期の構造的な問題とマクロ経済の不安定（特に外貨不足）、国際要因として国際市場への過剰供給による価格低下、先進国農産物の補助金、先進国農産物市場の保護主義が挙げられる。

非伝統作物の輸出は急増した。為替レート切り下げによる輸出構造の多様化の効果として評価できるが、農業生産・輸出構造全体の多様化が実現したとは言えない。理由は、従来からの構造的な問題とマクロ経済の不安定が主なものである。前者について、構造調整計画において、抜本的に構造を変えることはできていないのである。

表8-11 農業部門の実績

(1990-1996/97)

	①トレンド	②マクロ経済政策	③輸出作物政策	④食糧作物政策	⑤肥料政策
ガーナ	農業生産は年率2.7%増加、全要素生産性、収量共に増加	マクロ経済がかなり悪化	COCOBODがココア流通すべてに介入、公示価格は国境価格の半分	課税と補助金削減、オープン・マーケットで取引、メイズとコメの最低価格は1990年に廃止	補助金削減、しかし参入規制が不効率を生む
ケニア	1990年以降農業生産は実質1%、穀物の単位収量0.3%の上昇	1990年以降適切な政策が採られる、為替レート政策も適切	コーヒーと紅茶の生産者が国境価格の80%を受取る	メイズ市場改革の試みにかかわらず政府の介入は続く、国内市場は自由化されたが国際貿易には制限	肥料輸入のライセンス制廃止、価格自由化、しかし年間輸入量の60%を占める肥料の補助物資が、政府系業者によって取扱われている
マラウイ	農業生産が年率6.5%の増加、しかし、収量、一人当たり生産、全要素生産性共に増加せず	マクロ経済悪化、為替レート政策は適切	たばこ生産の数量規制廃止、流通は全て民間業者が扱う	農業流通・開発公社（ADMARC）が価格設定を行うが、取扱量は15%未満に低下、メイズ移動への制限除去	肥料補助金廃止、通貨切り下げにより価格が急上昇
タンザニア	農業生産が年率3.7%増加、収量は1980年から0.0%、1990年よりコーヒー、綿花の実質生産価格は上昇	1990年-1996/97年はマクロ不安定、為替レートは十分な切り下げ	コーヒーの流通、加工の価格が1990/91年に自由化、コーヒー、綿花市場への民間業者の参入により効率上昇	メイズ市場が1990年までに完全自由化、民間業者がほとんどを扱う、政府は緊急時のストック保有のみを行う	政府系企業の輸入シェア減少

注：全体的に世界銀行の評価である。
出所：Townsend, R. F., *Agricultural Incentives in Sub-Saharan Africa: Policy Challenges*, World Bank Technical Paper No. 444, 1999.

表 8-12　GDP と輸出入

(単位:年平均増加率、%)

	GDP			輸出			輸入		
	1975-84	1985-89	1990-2000	1975-84	1985-89	1990-2000	1975-84	1985-89	1990-2000
サハラ以南アフリカ (SSA)	2.2	2.3	2.3	0.9	2.7	4.4	1.6	−0.9	4.8
南アフリカを除く SSA	1.9	3.3	2.8	1.1	2.7	4.1	3.1	−2.2	3.9
ガーナ	−1.1	5.2	4.3	−9.4	11.3	10.6	−9.8	9.9	10.8
ケニア	4.7	5.9	2.1	−0.2	5.6	2.0	−3.9	9.4	7.3
マラウイ	3.2	1.9	3.7	2.7	−1.7	4.5	−2.1	2.2	−0.5
セネガル	2.1	3.5	3.4	0.5	2.8	2.6	2.3	1.3	1.6
タンザニア	−	−	3.0	−	−	9.5	−	−	−1.8
ウガンダ	−	3.4	6.9	−	1.2	14.3	−	7.3	11.6
ザンビア	0.2	2.3	0.4	−2.9	−2.9	3.3	−10.7	3.8	1.8

出所:World Bank, *African Development Indicators* 2002.

表 8-13　農業生産高

(単位:年平均増加率、%)

	1975-84	1985-89	1990-2000
穀物全体			
サハラ以南アフリカ (SSA)	−0.4	4.8	3.0
南アフリカを除く SSA	−0.4	4.6	3.1
ガーナ	−2.5	4.7	6.5
ケニア	1.6	6.3	0.8
マラウイ	2.0	1.2	4.7
セネガル	−5.1	8.8	0.4
タンザニア	3.0	1.3	0.1
ウガンダ	−3.2	4.4	1.9
ザンビア	−2.5	10.4	−0.6
食糧作物			
サハラ以南アフリカ (SSA)	0.9	4.1	2.7
南アフリカを除く SSA	0.9	4.1	2.9
ガーナ	−1.6	4.1	5.7
ケニア	2.2	7.3	0.7
マラウイ	1.7	1.1	4.9
セネガル	−3.6	8.5	1.5
タンザニア	3.6	2.2	0.6
ウガンダ	−1.6	3.7	1.5
ザンビア	−1.5	4.2	1.8

出所:World Bank, *African Development Indicators* 2002.

2）農業政策の実施状況

それまでの生産者価格の低位設定が改められて、引き上げられた。また、より付加価値の高い作物への転換を促す相対価格の設定が行われた。さらに、食糧買い付け公社の流通独占が排除された。肥料市場への政府介入も除去され、政府の供与業務も民営化された国がある。

こうした政策の重要な点は、農産物輸出において低い生産者価格と輸出価格の差額を農業余剰として工業化など経済発展に動員（移転）した開発戦略が不可能となったことである。

3）効　果

農業生産高は「作付面積 x 単位収量」であるが、市場価格導入や輸出志向などにより換金・輸出作物の面積は増加した。すなわち量的な拡大にとどまる。単位収量は増加せず、結局構造調整計画が目指した効率（質の）上昇は十分に起こらなかったとみられる。長期的な取り組みを必要とする構造的な問題が阻害要因となったのであろう。

（3）先進国との比較

識者の分析結果を紹介すると、Roberts, I. et al.（2000）と Oyejide（2000）によれば、アフリカ諸国の農産物貿易に関する自由化の程度は先進工業国を上回っている[8]。アフリカ諸国の多くは IMF・世銀主導の構造調整計画を1980年代の初めから開始しており、弱小国が不当に関税率を中心とした保護障壁を低くさせられているのである。

OECD 諸国における農業助成（助成額の未助成生産額に占める比率）は、1990年代後半において、歴史的にみて極めて高い。1998年において OECD 諸国全体で 60% を超えているし、西欧では 80% 以上である。[9] 一方、Roberts, I. et al.（2000）は、途上国間で大きな経済格差があるが、ほとんどの国は先進工業国より農業に関する保護・助成の程度は少ない、と述べている[10]。

（4）総括と課題

農業部門の構造調整についてまとめると、対外債務帳消しの措置がとられたとしても経済全体の自立化は困難と言われており、農産物貿易の拡大でしか外貨獲得の手段がないという構造は続く（表 8-14）。その自由化の実施はかなり進み、またほとんどは先進工業国より農業に関する保護・助成の程度は少ないといえる。

表8-14 外貨獲得の源泉の国分類

(2000)

地域	燃料輸出国	工業製品輸出国	一次産品輸出国	サービス輸出、所得・民間贈与受取国	多品目輸出国
アフリカ	アンゴラ コンゴ 赤道ギニア ガボン ナイジェリア		ベナン ボツワナ ブルキナファソ ブルンジ 中央アフリカ チャド コンゴ（民主） コートジボワール ガンビア ガーナ ギニア ギニアビサウ リベリア マダガスカル マラウイ マリ モーリタニア ナミビア ニジェール ソマリア スーダン スワジランド タンザニア トーゴ ザンビア ジンバブエ	エチオピア モザンビーク ウガンダ	カメルーン ケニア モーリシャス セネガル シエラレオネ 南アフリカ
アジア	ブルネイ	マレーシア フィリピン タイ	カンボジア ベトナム	ネパール	インドネシア スリランカ

注：製品グループや外貨獲得項目が50%を超えるかどうかで分類してある。
出所：IMF, *World Economic Outlook* 2001.

しかし、政策の効果としては、自由化政策に反応したのは、土地面積の増大という量的な増加であって、生産性向上という質の改善は起こらなかったのである。特に、国民の多数を占める小農の生産増加のためには、単位収量の増加や加工度の向上が必要となっている。

問題は、市場にゆだねるだけでいいのか、政府の関与をどれだけにするのか、

という点である。Oyejide（2000）によれば、アフリカは自由化推進を堅持し技術協力を要望するべきである。農業生産の抜本的増加のためには公的資源による小農支援が不可欠である。[11] これは、国民の多くが小農部門に属しており、広範な経済発展のためにはこの部門の拡大が必要であるという自明の事実に加えて、自由化による商業ベースの取引は貧しい農民を必ずしも主な対象としないということによる。

8-1-7 公的部門改革政策の実績

表2-5によれば、公的部門改革の対象は、中央政府と公企業に分かれる。もちろん、地方分権化の推進に伴って、地方政府の改革も行われた。本節では、構造調整計画の最も重要な政策のひとつである公企業の民営化について分析する。

表8-15が主要国における公企業の民営化の進捗をまとめたものである。全体的にみて、すべての国で急速な民営化が行われているのがわかる。特に、1970年代まで社会主義的な政策の程度が大きかったガーナとタンザニアでの成果は大きい。両国とも今日では、最も忠実な構造調整実施国となっている。

ザンビアについては、データがすべて含まれていないが、政府所有から民間へ譲渡された1件は、同国最大の企業である国営の銅鉱山会社であった。

表8-15 公企業民営化

	公企業の総数		民営化の件数
	1990年以前	1995年	95年
サハラ以南アフリカ	6,069	4,058	2,040
サハラ以南アフリカ（南アフリカを除く）	6,043	4,035	2,037
ガーナ	329	227	102
ケニア	255	146	109
マラウイ	135	100	35
セネガル	108	69	39
タンザニア	420	327	93
ウガンダ	171	137	33
ザンビア	160	92	75

出所：World Bank, *African Development Indicators* 1997.

以上、公的部門の改革として、公企業の民営化の程度をみたが、かなりの進展がみられている。問題は、残った企業が少ないとはいえ、既得権益の大きい大企業が含まれているのではないかということである。

8-1-8 債務免除決定（1999年）までの総括

以上の節で、IMF・世銀主導の構造調整計画（SAP）を中心に、その実績を分析した。まず総論として、アフリカ全体の債務負担度の変遷をみると、債務残高の輸出に対する比率が1980年に65％であったものが、その後急増して、1988年から1999年までずっと200％以上となっている（表3-8参照）。

特筆すべきは、世銀融資の増大である。南アフリカとナイジェリアを除くアフリカ全体に絞ると、債務残高の大部分を占める長期債務残高について、2国間ODAは1988年から1999年にかけて増加傾向にない。一方、世銀融資は一貫して増加している。すなわち、長期債務残高に占める比率は、1988年の8.5％から毎年増加して、1999年には25.1％、2002年には30.2％となっている。

アフリカの低所得国については、構造調整計画の試み、そして2国間債務削減という特効薬をもってしても経済苦境を打開できない結果となった。そして、IMF・世銀の構造調整支援の融資の残高の帳消しまで必要となり、2005年のグレンイーグルズ・サミットで帳消しが決定された。

しかし、1980年代までの政府主導の経済開発の失敗と比較して、構造調整計画の実施期間において経済の自由化が進み、経済活動がより活発になり、ある程度の経済の回復が実現したことは評価してよいだろう。

8-1-9 アフリカの最近までの動向

本章では、2国間債務帳消しが発表された1999年までの期間の構造調整計画の分析を行い、前項で総括した。また、その後の期間については、本書の「4-1-3 低所得国（の展開）」、「4-5 貧困削減と援助協調」などで、アフリカ開発が最大の課題となっており、長年の構造調整計画の実施にもかかわらず、2005年にIMFと世銀の分を含めた国際機関の債務の免除に至ったことを述べた。また、1990年代の中頃から貧困削減が重視されるようになり、またそのために援助枠組・政策が大きく変化したことを述べた。

そこで、本節では、IMFと世銀の最新の文書を使って、経済の概況と今後の政策を報告する。

(1) 経済の概況

まず2007年10月17日に発表されたIMFの『世界経済見通し』によれば、直近の経済成長率は2005年は6.0%、2006年は5.7%である。そして、2007年は6.1%、2008年が6.8%と予測されている。この間、南アフリカ共和国の成長率はすべて下回っているので、その他のアフリカ諸国の方の成長率が高いと言える。

それ以前の期間については、世界銀行の『世界開発指標2006年版』をみると、1990-2000年の2.5%から2000-2004年の3.9%に増加しているのがわかる。2000年以降高い経済成長率が達成されている。

国別・地域別にみると、2003年以降はイラク戦争を契機とした石油価格の高騰による影響が大きく、産油国のアンゴラやナイジェリアの成長率が全体の成長率を支えている。

構造調整計画実施の主要国の2005-2008年の経済成長率も高い。ガーナ6.3%、ケニア6.2%、タンザニア6.9%、ウガンダ6.2%となっている。

旧フランス領を中心としたCFAフラン圏(表8-7に14の構成国)の成長率は低く、2005-2008年に2.2-5.3%である。10月20日に行われた『世界経済見通し』のアフリカに関わる記者会見では、IMFアフリカ局長と記者の間で、CFAフランの切り下げを巡って論戦が行われた(WEB上で視聴)。従来フランス・フランとの固定相場であったが、現在ではユーロとリンクされており、ユーロの独歩高で国際競争力が大きくそがれているのである。

対外債務の負担度については、表8-4にみるように、主要国の多くが軽債務国ないし一般債務国になっている。アフリカ全体でみても、対外債務残高の対輸出比は、1995年の253.1%、2000年の178.4%と比較すると、2004年は124.6%、2005年は89.0%と大幅に低下している(世銀『世界開発金融2007年版』)。

(2) 今後の政策

まず 2005 年 1 月末日現在の IMF 融資状況を、表 4-1 でみる。アフリカ諸国については、19 か国が構造調整を実施中である。80 年代初めに SAP を始めたケニア、セネガル、ガーナも含まれる。20 年が過ぎても多くの国が SAP を実施している。

また、世銀の『年次報告 2007 年版』によれば、調整融資を 2004 年に代替した開発政策融資に関して、2007 年に 16 か国 17 案件の承認が行われた。主要国のガーナ、セネガル、タンザニア、ウガンダに対して、債務削減支援開発政策融資 (Poverty Reduction Support Development Policy Credit) が供与された。

次に、2007 年 10 月 19 日の G7 (7 か国財務大臣・中央銀行総裁会議) 声明によれば、「IMF、世銀及びアフリカ開発銀行に対し、「アフリカの良き財政ガバナンスに関する G8 アクション・プラン」の実施を積極的に支援し、同地域における彼らの戦略をさらに調整することを求めた。」(日本政府財務省訳)

また、両機関の年次総会時の同じ週に開催された、世銀・IMF 合同開発委員会コミュニケ (2007 年 10 月 21 日) によれば、「アフリカを中心とする最貧困層の生活水準の向上と能力強化への支援、脆弱国や紛争の影響を受けた地域に対する関与の強化が長期戦略の主な要素であるべきことに合意。」そして、「重債務貧困国の債務累増を防ぐために、世銀と IMF 共同で実施する債務持続可能性の判定に基づき健全な貸付及び借り入れの判断がなされること」(いずれも財務省訳)、とある。

また、2005 年 3 月の OECD パリ宣言に沿って、援助の有効性向上による恩恵を引き続き受けている。[12]

総じて言えば、1999 年からの 2 国間債務免除により重荷がなくなり、2007 年から両国際機関の債務も免除されることになるが、依然として政府を通した経済の管理が必要となっているのである。

8-2 タンザニア

8-2-1 はじめに

タンザニアは、他国より遅い1987年からSAPを導入したが、現在ではその政策実施の成功例として挙げられ、既述の新しい援助手段が真っ先に導入されている。

これに対して、日本側は、新たな援助協調に対応すべく現地タスクフォースを形成している。大使館、JICAなど援助機関の担当者が「オール・ジャパン」として援助協調に対応する、というものである。また、これらの現地関係機関が中心となって、2007年において国別援助計画の改訂が行われている。[13]

8-2-2 最近の動向

タンザニアについては、以前と比較して資源配分が大きく変わっていることを注視しなければならない（表8-16参照）。すなわち、貧困層、または社会セクターが援助の重点セクターとなることによって、生産セクターその他に向けられるべき資金や人員が援助資源に群がっている可能性が大きい。これが、識者が心配する援助の集中による「オランダ病」である。[14]

また、表8-17で財政構造を示したが、既述のプログラム（ノン・プロジェクト）援助や財政援助が含まれる。重要なことは、表の最下段に国際収支赤字を示したが、財政支出の大きさ、なかんずく財政赤字の大きさが、国際収支赤字の最大の原因のひとつになっているということである。政府の過大な支出が乗数（波及）効果で国内の需要を過大にして、それが輸入を大きくしているのである。後で輸出との比較をするが、過大な輸入を引き起こしているのが財政赤字であり、それを容認するのが援助ということも言えよう。

一方、IMF・世銀主導の自由化政策の成功により外国直接投資（FDI）が一定の規模に達している（表8-16）。主な投資先は鉱業と観光業である。特に、金鉱山への投資により、金が輸出の半分を占めるほどになった。当然、国内経済全体及び他部門への波及効果は大きくない。一方、主要農産物の輸出量は増えていない（表8-18）。

表 8-16 資金の流れ

	2000	2001	2002	2003	2004
	(単位：100万ドル)					
資本の純流入	1,303	1,341	1,244	1,649	1,897
長期資本	111	72	127	432	376
外国直接投資	463	342	243	254	249
贈与	730	927	874	963	1,272
所得収支（純額）	−83	−85	−23	−44	−178
	(単位：%)				
輸出／GDP	7	8	9	11	12
輸入 (cif)／GDP	17	18	17	21	22
債務残高／輸出	516.9	393.9	411.9	357.5	345.0
債務残高／GNI	77.4	66.8	70.4	68.2	72.2

出所：IMF, *Selected Issues & Statistical Appendix*, 2004、を利用して筆者作成。

表 8-17 財政構造

(単位：GDPに占める比率、%)

	2000/1	2001/2	2002/3	2003/4
歳入	12.8	12.6	12.9	13.5
歳出	18.1	18.4	21.1	23.7
経常支出	13.6	14.2	15.8	17.6
開発支出	3.9	3.5	5.3	6.0
内貨分	0.5	0.6	1.0	1.3
外貨分	3.5	2.9	4.3	4.8
その他	0.3	0.0	0.1	0.0
財政総合収支（贈与を除く）	−5.7	−5.8	−8.3	−10.1
贈与	3.9	4.7	6.6	7.1
プログラム（バスケットファンドを含む）	1.6	2.2	3.1	3.6
プロジェクト	1.7	1.3	2.7	2.7
HIPC債務救済	0.7	0.7	0.8	0.8
財政総合収支（贈与を含む）	−1.7	−1.1	−1.7	−3.0
ファイナンス	1.7	1.1	1.7	3.0
海外（純額）	1.2	1.4	2.1	3.3
借入れ	2.4	2.3	3.2	4.1
プログラム（バスケットファンドを含む）	0.6	1.0	1.6	2.0
プロジェクト	1.8	1.2	1.6	2.1
その他	−1.1	−0.8	−1.1	−0.8
国内（純額）	−0.0	−0.3	−0.4	−0.2
経常収支	−0.8	−1.6	−2.9	−4.1
参考				
国際経常収支（経常移転を除く）	−12.8	−12.1	−9.0	−14.1

注：2003/04年は推計値。会計年度は7月から6月。国際経常収支は暦年ベース。
出所：IMF, *Selected Issues & Statistical Appendix*, 2004、を利用して筆者作成。

表 8-18　貿易の推移

	1997	1998	1999	2000	2001	2002	2003
輸出額	（単位：100万USドル）						
コーヒー	16.0	18.5	14.1	12.6	7.4	3.9	4.4
綿花	17.5	8.1	5.2	5.7	4.3	3.2	4.1
タバコ	7.2	9.4	8.0	5.8	4.6	6.2	3.7
カシューナッツ	12.2	18.2	18.6	1.7	7.3	5.2	3.7
金	0.2	0.5	6.4	17.0	32.2	37.8	43.7
製造製品	14.9	6.1	5.5	6.5	7.2	7.3	8.7
漁介品	7.6	12.6	10.5	11.5	12.5	12.9	11.9
輸出の量と価格	1997/98	1998/99	1999/00	2000	2001	2002	2003
コーヒー							
量（千トン）	37.5	43.9	48.2	58.6	37.6	46.8	38.8
価格（US$/kg）	2,800.3	2,193.6	1,777.9	1,278.0	981.2	1,043.8	1,155.3
綿花							
量（千トン）	65.2	27.0	30.5	33.1	36.0	49.2	36.7
価格（US$/kg）	1,492.2	1,357.2	970.7	1,054.4	887.1	858.3	1,081.1

出所：IMF, *Selected Issues & Statistical Appendix*, 2004、を利用して筆者作成。

　また、中央政府から離れた所で行われる外国投資は国内開発に貢献しないばかりか、資源の合法あるいは非合法な資源の費消につながっている可能性がある。[15]

　さらに、外資の利潤の本国送金に制限はなく、[16] 表8-16にみるように、2004年においてはFDIの実に7割に当たる金額（所得収支）が流出している。

　まとめると、表8-16のように一国全体で資金の総額の流れとしてみると同時に、その構成と地域的配分に留意する必要がある。つまり、援助資源と、それに付随する国内資源が農村の貧困地に、そして外国民間資本が鉱山に集中していることになる。

　本来、タンザニアの主な農産地は国境沿いにあり、国全体を動かすべき資源がまとまった形で展開されず、国内の資源による全般的な生産上昇に向かわないのではないか。

　表8-16でみるように、近年でも輸出が輸入の半分しかない自立できない経済の構造は変わっていない。債務負担度は少なくはなったが、持続可能性があるわ

けではない。

　重要なことは、タンザニア経済が自立化に向かうかどうかであり、今後2005年の国際機関債務の帳消し決定後の動向に注目しなければならない。

8-2-3　課題

　本書では、90年代中頃から今日までの間に欧米主導で導入されてきた貧困削減政策と援助協調政策について、1980年の構造調整計画導入からの歴史的背景に主に言及して、批判・検討を行った。そして、今後の対処に当たっての課題を挙げた。タンザニアについての課題は以下の通りである。

　今後を考えるにあたって重要なことは、第1に多くのセクターの援助が議論される中で、援助全体が膨張していないか注視する必要がある。新たな援助の失敗を生むのではないか検討すべきである。これは、上記国別援助計画案でも指摘されている。

　また、財政支援に関して、財政の海外依存に鑑みて、財政の規律あるいは財政面の自助努力がどれだけなされるか監視しなければならない。

　第2に、援助以外の経済協力手段も視野に入れた当該国に対する総合的アプローチがとられるべきである。例として、ODAから直接投資依存への転換が起こりつつあるのかということである。

　そこで、筆者の本論での分析結果とキリックその他の意見に鑑みて、欧米主導のこれまでのアプローチが従来のものとあまり変わっていないとの前提で、最後に若干の提言を挙げる。

提言1：バイの主張に組しない。

　マルチであるIMF・世銀の介入は認められるとしても、バイのドナーの政策介入には強い拒否反応が出るだろう。被援助国の特定セクター、サブ・セクターに対する部門投資計画や共通予算はバイのドナーが担当している。そこで、当該国の国内政策への政策介入には一定の距離を置いた方がよいだろう。

提言2：機構改革に組しない。

90年代後半から「政策手段から機構改革へ」改革の対象が移った。自由化の大進展により「手段」面の改革はかなり終了した。その間日本はIMF・世銀に委ね内政干渉との批判を直接に受けないできた。

そこで、今やガバナンス重視で如実なように、機構（institution）が改革の重点分野であるが、それは一層の干渉であることを認識して、矢面に立つのは避けるべきである。政府の機能に政策介入する「顔の見える援助」は望ましくないだろう。

提言3：よく政策枠組みを理解する

政策に注文をつけるのではなく、議論を通じて改革を促すこと。例えば、政府の人的資源開発計画に基づいて本来技術協力計画が立てられるべきで、かれらの計画作成を促し側面支援を申し出る。[17]

別の例としては、財政支出の費目の性格に着目して、賃金や消費財購入といった純然たる消費項目ではなく、機材や車両（あるいは道路の補修）などのメンテナンスに資金を使う。この場合のメンテナンスは、財政上はリカレント（経常）ではなく、更新投資に当たる。更新投資は、開発支出の中で「新」投資より重視され、世銀などが80年代から着目してきたことである。

提案4：援助依存を減らす

国連も既に「出口管理」に言及しており、被援助国の自助努力や政府予算の水準を配慮して援助の規模が決められた方がよいだろう。

最後に、タンザニアを中心とする改革先導国において、独自の詳細な調査を行いつつ支援のあり方を考えるべきである（表8-19に調査研究課題）。

表8-19　事例研究の研究課題（貧困削減と援助協調）

A.　経済全体の資源の流れの変化
　国民所得統計のデータを使った通常のコモディティ・フロー法による投資額の推計。輸入と国内生産による投資財の流れから推計する。
　目的は援助による輸入投資財がどの程度増えたか調べる。国内生産による投資財と比較してかなり大きいと、援助など海外依存大。

B.　輸入における投資財と消費財の比率の変化
　目的は、援助が投資ではなく消費により多く向けられたものではないかの検証。

C.　国内投資セクター別内訳
　直接生産（農工業）、経済インフラ、社会セクター別にグループ化する。援助依存の公共投資中心に、生産の増加との比較。

D.　国民所得レベルの投資・貯蓄ギャップ
　マクロ経済上で必ず「S−I＝X−M」は成り立つ。SがIより小さいと（赤字のギャップ）、貿易収支の赤字が発生する。目的は、経済全体の持続可能性を調査。Sは通常国内貯蓄を表し、S/Iが国内投資のうちだけだけが国内貯蓄でファイナンスされたかを表す。仮に20%であれば、80%は援助など海外貯蓄でファイナンスされたことになり、海外への依存度を把握できる。

E.　Dの詳細調査としての国内貯蓄と海外貯蓄、国内投資の経済主体別内訳
　国内貯蓄・投資の主体は、政府と民間に分けられるので、目的は財政の貢献度を測ること。政府貯蓄は経常勘定の収支を表し、「歳入−歳出（通常支出）」である。マイナスが経常赤字。「歳入−歳出−公共投資支出」が財政総合収支。
　そして、開発支出の内貨分と外貨分の区別、更新投資と新投資の分類。
　さらに、地方分権化に鑑みて、中央と地方の政府の財政構造にも着目。

F.　経済全体での地域別投資配分、援助の貢献
　中央・地方政府の公共投資と援助プロジェクト・ベースの調査。オランダ病の観点も考慮しながら資金と労働の資源移動（後者は労働移動）の変化を見る。

G.　開発プロジェクト実施地域での投資配分
　Fのミクロ水準の調査。地方政府の役割に注目。

H.　財政構造
　英国や世銀主導の財政支援がモラルハザードを引き起こさないか、財政全体から研究。財政の経常赤字は上記DのS（貯蓄）に対応する。財政赤字は国際収支赤字と民間資源のクラウディング・アウトを引き起こす。

出所：筆者作成。

●ネット・トーク6　プロジェクト・サイクルと事後評価文書●
　1973年に設立した世銀業務評価局（OED）は、今日独立評価グループ（IEG）と呼ばれている。
　世銀ホームページの利用については、SearchでOEDをタイプする。業務評価局（Operations Evaluations Department）の画面に入って、出版物のリストがある。OEDは世銀総裁に直接諮問する局で、業務局の実施プロジェクトの事後評価を行う。
　また、基本的な情報として、プロジェクト・サイクルを引用する必要がある。そのサイクルの後半にくる世銀の評価体制は、業務局のプロジェクト／プログラム完了報告書（Project/program completion report:PCR）、業務評価局（OED）のプロジェクト／プログラム監査報告書（Project/program performance audit report: PPAR）である。OEDは年次報告書や教訓集（OED précis）を出してきた。評価レポートの内容については、3-2節の補節で説明した。
　筆者はODA調査でPCRとPPARの比較で、世銀の担当局でインタビューしたことがある。PCRが業務担当者によって書かれるために問題点があまり指摘されない一方、OEDがそれを強く指摘するといった具合で、興味深い調査となった。
　他に外部有識者が入った査察委員会（inspection panel）があり、筆者がアフリカのODA調査を行い、サマリーに世銀政策に対して批判的なことを盛り込んだところ、その委員会からコメントが送られてきた。
　IMFは2001年に独立評価局（IEO）を設立した。アジア危機後その秘密性に批判が行われて、それに対応する措置として設けられたのである。

注
1）　1980年からの構造調整計画の実施にもかかわらず、1999年のケルン・サミットで債務の帳消しが決定された。
2）　SPAと呼ばれる。当初はSpecial Program of Assistance for Africa、その後Strategic Partnership for Africa
3）　Schadler, S. et al. (1993), *Economic Adjustment in Low-Income Countries*, IMF Occasional Paper, 1993. World Bank, *Adjustment in Africa*, 1994.
4）　Oyejide,（2000）.
5）　Merman,（1997）.
6）　世銀が供与する経済全体を対象とする構造調整融資（SAL）に対する、部門対象の構造調整のための部門調整融資（SECAL）のひとつ。
7）　Townsend, R. F. (2000), Agricultural Incentives in Sub-Saharan Africa: Policy Challenges, World Bank Technical Paper 444, p.77.
8）　Oyejide（2000）は、1999年10月にジュネーブで開かれた「農業とWTOの2000年交渉における農業と新しい貿易課題」に関する会議に提出した論文の中で、（ドーハ・ラウンドの

前の）ウルグアイ・ランドの農業分野についてアフリカ諸国にとってやるべきことは少なかった。なぜならば、先進工業国を中心に問題となっている貿易上の歪みはないからである、と述べている。

9) Roberts, I.et al.（2000）, p.145.
10) Roberts, I.et al.（2000）, p.155.
11) Oyejide（2000）.
12) 世銀『年次報告2007年版』、30ページ。同ページによれば、「パリ宣言では、すべての開発パートナーに対し、ドナー間で援助の調整が行われること、ドナー機関が取引コストを最小限にすべくそれぞれの要件を調和させること、援助が借り入れ国の開発ニーズに合致しているよう求めています。」
13) 欧州諸国主導で進む援助改革への強制的な参画を求められて（例えば、援助政策書への署名）、一時は日本援助のタンザニアからの撤退も検討されたという。
14) オランダ病とは、1960年代北海油田の開発に伴うブームとその終息によるオランダにおける経済不振に関わる理論。新資源の発見や新技術の発明、一次産品価格の高騰（例えば、コロンビアのコーヒー価格）に加えて、急激な援助の増加による貧困国への悪影響が注目されている。
15) イギリスのブレア首相は、鉱山関連多国籍企業の活動の監視にイニシアティブをとっている。
16) United Nations, *An investment guide to Tanzania*, 2005. 国際的な投資会社は、BRICsに続く有力な投資先のひとつとしてタンザニアを挙げているほどである。
17) 筆者は1983年2月に国連の派遣によってマラウイに赴任し、1987年3月まで滞在した。国連がマラウイ政府に対して実施した技術協力プロジェクト「開発計画への支援」にマクロ・エコノミストとして参加した。筆者が参加したマラウイのプロジェクトには9人が参加したが、2人は人的資源開発計画策定を支援した。SAP当初から取り上げられていたのである。

付　録

　以下、IMFと世界銀行のホームページを中心に有用な情報や統計の入手の仕方を解説する。かなりの予算が使われているとみられ、膨大な資料が入手可能である。筆者が、日本政府招聘途上国人官僚研修コースや環境省調査研修所の公務員研修で、実践的な資料収集方法や分析方法を講義する場合に最大限利用するものである。

A.　IMFのホームページ

まず総括的なレポートと統計を説明して、その後に国別の資料・情報を解説する。

A.1　基本的利用法
IMF本部
URL：http://www.imf.org
検索方法：
　フロント・ページの右上に主なメニューがあるが、アルファベット順であれば、Site index、トピックで検索するのであればSite mapを選ぶ。

IMFアジア太平洋地域事務所（東京）
http://www.imf.org/external/oap/jpn/indexj.htm
用語の説明がある。

A.2　資料解説

A.2.1　レポート

〔動向レポート〕

① World Economic Outlook（世界経済見通し）

毎年の春秋に発行される世界経済に関わる最も権威あるレポート。G7とIMF・世界銀行の総会にあわせて発行。先進工業国、途上国の両方を含む現状分析と1年間の予測がある。世界の経済予測のベースとなるもので、主要国のデータもある。

統計付録、隔年で掲載される各国の経済分析（IMF第4条に基づく政策協議の結果）は役に立つ。前者は、世界経済の全体像を知るデータの宝庫。

② Annual Report

年次報告書。会計年度は世銀と同じく、7月から6月まで。経済分析あり。

③ IMF Survey

月1回ネット上で発行。IMFスタッフによる世界経済、各国の分析がある。英国やオランダの分析から途上国の最新の課題まで網羅している。また、IMF、その他の国際会議やセミナーの要約、他国際機関の発行物の紹介がある。

④ Finance and Development

年2回発行。世界と途上国の金融・経済・開発問題をコンパクトに論説。以前世銀と共同で発行していたこともあり、世銀スタッフの論文も載っている。

〔政策文書（ドキュメント）〕

入手方法：「www.imf.org」のフロント・ページの右上のSite index（目次）をクリックして、「Country Policy Intentions Documents」を選ぶ。あるいは、Site mapで入ると、右側にあるpublicationsの中にもこのDocumentがある。新しく出てきたページの左上隅の「Letter of intent」などを選ぶ。（2007年10月末日現在）。

① Letter of intent（政策趣意書）

IMFトップの専務理事に対する手紙で、差出人の多くは当該国の財務大臣

や中央銀行の総裁。[1] 手紙の分量は2ページ程度で、内容は当該財政年度の構造改革政策実施の意志を示したものである。

詳しい政策内容は、政策趣意書に添付される以下の「②覚書」にある。

② Memorandum of Economic & Financial Policies（経済・財政政策覚書）

Letter of intent に添付される当該財政年度の構造改革政策の全体的な政策内容が示される。政策目標、財政、金融、社会サービスも含むセクター毎の政策が説明される。付録として、Policy matrix に一覧表がある場合がある。このマトリックスで、政策目標、政策手段、実施スケジュールなどがわかる。

③ Policy Framework Paper（PFP：政策枠組み書）

構造調整計画（SAP）の中期の政策内容を示したもの。1999年秋までの拡大構造調整ファシリティ（ESAF）供与の政策条件。その後以下の「④貧困削減戦略書」に変更。

④ Poverty Reduction Strategy Paper（PRSP：貧困削減戦略書）

99年秋のIMF・世銀の年次総会で決定された、構造改革の中期の政策内容。IMFの低所得国向けの融資手段である貧困削減・成長ファシリティ（PRGF）供与の政策条件。重債務貧困国（HIPC）債務削減イニシアティブ適用の条件としても利用される。2000年から開始。Interim PRSPの国もある。

PRSPはマクロ、財政、金融、セクターのすべてを含んだ政策文書である。貧困削減・社会サービス・セクターのみを扱った現地政府発行の「PRSP」との違いに留意が必要。

関連する文書として重要なものは以下の通りである。

① Decision Point Document

重債務貧困国（HIPC）債務削減イニシアティブの対象国で作成される。構造改革が良好だった国が、3年間構造改革をして作成される決定時点（decision point）の文書。そして、**債務持続可能性分析**（debt sustainability analysis）が行われ、持続的でないと判断された国が上記イニシアティブ完了時点（completion point）を目指してさらなる構造改革を進める。こうした過程をへて、債務返済免除などの救済措置がとられる。

② Press Release

新規融資に関するもので、その国の現状と政策、マクロ経済予測を含む基礎的な数字がコンパクトにまとまっている。

A.2.2 統　計

International Financial Statistics (IFS) は、国際通貨基金 (IMF) が発行する国際金融統計である。IFS の購入機関でダウンロードができる。

国一覧表 (World Tables) と各国統計 (Country Tables) に分かれる。年鑑と月鑑があり、前者の国一覧表では集計に比較的時間がかかる GDP、その支出項目、国際収支などが載っている。後者には「通貨の番人」IMF が注視する為替レート、金利、消費者物価指数のデータが2、3か月遅れで掲載されている。これらの指標は、年鑑でも年次データとして載っている。一番多いデータは金融統計である。

入手方法：IFS 入手のステップは以下の通り。

> IMF のホームページに入る。www.inf.org
> ↓
> 1ページ目の右上の index（目次）をクリック。
> ↓
> Index の IFS online をクリック。International Financial Statistics のページが出てくる。
> ↓
> 画面左で「Country Tables」や「World Tables」をクリックして選ぶ。
> ↓
> IFS online のホームページの左上に統計の対象年がある。それを変更する場合、retrieve をクリックする。開始年と終了年を入力すると、例えば50年代からのデータも入手できる。
> ↓
> ホームページ右上の retrieve をクリックする。そうしないと一部の統計しか画面に表れない。

↓
データ・ファイルのリストが出てくるので、Excel file を選ぶと統計が Excel 形式で入手できる。

A.2.3 国別資料
〔基礎情報〕
主要国の GDP など基礎資料・情報の入手方法は、上記の IFS 参照。

別の入手方法：「www.imf.org」のフロント・ページの右上の Site index（目次）をクリックして、アルファベット順になっている中から直接国を選ぶ。あるいは、フロント・ページの上部の「Country Info」から選ぶ。日付の新しい順で、声明や文書の発表がリストアップされている。

既に解説した政策文書が含まれる。例えば、インドネシア政府高官のスピーチも閲覧できる。

国別のページにおける他の基本情報は以下の通り。
① 各国別の IMF 融資の一覧表
入手方法：左側の Financial Position in the Fund をクリック。融資名、承認年、金額などがわかる。

他に貸借状況を示す一覧表もある。

〔レポート・統計〕
レポートと統計のいずれか、あるいは両方が一括して載っている文書を説明する。
① Country Reports（総称）
次の3つがある。(a) "Recent Economic Developments"、(b) "Selected Issues"、(c) "Statistical Appendix"。
(a) がフル・レポートで、(b) が主なイシューの記述と統計付表（Statistical Appendix）。統計付表には、マクロ経済指標を中心とした多くの数字がある。

入手方法：IMFのホームページのフロント・ページ右上のSite Mapをクリック。その右側のPublicationsにCountry Reportsがあり、このルートからレポート全体をダウンロードできる。

通常、発行日別に世界の国のリストがまず出るので、Sort byでTitleをクリックすると、国別のリストが出てくる（2008年2月16日現在）。

B. 世界銀行のホームページ

まず総括的なレポートと統計を説明して、その後に国別の資料・情報を解説する。

B.1 基本的利用法
① 世界銀行本部
　URL：www.worldbank.org
　フロント・ページの右上に主なメニューがあるが、アルファベット順であれば、Index、トピックで検索するのであればSite mapを選ぶ。
② 世界銀行東京事務所
　IMFアジア太平洋事務所のホームページよりかなり充実している。
③ 世界銀行発行のドキュメントやレポートの検索
　フロント上のPublicationsをクリック。次に、Documents & Reportsをクリック。最後に、Advanced Search-All Documentsをクリックすると、タイトルや著者などで検索ができる。（2007年11月29日現在）

B.2 資料解説
B.2.1 レポート
〔動向レポート〕
① Global Development Finance （GDF）（世界開発金融）
　途上国に対する資金の流れを総括的に分析。2巻に分かれ、国別を含む詳細なデータがある。資金の流れとして、ODAを含む公的投融資、直接投資や証

券投資を含む民間金融、双方を網羅している。債務のデータも豊富。第1巻のみ全体的にダウンロードできる。第2巻については、古い年についてガーナ、メキシコ、フィリピンなど各地域の拠点国のみの詳しい統計が見られた。

② World Development Report（世界開発報告）

　特定テーマを決めた開発現況と今後の方向を分析。基礎的な統計がよく使われる。多くの大学院などで教材として使用されている。日本語版も毎年刊行される。

③ Annual Report

　年次報告書。会計年度は7月から6月。和訳版は出版されており、世銀東京事務所付置の世界銀行情報センターにて無料で入手できる（住所は後述）。

　各国別のプロジェクト・リスト、簡単な内容、そして各地域の概要を入手できる。構造調整支援融資（SAL、SECAL）のリストも有用である。Adjustment Operationsが表のタイトルで、表リストから探す。現在では、開発政策融資（Development Policy Lending: DPL）が代替した。

④ 評価レポート

　入手方法：IndexでIndependent Evaluation Group（IEG）をクリックする。以前は、業務評価局（Operations Evaluations Department）であった。世銀総裁に直接諮問する局で、業務局の実施プロジェクトの事後評価を行う。トピックで検索する。出版物としては、世銀全体の業務を評価した年次報告書が有用である。

B.2.2　統計

① Global Development Finance（GDF）（世界開発金融）

　上述。第2巻の国別統計をよく使うが、限られた国しかダウンロードできない。

② World Development Indicators（世界開発指標）

　膨大なデータが、国別に入手できる。国一覧表となっている。各国のすべての指標が入手できる。

B.2.3　国別資料

入手方法：フロント・ページの右上のIndex（目次）をクリックして、アルファベット順になっている中から直接国を選ぶ。あるいは、フロントの左上の「Countries」から選ぶ。

〔基礎情報〕

基礎指標・データが一覧表となっているものは以下のとおり。

① Data Profile 当該国の経済・社会データの時系列
② At a Glance 当該国と他国との比較
　入手方法：　国別のウィンドウの左側で、Data & statistics を選ぶ。

〔レポート・資料〕

① Country Brief
　2ページ程度で、当該国の概要、経済、援助等が要領よく記述されている。
　入手方法：国別のウィンドウの左側で、Country Overview を選ぶ。
② 世銀の融資案件（Projects）
　過去の世銀プロジェクトのリストが得られ、個々に事業内容の要約がある。また、関連レポート全体がダウンロードできることもある。プロジェクトの中には、日本語では「マルチ・セクター」や「ノン・プロジェクト」と分類される構造調整支援融資（SAL、SECAL、DPL）が含まれている。
　入手方法：国別のウィンドウの左側で、PROJECTS & PROGRAMS を選ぶ。

B.3　その他

IndexでMapsを選ぶ。世銀出版物のWorld Atlasからいくつかの地図（カラー）を閲覧できる。

C. その他の資料・情報

〔IMF 資料（ホームページで入手できないもの）〕

統計資料として以下がある。すべて CD-ROM がある。
① Balance of Payments Yearbook（国際収支年鑑）
　国一覧表もあるが、各国別に国際収支の項目別（貸方、借方、資産、負債など）のデータがある。
② Direction of Trade Statistics（貿易統計）
　年鑑と月鑑がある。各国別に、輸出先、輸入元の国別の最新データがある。
③ Government Finance Statistics（財政統計）
　年鑑のみ。主要国の統計がないことがある。歳入、歳出などについて、項目別のデータがある。省庁の予算規模がわかる。
④ Annual Report on Exchange Arrangements and Exchange Restrictions（海外取引の取極めと制限措置）
　年鑑のみ。国別で、為替、財・サービス貿易（関税率を含む）、所得取引（利潤の海外送金）、資本取引（直接投資、デリバティブなど融資）などの制度がわかる。

　これら以外に有用なものは、IMF スタッフによる研究レポートである。IMF アジア太平洋地域事務所で閲覧できる。

D. 情 報 源

① 国際通貨基金（IMF）アジア太平洋地域事務所
　〔International Monetary Fund, Regional Office for Asia and Pacific：IMF〕
　〒100-0011　東京都千代田区内幸町 2-2-2　富国生命ビル 21 階
　Tel：03-3597-6700／Fax：03-3597-6705
　Homepage：http://www.imf.org（日本語）http://www.imf.org/external/

oap/ jpn/indexj.htm

② 国際復興開発銀行/国際開発協会（世界銀行）東京事務所

［IBRD/IDA（World Bank）Tokyo Office］

〒100-0011　東京都千代田区内幸町 2-2-2　富国生命ビル 10 階

Tel：03-3597-6650／Fax：03-3597-6695

世界銀行は多くの途上国に小さいオフィスを持つが、先進工業国においてはワシントン D.C. の本部以外では、パリと東京に事務所がある。東京事務所の開設は、日本の拠出額の大きさによるものであろう。

③ 世界銀行情報センター

〒100-0011

東京都千代田区内幸町 2-2-2　富国生命ビル 1 階

Tel：03-3597-6650 / Fax：03-3597-6695

E-mail：ptokyo@worldbank.org

東京事務所に付置されている（公開）情報センター（Public Information Center：PIC）であり、年次報告書の入手や出版物の閲覧ができる。いろいろな国際的な催し物も開催される。

注

1）2000 年と 2001 年にタジキスタン（アフガニスタンの北）から来た官僚の研修を担当したが、コンピュータでダウンロードした「政策趣意書」（Letter of intent）の差出人は大統領であり、研修生も驚いた様子だった。

おわりに

　本書では、IMF・世界銀行主導で 1980 年から今日まで途上国で実施されてきた構造調整計画ないし経済自由化と、90 年代後半から追加の重要課題となった貧困削減を対象に、その歴史のサーベイを行い、また事例国を中心に一部実証分析を行った。そして、途上国の開発にとって不可欠である、日本を含む他ドナーの支援も視野に入れた総合的な分析を行った。以下に重要項目ごとにまとめる。

（1）　構造調整計画の設計（1990 年代後半まで）

　まず構造調整計画の設計を吟味すると、1980 年の世銀の構造調整融資供与を契機として、重要な開発と援助の枠組みの変化があったことに留意する必要がある。構造調整導入以前の政策とその後の政策を比較すると、

① 「プロジェクト（ミクロ）接近 → カントリー（マクロ）接近」
② 「ばらまき援助（ないし援助の無調整）→ 援助調整」
③ 「政府主導（輸入代替工業化）→ 民間主導」

という政策改革が明らかになる。批判の多い 3) のみでなく、新たな開発・援助枠組みが導入されたことは重要である。これらは、70 年代までの政府主導のプロジェクト重視の開発と援助が十分な成果を上げなかったという世銀の反省から出てきたものである。

　この歴史的転換を念頭にその後の展開をみると、1990 年代後半から今日にかけての開発・援助政策に関わる以下のいろいろな改革が、これまでの経緯を十分に理解しておらず、また総合的な視野に立ったものが少ないことがわかる。要点は、多くの改革が、既に 1980 年代初頭からの構造調整計画に含まれていたのである。

　以下に具体的な改革にコメントすると、第 1 に、構造調整の後を受けて重要課題となった貧困削減のためにセクターレベルの改革が必要で「プロジェクト志向

からプログラム志向へ」、そうすることによってプロジェクトの乱立をなくすという論が横行しているが、そうではないことをまず強調したい。「プロジェクト・アプローチ」から「カントリー・アプローチ」、つまりプログラムへの転換は1980年から行われていたのである。

第2に、多くの文献で90年代の中頃からの援助協調が取り上げられ、その原因としてプロジェクト（個別事業）の乱立による援助の失敗が挙げられている。ところが、プロジェクトの乱立に対する反省と援助協調は、1980年の世銀SALの導入からであることを認識すべきである。そうした背景で、キリックなどが批判しているように、英国や北欧主導の革新的な援助改革が「新たな援助の無駄に終わる」ことがないか注視する必要がある。

第3に、「IMF・世銀主導の経済自由化は当該国の経済回復をもたらさず失敗に終わったので貧困削減を」と言われるが、そうではない。「自由化が終わったから、貧困削減」である。1996年のOECD開発援助委員会（DAC）の新開発戦略、そして2000年の国連ミレニアム開発目標（UNMDGs）で打ち出された貧困削減は、冷戦後に改めて援助を見直すというところから出発しているように言われるが、IMF・世銀の当事者からすればそうではない。自由化そのものが大幅に進展し、逆戻りできない状況に至っての長期の課題としての貧困重視である。喧伝されているグローバル化ないし自由化と貧困削減の対立ではなく、自由化は定着したものとして貧困を考える必要がある。

(2) 構造調整計画の実績（1990年代後半まで）

両機関の評価方法にしたがって、構造調整計画の実績として実施状況と効果の2項目でみていく。まずIMF・世銀主導の構造調整計画の進捗をみると、世銀の構造調整融資が最初に供与されたのが1980年であるが、被融資国はケニア、トルコ、フィリピンなど世界にまたがる6か国であった。その後、アフリカとラテン・アメリカの両地域を中心に、多くの国ぐにに実施することになった。

世界全体で主要政策について実施状況をみると、一般論として構造調整は拡大と深化が進んでいる。対象国での拡大をみると、IMF・世銀による途上国に対する一貫した政策実施で、基本的に自由化は定着した。また、近隣国が自由化を進めるゆえに、世界の多くの国々が構造調整を進めざるを得ない状況となっている。

政策対象の拡大をみると、財・サービス市場の自由化が先行してかなり進んだ。例えば、WTOドーハ・ラウンドの閣僚会議が決裂したとはいえ、世界規模、地域規模で関税率は引き下げられてきた。

　そして、その後金融の自由化がSAPの主要な柱となった。為替レートの変動相場制度への移行や国際金融取引の自由化が進んでいる。その結果、地域レベルのみならず、世界レベルで、巨大な国際金融資本の動向が当該国と地域・世界経済に大きく影響を与えるようになった。その負の面として、1997-98年のアジア通貨危機が起こり、その後のアルゼンチン、ブラジル、トルコの経済危機でわかるように、中所得国を中心に国際取引が不安定になってきている。

　低所得国については、構造調整の深化ないし徹底化が起こっている。すなわち、マクロ水準の構造調整から、セクター水準の徹底した構造調整へ移行したのである。そして、それは90年代半ばから革新的な開発・援助の枠組みの作成に向けた変化へとつながっている（次の（3）参照）。

　政策の効果としては、中所得国では構造調整を卒業した国も出て、その後順調な経済開発を達成した国が出た。また、国際金融市場に復帰して、必要な起債を行う国もでた。

　しかし、低所得国では債務の帳消しに追い込まれた。中所得国では市場の自由化により輸出や外国直接投資が反応したが、低所得国で効果が少なかったのではないかと考えられる。

　直接投資の動向をみると、中所得国に大部分が流れるようになっている。それに対して、貧困国が多いアフリカは、援助依存である。ラテン・アメリカでは国際金融市場の自由化もかなり進んで、外国からの投融資が増加した。

　また、重債務貧困国34か国のうち26か国がサハラ以南諸国である。90年代末において多くのアフリカ諸国では依然として大きい債務負担であった。結局、1999年の2国間債務の帳消しをせざるをえなくなった。そして、2005年には構造調整計画支援のIMFと世銀の融資の帳消しも発表されることとなった。構造調整計画の目標が基本的に債務返済能力を回復させるものであると考えられ、この点で同地域においては失敗と言わざるをえない。

（3）　IMF・世銀の改革と貧困削減（90年代後半から最近まで）

　21世紀になっても多くの途上国が、80-90年代からの構造調整（経済自由化）計画（SAP）を引き続き実施している。中所得国においては、1997-98年のアジア通貨危機、その翌年以降のロシア、ブラジル、アルゼンチンの経済危機と続く。成果として、これらの国々は経済回復におおむね成功したが、金融自由化の結果国際資本が起こす金融不安の克服が必要となった。特に、新興市場経済と言われる国ぐにににおいて重要である。

　1999年からの追加的課題は、貧困削減の強調である。同年、SAPに代わって貧困削減戦略ペーパー（PRSP）が、IMF・世銀の融資の条件となった。ここでの貧困削減は、1980年代後半に強調されたSAPの貧困層への短期的な悪影響ではなく、絶対貧困層を削減するという長期的な取り組みである。PRSPは中所得国における所得格差や貧困も対象とするものであるが、債務を帳消しにした重債務貧困国を中心とする低所得国が重点国となった。

　さらに、2001年9月の同時多発テロ以降、米英主導で紛争終結国に対する援助が、テロ根絶と貧困撲滅を結び付ける形で実施されることとなった。

　このように、90年代末までの構造調整の経験と上述の政策展開を踏まえて、IMFと世界銀行は自らの改革と新しい業務や政策を打ち出している。IMFは、1997-98年のアジア通貨危機に伝統的な需要抑制策を採って不況を深刻化させたと批判を浴びたことにも対応して、評価する体制を整えると同時に、その後も続く国際金融危機に対応する融資を強化することとなった。

　また、世銀はセクター以下の構造調整を主導するが、2004年に調整融資（AL）に代えて、開発政策融資（DPL）を導入した。過去の調整融資のレビューを踏まえて、オーナーシップ（計画の所有意識）、国別状況の考慮、市民社会を含む幅広い参画をコンディショナリティに反映させようというものである。

　また、援助枠組みの変革も主導した。アフリカを中心とする低所得国においてセクター、サブ・セクター水準で徹底した構造調整を実施すべく部門投資計画（SIP）や共通予算（コモン・バスケット・ファンド）が導入されてきている。SIPは、世銀が枠組みを決めて、世銀ないし特定のドナーが議長役となって、当該セクターないしサブ・セクターの政策・事業を策定するものである。共通予算は、従来各ドナーがそれぞれの予算を持っていたのを、あるセクターなどの開発

のためにファンドにプールするものである。アフリカの場合、教育、保健、農業、道路の分野でSIPとファンドが策定されている。

さらに、英国などの主導で、経済やセクター全体を総合的に支援するべく財政への直接的支援が、タンザニアなど一部の国で進められている。

（4）共通の課題

中所得国ではアジア通貨危機後も金融不安が続いており、IMFも管理と融資の体制の強化を図っている。低所得国については、アフリカの関税率は世界の途上地域の中でも最も低い部類に入り、80年代初頭からの長期の構造調整の過程でバーゲニング・パワーがない貧困国が不当に譲歩を強いられている。

特に、アフリカは債務帳消しをしても自立化が困難とみられている。上述のように部門投資計画や共通予算が導入されてきているが、根本的な経済構造が脆弱である。長期的、かつ抜本的な対策が必要だろう。

日本にとっての教訓は、2国間ドナーとして構造調整計画と貧困削減に最大級の貢献をしたにも関わらず、アフリカを中心とする重債務貧困国の債務は帳消しとなった。IMF・世銀の政策条件（コンディショナリティ）を中心とする改革と、世銀主導で欧州諸国の支持を得て進む共通予算や財政支援など援助改革に対して、欧米の識者が疑問を投げかけている。すなわち、新しい枠組みにおいてもオーナーシップがなく、「援助の無駄に終わる」（キリック）とみている。

今後IMF・世銀の政策に一定の貢献をしながらも、本書のように歴史に依拠しつつ、現実の動きを総合的に検討しなければならない。その際重要な点は、日本の援助で強調してきた途上国側の「自助努力」が促されるのか、また途上国の全体のニーズを的確に把握した開発・援助枠組みや政策手段がとられ、それが効果的なものとなっているかということである。

最後に事例分析の結果を述べると、フィリピンはIMF・世銀主導の構造調整計画を1980年から実施して一定の成果があるが、さらに構造改革が必要である。すなわち、これまでの外資に依存した経済発展から自立化できるか、また貧困削減が可能かということが重要である。引き続き財政の効率化は重要な課題である。

アフリカ地域については、ほとんどの主要国が構造調整計画を実施したが、1999年の2国間債務、2005年のIMF・世銀の債務帳消しに至った。そして、新

たな枠組みが導入されているが、欧州の識者がその有効性に対して否定的であり、検討が必要である。

　タンザニアについては、最も「革新的」な開発・援助の改革が行われているが、21世紀の最初の5年程度の動向を分析する限り、経済が自立的に回復する力強い兆候は見られない。急進的な改革について、開発・援助枠組みと政策内容の吟味が必要であろう。

　なお、本書は、IMF・世界銀行主導の途上国の構造改革について、過去25年間著者が関わった調査研究、実務の成果である。本書の企画を採用して下さった大学教育出版代表取締役、佐藤守氏、そして安田愛氏をはじめとする編集・出版スタッフの皆様にお礼申し上げる。本書の原稿作成に関わった著者の秘書、黒澤陽子氏に感謝する。

2008年4月

著　者

略語表

略語	英文タイトル	和文対訳
AL	Adjustment loan	（構造調整支援の）調整融資
BWIs	Bretton Woods Institutions	ブレトンウッズ機関
CAS	Country Assistance Strategy	（世銀）国別援助戦略
CCL	Contingent Credit Lines	予防的クレジットライン
CDF	Comprehensive Development Framework	包括的な開発フレームワーク
CFF	Compensatory Financing Facility	補償的融資制度
CG	Consultative Group	世銀主催の援助協議グループ
DAC	Development Assistance Committee	開発援助委員会
DPL	Development Policy Lending	開発政策融資
EFF	Extended Fund Facility	拡大信用供与ファシリティ
ESAF	Enhanced Structural Adjustment Facility	拡大構造調整ファシリティ
ESF	Exogenous Shock Facility	外生ショック・ファシリティ
GATT	General Agreement on Tariffs and Trade	関税および貿易に関する一般協定
HIPC	Heavily Indebted Poor Countries	重債務貧困国
IBRD	International Bank for Reconstruction and Development	国際復興開発銀行
ICSID	International Center for Settlement of Investment Disputes	投資紛争解決国際センター
IDA	International Development Association	国際開発協会
IEG	Independent Evaluation Group	独立評価グループ
IEO	Independent Evaluation Office	独立評価局
IFC	International Finance Corporation	国際金融公社
IMF	International Monetary Fund	国際通貨基金
IMFC	International Monetary and Financial Committee	国際通貨金融委員会
ITO	International Trade Organization	国際貿易機関
LICUS	Low Income Countries under Stress	ストレス下の低所得国
MDGs	Millennium Development Goals	（国連）ミレニアム開発目標
MDRI	Multilateral Debt Relief Initiative	多国間債務軽減イニシアティブ
MIGA	Multilateral Investment Guarantee Agency	多数国間投資保証機関
OED	Operations Evaluation Department	世銀の業務評価局
PAMSCAD	Programme for Mitigating Social Costs of Adjustment	ガーナの「社会的影響軽減計画」
PCR	Project Completion Report	業務完了報告書
PPAR	Project Performance Audit Report	業務監査（事後評価）報告書
PRGF	Poverty Reduction and Growth Facility	貧困削減・成長ファシリティ

PRSP	Poverty Reduction Strategy Paper	貧困削減戦略ペーパー
SAF	Structural Adjustment Facility	構造調整ファシリティ
SAL	Structural Adjustment Lending	構造調整融資
SAP	Structural Adjustment Program	構造調整計画
SAP	Social Action Program	社会行動計画
SDR	Special Drawing Rights	特別引出権
SECAL	Sector Adjustment Lending	部門調整融資
SIP	Sector Investment Program	部門投資計画
SRF	Supplemental Reserve Facility	補完的準備制度
STF	Systematic Transition Facility	体制移行融資
SWAP	Sector Wide Approach	セクター・ワイド・アプローチ
WEF	World Economic Forum	世界経済フォーラム
WTO	World Trade Organization	世界貿易機関

国際通貨基金（IMF）・世界銀行の基本情報と凡例

会計年度（融資案件の承認など）
IMF　　7月から翌年6月
世界銀行　7月から翌年6月
例：案件承認について、2007年（度）は、
2006年7月から2007年6月まで。

凡例
「−」　皆無、または無視し得る数
「…」　該当数字なし
「0」　数値は単位の半分未満
承認年（度）IMF・世銀の融資については、上記会計年度。
　　　　その他は、特記ない限り、西暦（1月〜12月）

為替レート（SDRはIMFの算出単位）

西洋暦	1976	1977	1978	1979	1980	1981	1982	1983	1984	1985	1986
US$／SDR（暦年平均）	1.1545	1.1675	1.2520	1.2920	1.3015	1.1792	1.1040	1.0690	1.0250	1.0153	1.1732
円／SDR（暦年平均）	342.38	313.49	263.47	283.13	295.11	260.05	274.98	253.90	243.46	242.20	197.70
円／SDR（暦年末）	340.18	291.53	253.52	315.76	258.91	255.96	259.23	243.10	246.13	220.23	194.61
円／US$（暦年平均）	296.55	268.51	210.44	219.14	226.74	220.54	249.08	237.51	237.52	238.54	168.52
注：和暦	昭和										
（上記西暦対応）	51	52	53	54	55	56	57	58	59	60	61
西洋暦	1987	1988	1989	1990	1991	1992	1993	1994	1995	1996	1997
US$／SDR（暦年平均）	1.2931	1.3439	1.2818	1.3568	1.3682	1.4084	1.3963	1.4317	1.5170	1.4518	1.3760
円／SDR（暦年平均）	187.03	172.23	176.84	196.45	184.30	178.37	155.27	146.33	142.68	157.92	166.49
円／SDR（暦年末）	175.21	169.36	188.52	191.21	179.09	171.53	153.63	145.61	152.86	166.80	175.34
円／US$（暦年平均）	144.64	128.15	137.96	144.79	134.71	126.65	111.20	102.21	94.06	108.78	120.99
注：和暦			平成								
（上記西暦対応）	62	63	元年	2	3	4	5	6	7	8	9
西洋暦	1998	1999	2000	2001	2002	2003	2004	2005	2006	2007年8月	
US$／SDR（暦年平均）	1.3565	1.3673	1.3188	1.2730	1.2948	1.3988	1.4820	1.4773	1.4714	1.5294	
円／SDR（暦年平均）	177.58	155.75	142.12	154.71	162.36	162.17	160.34	162.83	171.12	178.51	
円／SDR（暦年末）	162.77	140.27	149.70	165.64	163.01	159.15	161.70	168.61	178.95	178.09	
円／US$（暦年平均）	130.91	113.91	107.77	121.53	125.39	115.93	108.19	110.22	116.30	116.72	
注：和暦											
（上記西暦対応）	10	11	12	13	14	15	16	17	18	19	

出所：IMFホームページ、International Financial Statistics（IFS）Online（2007年8月23日）と、IMF, *International Financial Statistics* October 2007。
　　　円／SDR（年平均）は筆者算出。

IMF・世界銀行主導の構造改革の年表

	世界情勢	途上国の情勢 ラテン・アメリカ	アフリカ	アジア	その他地域	国際経済	IMF	世界銀行	日本
1979	第2次石油危機、					英国でサッチャー政権樹立			
1980	米国、国際市場の高金利					フリードマン『選択の自由』刊行		世銀、最初のSAL供与 (ケニア、トルコ、ボリビア、フィリピン、セネガル)	
1981						米国でレーガン政権樹立			
1982		メキシコの経済危機							
1985			スーダンで暴動						
1986			ザンビアで暴動						世銀との構造調整融資 (SAL) 開始 (マラウイなど)
1987						UNICEF『人間の顔をした〈構造〉調整』刊行	ESAF導入	機構改革	ノン・プロジェクト無償資金協力開始
1988									後発発展途上国への円借款55億ドルを全額贈与にして、事実上帳消し
1989	ベルリンの壁崩壊	ベネズエラで暴動				ワシントン・コンセンサスが名付けられる			アンタイド・ローン開始
1990			ケニアで暴動 (政治民主化)						
									ポーランドへ214億円の円借款
									エジプト向け円借款再開 (126億円)
1991	湾岸戦争、ソ連邦崩壊					ポーランド、エジプトの債務帳消し			ODA実施の4指針表明。構造調整支援が含まれる。
1993								『東アジアの奇跡』刊行	ODA第5次中期目標発表、日米が累積債務国向けの大型協調融資開始
1994		メキシコの経済危機				ナポリスキーム (公的債務			

261

年	危機						政策			
1995						の67%削減	WTO設立			
1996					ヨルダンで暴動	OECD・DAC、新開発戦略を発表	HIPC導入		機構改革	
1997		アジア経済危機								
1998		アジア経済危機			ロシアの経済危機	ヘッジファンドLTCM破綻			CDF導入	
		インドネシアで暴動								
		スハルト大統領退陣								
1999	ブラジルの経済危機					ケルン・サミットで二国間債務帳消しと、拡大HIPC合意	拡大HIPC、PRSP導入、ESAFをPRGFで代替	拡大HIPC、PRSP導入	サミットに向けて、重債務貧困国に対する円借款債務100%削減、非ODA債権の90%削減を決定	
									海外経済協力基金と日本輸出入銀行が統合して、国際協力銀行	
2001	同時多発テロ	アルゼンチンの経済危機、暴動発生				WTO、ドーハラウンド立ち上げ	評価局設立		タイ、日本との通貨交換協定締結を表明、日本政府の機構改革	
	アフガニスタン戦争									
2002		ブラジルの経済危機			トルコの経済危機					
2003	イラク戦争							新ODA大綱、閣議決定		
									対イラク、15億ドルの無償資金協力	
2004								世銀SALをDPLで代替		
2005						グレンイーグルズ・サミットで国際機関の債務帳消し合意		援助改革パリ宣言(DAC)		
2006	ボリビア大統領、石油の再国有化宣言						IMF、債務帳消し発表			

参考文献

[外国語文献]
Cornia, G. et al (1987), *Adjustment with a human face: Protecting the vulnerable and promoting growth, A study by UNICE*, Clarendon Press.
FMI (IMF) (1997), *FMI Bulletin*, (11 août) (IMF Survey の仏語版、1997年8月11日号)
Goldman Sachs (2003), *Dreaming with BRICS: The path to 2050*, Global Economics Paper No: 99.
Goldsbrough, D. et al. (IMF) (1996), *Reinvigorating Growth in Developing Countries: Lessons from Adjustment Policies in Eight Countries*, Occasional Paper No.139.
Goldsbrough, D. et al. (IMF) (2002), "Prolonged Use of IMF Loans," *Finance and Development*, December.
Gould J. (ed.) (2005), *The New Conditionality: The Politics of Poverty Reduction Strategies*, Zed Books.
Harrigan, J. (1996), "Review Article-The Bretton Woods Institutions in Developing Countries: Betes Noires or Toothless Tigers?," *The World Economy*, Vol.19, No.6, (Nov).
International Monetary Fund (IMF) (1999), Philippines : Selected Issues, *IMF Staff Country* Report NO.99/92.
IMF (Independent Evaluation Office) (2002), *Evaluation of Prolonged Use of IMF Resources: Evaluation Report*.
IMF (2006), *IMF in Focus*.
IMF/World Bank (2004), Summaries of ten country case studies undertaken as part of the IEO evaluation of the PRSP/PRGF and OED review of the poverty reduction strategy (PRS) process.
Institute of Development Studies (IDS) (1996), *IDS Bulletin*, Vol. 27, No.4. (A special issue of "Evaluating Programmed Aid").
Jolly, R. (1991), "Adjustment with a Human Face: A UNICEF Record and Perspective on the 1980s," *World Development*, Vol.19, No.12.
Killick, T. (1995), *IMF Programmes in Developing Countries: Design and Impact*, Overseas Development Institute/Routledge.
Killick, T. (1996), "Principals, Agents and the Limitations of BWI Conditionality," The World Economy.
Koeberle, S. et al. (2005), *Budget Support as More Effective Aid?: Recent Experiences and Emerging Lessons* (Practitioners' Forum on Budget Support), World Bank.
Merman, J. (1997), *Reforming Agriculture, The World Bank Goes to Market*, A World Bank Operations Study.
Mills, C. A. et al. (1992), *Analytical Approaches to Stabilization and Adjustment programs*,

EDI Seminar Paper No.44, World Bank.

Ministry of Finance and Economic Plauning, (Ghana) Public Investment Programme 1989-91.

Ministry of Planning (Cambodia) (1999), *Public investment programme*.

Mosley, P. (1991), "The Philippines," *Aid and Power: The World Bank and Policy-based Lending*, Volume 2, Country Studies Routledge, pp.39-71.

Mosley, P., Harrigan, J. and Toye J. (1991), *Aid and Power: The World Bank and Policy-based Lending*, Volume 1 Analysis and Policy Proposals, Routledge.

Overseas Economic Cooperation Fund (1992), "Issues Related to the World Bank's Approach to Structural Adjustment: a proposal from a major partner," OECF Occasional Paper No.1.

Oyejide (2000), "Agriculture in the Millennium Round of Multilateral Trade Negotiations: African Interests and Options," in Merlinda D. et al., Agricultural Trade Liberalization in a New Trade Round: Perspectives of Developing Countries and Transition Economies," World Bank Discussion Papers 418.

Paloni, (ed.) (2006), *The IMF, World Bank and Policy Reform*, Routledge.

Roberts,I.et al. (2000), "The Dynamics of Multilateral Agricultural Policy Reform," in Merlinda D. et al., Agricultural Trade Liberalization in a New Trade Round: Perspectives of Developing Countries and Transition Economies," World Bank Discussion Papers 418.

Rodlauer, M. et al. (2000), *Philippines : Toward Sustainable and Rapid Growth Recent Developments and the Agenda Ahead*, International Monetary Fund.

Sakamoto, Koichi (1996), "Balance of Payments Support Aid in Japan: Evolution and Evaluation," *IDS Bulletin*, Vol. 27, No.4.

Schadler, S. et al. (IMF) (1993), *Economic Adjustment in Low-Income Countries: Experience under the Enhanced Structural Adjustment Facility*, Occasional Paper No.106.

Townsend, R. F. (2000), *Agricultural Incentives in Sub-Saharan Africa: Policy Challenges*, World Bank Technical Paper 444.

UNICEF (1988), *Adjustment with a human face: Country Case Studies*.

United Nations Economic Commission for Africa (1989), *African Alternative Framework to Structural Adjustment Programmes for Socio-Economic Recovery and Transformation*.

White, H. (1996), "Macro-economic Evaluation of Programme Aid: A Conceptual Framework," in Institute of Development Studies (IDS), IDS Bulletin, Vol. 27, No.4 (a special issue of "Evaluating Programme Aid").

White, H. and Dijkstra, G. (2003), *Programme Aid and Development: Beyond Conditionality*, Routledge.

Williamson, J. (2003), "From Reform Agenda to Damaged Brand Name," *Finance and*

Development, September 2003.
World Bank (1981), *Accelerated Development in Sub-Saharan Africa: an Agenda for Action*, (October).
World Bank (1988), *Adjustment Lending: An Evaluation of Ten Years of Experience*.
World Bank (1989), *Sub-Saharan Africa: From Crisis to Sustainable Growth*.
World Bank (1993), *The East Asian Miracle: Economic Growth and Public Sector Development*, Policy Research Report, Oxford University Press.（邦訳：世界銀行『東アジアの奇跡』）
World Bank (1994), *Adjustment in Africa*.
World Bank (1995), *A Continent in Transition: Sub-Saharan Africa in the Mid-1990s*.
World Bank (1996), "Best Practice in Sector Investment Programs," Findings, December 1996.
World Bank (2001), *Adjustment lending Retrospective*.
World Bank (2002), *Work in Low-income Countries under Stress: A Task Force Report*.
World Bank (2005), *Review of World Bank Conditionality*.
World Bank and UNDP (1989), *Africa's Adjustment and Growth in the 1980s*, (March).

[邦語文献]

石川滋（1994）「構造調整―世銀方式の再検討」アジア経済研究所『アジア経済』35巻11号。
石川滋編（1996）『開発協力政策の理論的研究』アジア経済研究所。
絵所秀紀（1991）『開発経済学：形成と展開』法政大学出版局。
大野健一（2002）『途上国のグローバリゼーション』東洋経済新報社。
奥田英信（2000）『ASEANの金融システム：直接投資と開発金融』東洋経済新報社。
外務省（2005）『調整融資のレビュー―構造調整借款およびセクター調整借款の概観―』報告書、平成16年度外務省第三者評価、平成17年3月。
川中豪他編（2004）『民主化後のフィリピン政治経済資料集』アジア経済研究所。
国際協力事業団（1996）『マクロ経済指標マニュアル』。
坂井秀吉他編（1990）『フィリピンの経済開発と開発政策』アジア経済研究所。
坂元浩一（1991）「サハラ以南のアフリカにおける構造調整―その実績と課題―」、国際開発センター『IDC Forum』。
坂元浩一（1994）「サハラ以南アフリカの構造調整計画の実績」『国際開発研究』国際開発学会、第4巻。
坂元浩一（1996）『国際協力マニュアル―発展途上国への実践的接近法―』勁草書房。
坂元浩一（2000）「欧米主導でない日本独自の援助戦略を」『世界週報』時事通信社、2000年4月18日号。
坂元浩一（2003）「なぜ「国益重視」のODAなのか：新ODA大綱の問題点」『世界週報』時事通信社、2003年9月9日号。
坂元浩一（2003）「日本の援助を真のアフリカ開発のために」『世界週報』時事通信社、2003年

10月7日号．
坂元浩一（2004）「フィリピンにおけるIMF・世銀主導の構造調整計画の実績」、日本国際経済学会全国大会発表．
坂元浩一（2005a）「総合的な国際協力政策を」『世界週報』時事通信社、2005年3月8日号．
坂元浩一（2005b）「アフリカ支援策は正しい処方箋なのか」（G8グレンイーグルズ・サミット特集）『世界週報』時事通信社、2005年7月12日号．
坂元浩一（2005c）「「南南協力」をODAで支援：アジアの成功した開発経験をアフリカに」『世界週報』時事通信社、2005年9月13日号．
坂元浩一（2005d）「経済自由化と貧困の実態を見る：現地レポート‐フィリピン最新事情」『世界週報』時事通信社、2005年10月18日号．
坂元浩一（2006）「開発援助は貧困削減に寄与するのか：世界の「知」、東京で論戦」『世界週報』時事通信社、2006年7月4日号．
世界銀行（2005）『世界銀行ガイド』田村勝省訳、シュプリンガー・フェアラーク東京．
スティグリッツ（2002）『世界を不幸にしたグローバリズムの正体』、徳間書店．
西島章次（2002）「ラテンアメリカ経済の現状と課題」西島章次他編著『ラテンアメリカにおける政策改革の研究』神戸大学経済経営研究所．
原　洋之介（1996）『開発経済論』岩波新書．
原　洋之介（2001）『現代アジア経済論』岩波書店．
速水祐次郎（1996）『開発経済学：諸国民の貧困と富』創文社．
細野昭雄（2002）「ラテンアメリカにおける改革と制度の構築：主要国の比較分析」西島章次他編著『ラテンアメリカにおける政策改革の研究』神戸大学経済経営研究所．
野沢勝美他編（1990）『フィリピンの規制緩和政策』アジア経済研究所．
毛利良一（2001）『グローバリゼーションとIMF・世界銀行』大月書店．
柳原　透、三本松進編（1997）『東アジアの開発経験』アジア経済研究所．
矢内原　勝（1994）『世界経済：歴史・理論・現状』文眞堂．
矢内原　勝（1995）「サハラ以南アフリカ諸国の経済開発のなかでの政府の役割」『国際経済論集』常葉学園浜松大学、第2巻第2号、1995年12月．
矢内原　勝編（1996）『発展途上国問題を考える』勁草書房．

■著者紹介

坂元浩一　（さかもと　こういち）

　　1953（昭和28）年鹿児島市生まれ。
　　慶應義塾大学経済学部、同大学院博士課程修了、博士（経済学）。
　　国連派遣アフリカ政府マクロ経済顧問（4年間現地駐在）、（財）国際開発センター副主任研究員、慶應大学講師などを経て現職。
　　他に、途上国人官僚、日本人技術協力専門家・公務員の研修講師（環境省、経済産業省など）。
　　専門分野は開発経済学、国際経済学、経済協力論。

　　主な業績
　　"Balance of Payments Support Aid in Japan," *IDS Bulletin*, British Institute of Development Studies, 1996.
　　『国際協力マニュアル―発展途上国への実践的接近法―』勁草書房、1996年。
　　他に、多数の論文、ODA調査報告書がある。

IMF・世界銀行と途上国の構造改革
―経済自由化と貧困削減を中心に―

2008年6月6日　初版第1刷発行

- ■著　　者───坂元浩一
- ■発 行 者───佐藤　守
- ■発 行 所───株式会社　大学教育出版
　　　　　　　〒700-0953　岡山市西市 855-4
　　　　　　　電話 (086) 244-1268　FAX (086) 246-0294
- ■印刷製本───モリモト印刷㈱
- ■装　　丁───原　美穂

ⓒ Kouichi Sakamoto 2008, Printed in Japan
検印省略　落丁・乱丁本はお取り替えいたします。
無断で本書の一部または全部を複写・複製することは禁じられています。
ISBN978-4-88730-837-4